U0856936

教育部人文社会科学研究规划基金项目“社会转型下的耻感伦理研究”(项目批准号:13YJA710058)研究成果

浙江省哲学社会科学规划课题“社会转型下耻感伦理的现代境遇及其建设”(项目批准号：13MLZX004YB)研究成果

社会转型下的耻感伦理研究

章越松　著

中国社会科学出版社

图书在版编目(CIP)数据

社会转型下的耻感伦理研究／章越松著.—北京：中国社会科学出版社，2016.4

ISBN 978－7－5161－7885－0

Ⅰ.①社…　Ⅱ.①章…　Ⅲ.①道德－研究－中国　Ⅳ.①B82

中国版本图书馆 CIP 数据核字(2016)第 063163 号

出 版 人　赵剑英
责任编辑　宫京蕾
责任校对　曹占江
责任印制　何　艳

出　　版　中国社会科学出版社
社　　址　北京鼓楼西大街甲 158 号
邮　　编　100720
网　　址　http：//www.csspw.cn
发 行 部　010－84083685
门 市 部　010－84029450
经　　销　新华书店及其他书店

印刷装订　北京市兴怀印刷厂
版　　次　2016 年 4 月第 1 版
印　　次　2016 年 4 月第 1 次印刷

开　　本　710×1000　1/16
印　　张　16
插　　页　2
字　　数　254 千字
定　　价　59.00 元

目　　录

绪论

耻感伦理：社会转型下的一个重要问题

从根本上说，伦理道德问题是社会生活的历史发展和现实实践在人们思想道德观念中的反映。任何一个伦理道德问题之所以最终演变为重要的、时代性的社会课题，本质上是由社会生活的历史发展和现实实践决定的，因而具有厚重的历史感与紧迫的时代感。所以，透视、聚焦和剖析耻感伦理问题离不开历史与现实的双重维度。从历史维度看，与西方的罪感文化和日本的耻感文化相比较，基于耻感文化下的耻感伦理是一个本土性话题；从现实维度看，对耻感伦理的探讨离不开社会转型这个当下中国大背景，即在社会转型这个背景下来回答“什么是耻感伦理、怎样建设耻感伦理”的问题。

一　耻感文化：一个本土性话题

（一）耻感文化与罪感文化

美国文化人类学家克罗伯和克拉克洪在《文化：概念和定义的批评考察》一书，在对从 1871 年到 1951 年期间 164 种关于文化定义的清理和评析基础上，给出自己的概括。

> 文化由外显的和内隐的行为模式构成；这种行为模式通过象征符号而获致传递；文化代表了人类群体的显著成就，包括他们在人造器物中的体现；文化的核心部分是传统的（即历史的获得和选择

> 的）观念，尤其是他们所带来的价值；文化体系一方面可以看作是人类活动的产物，另一方面则是进一步活动的决定因素。①

应该说，这个定义已为许多学者所认可。在文化发展变化之中，后续文化形式的发展变化是由先前形成的文化形式预先决定的，其中，根源性因素至关重要，甚至起决定性作用。无疑，这一观点对于理解中华文明的根源性文化极具价值。那么，耻感文化与乐感文化究竟哪一个属于中华文明的根源性文化呢？对此，仁者见仁，智者见智。

其实，耻感文化的提出肇始于美国人类学家、文化心理学派代表人物鲁思·本尼迪克特（Ruth Benedict）的《菊花与刀——日本文化的诸模式》一书。1944 年，欧洲战场的战事接近尾声，美军的战略重心逐渐转向太平洋战场。为了筹划对日作战的一系列政策，美国政府迫切需要了解和认知日本这个陌生的东方民族。当时对美国政府而言，最为关注的是日本投降的可能性以及战后是否有必要保留天皇这两个问题。受美国战时情报局之托，本尼迪克特撰写有关日本文化的研究报告。

虽然她没有去过日本，但是根据文化类型理论，运用文化人类学的方法，把战时在美国拘禁的日本人作为调查对象，同时大量参阅书刊和日本文学及电影，写成报告。显然，本尼迪克特从美国的立场出发提出建议，报告给出的结论是：日本政府会投降，但美国不能直接统治日本，必须保存并利用日本的原有行政机构，因为日本跟德国不同，不能用对付德国的办法来对付日本。后来，她在原报告的基础上增加了研究方法和战后日本社会状态的概述，并于 1946 年公开出版。人们惊奇地发现，美国政府对日政策以及日本整个局势的发展情况与研究报告的主旨基本上一致。本尼迪克特运用人类文化学的方法，考察了日本人的价值体系，认为“日本人是以耻辱感为原动力的”，② 从而得出日本文化是不同于欧美“罪感文化”的“耻感文化”的结论。

本尼迪克特把“罪感文化”定义为“以道德作为绝对标准的社会，

---

① 转引自傅铿《文化：人类的镜子——西方文化理论导论》，上海人民出版社 1990 年版，第 12 页。

② ［美］本尼迪克特：《菊花与刀——日本文化的诸模式》，孙志民、马小鹤、朱理胜译，浙江人民出版社 1987 年版，第 189 页。

依靠启发良知的社会属于罪恶感文化”。[①]“罪感文化”社会下人们按照心中的绝对道德标准生活，一旦犯错，即使别人毫无察觉，也会痛苦自责。换而言之，“罪感文化”视域下向善的驱动力是内源的、自生的、主动的，迈向善心世界的脚步无须他人的鞭策，不断地在内心深处拷问自己的灵魂。这可以从基督教“人生而有罪”的发生学中得到解释。人类的始祖亚当和夏娃因为违背了那个绝对道德标准，听信蛇的谗言而偷吃禁果，犯下了罪恶，被上帝逐出伊甸园。这种原罪的观念在世世代代西方人头脑中根深蒂固，使之一生都背负着赎罪的沉重十字架，直至生命的终点。在西方文化世界里，始终弥漫着“罪感”的宗教情结与文化氛围。

至于“耻感文化”，本尼迪克特并没有给出确切的定义，只是提到“真正的耻辱感文化靠外部的约束力来行善，而不象真正的罪恶感文化那样靠内心的服罪来行善”。[②] 意思是说，“耻感文化”有一个公认的绝对道德标准，在外在约束力的作用下依靠这一标准来发展和建设人的善心世界。与“罪感文化”相对应，“耻感文化”社会下人依照他人的观感和反应行事，只有当被发现时才感到羞耻，当没有外在强制力时便要瞒天过海，是一种缺乏自省力的文化。“耻感文化”视域下向善的驱动力是外生的、被动的，必须依靠外在的提醒与推力。生活于这种文化氛围中的人，时刻需要外在的舆论压力才能保持住恶行所带来的羞耻感，才会小心翼翼地处心向善。由于耻感不是内源的，而是外生的，人们一旦做错了事，总是希冀通过各种手段与借口来逃脱与辩解，以免受到谴责。明白了这一点，也就不难理解为什么在文明高度发达的现代社会，本尼迪克特用“耻感文化”来定义日本文化的诸模式，以此区别西方的“罪感文化”。

从二战中的行为看，日本固然远远低于“耻感文化”所蕴含的道德水准，不过也并未脱离“耻感文化”意义上的终极思想本质——不存在恒定的德行标准，即毫无道义可言。从战后的表现看，日本极力隐瞒和

① ［美］本尼迪克特：《菊花与刀——日本文化的诸模式》，孙志民、马小鹤、朱理胜译，浙江人民出版社 1987 年版，第 187 页。

② 同上书，第 188 页。

篡改历史，拒绝认错，不惜制造出所谓的“真实的历史证据”，抹杀当年侵略战争中的罪行，甚至颠倒黑白，把罪行说成是正义之举。近年以来，不断地与周边国家挑起事端，苦苦挣扎和纠结于“正常”国家，一点点地挤压、废除和平宪法，一步步地滑向军国主义国家的轨道，更无羞耻而言。如果从“耻感文化”层面解读这种现象，也就不难理解了。与之相对应的，在“罪感文化”下，忏悔是人们常见的社会现象，对承认错误、公开道歉、真诚悔过的行为常持赞赏可嘉的态度。战后，德国政府不断地道歉，勃兰特总理甚至在全世界注视下，跪在犹太人受难碑前，其行为赢得了人们的理解与认同。同时，这种赞赏忏悔的做法，又对主动、自觉、勇敢地承认过错产生出激励作用，从而强化了“罪感文化”的文化氛围。

当然，这样看似乎是“罪感文化”要比“耻感文化”更高级，其实也并不尽然。日本人并不是没有罪感意识，西方人也不是没有耻感意识，只不过按照本尼迪克特的观点分别担任罪感意识与耻感意识的主角。西方是基督教社会，罪感意识成为道德基础，而日本是神道教社会，耻感意识成为道德基础，二者的区别在于宗教意识与社会意识的差异。神道教意义上的罪不同于基督教意义上的罪，尽管都称之为罪。在基督教世界里，有法律对象的罪——犯罪和宗教意义上的罪之分，而在神道教里没有这样的区别，罪不是内在的，而是外在的，接近于污秽和不洁之物，罪成为刑罚对象，失去了道德意义。

（二）乐感文化与耻感文化

20世纪80年代伊始，海内外掀起了文化认同热潮，在对传统文化的反思中，李泽厚的“乐感文化”说颇有影响。李泽厚在《中国古代思想史论》的《试谈中国的智慧》中谈道：

> 有人以“耻感文化”（“行己有耻”）或“忧患意识”（“作易者其有忧患乎”）来对照以概括中国文化。我以为这仍不免模拟“罪感”之意，不如用“乐感文化”更为恰当。《论语》首章首句便是，“学而时习之，不亦说乎；有朋自远方来，不亦乐乎。”孔子还反复说，“发奋忘食，乐以忘忧，不知老之将至云耳”，“饭疏

> 食饮水，曲肱而枕之，乐亦在其中矣”。这种精神不只是儒家的教义，更重要的是它已经成为中国人的普遍意识或潜意识，成为一种文化——心理结构或民族性格。“中国人很少真正彻底的悲观主义，他们总愿意乐观地眺望未来”。①

李泽厚所言的“乐感文化”，是以“乐生”哲学为基本内核的生命存在方式，不仅生命充满内心喜乐，而且生活也充满积极豁达。在中国哲学体系中，“乐感文化”之“乐”实际上具有本体的意义，是“天人合一”的成果和表现。只要遵循这种“天行健”之“天道”，即可达到“万物皆备于我”（孟子）、“人能至诚则性尽而神可穷矣”（张载）之人生极致，而这个极致并非宗教性的而毋宁是审美性的。② 可见，“乐感文化”有别于西方“罪感文化”，以身心与宇宙自然合一为依归，立足于此岸世界而非彼岸世界，强调人的主体性存在。

那么，何谓乐感文化？从李泽厚的阐述中可以概括为是作为一种无意识的集体原型现象，是由文化传统积淀而成的心理结构，是汉民族的文化—心理结构或民族的文化性格。从这个意义上看，乐感文化不止于为某一阶层——知识精英所独有，而是普存于汉民族的每一成员心理之中。

在传统文化的视域里，有儒家之乐与道家之乐。务实入世的儒家有关于“君子不忧不惧”（《论语·颜渊》）等众多乐感文化言论，对乐的把握与品味可为物欲之乐和心情之乐、感性之乐与理性之乐、独乐与共乐、先天下之乐与后天下之乐，关注的是乐对人身与人生的活力作用，以及由此生成的生活情趣与方式等；而崇尚自然的道家也有人皆知持物之乐而不知不持物之乐等众多乐感言论，“心不忧乐”（《庄子·刻意》）的境界是其心目中的“至乐”状态。道家之乐，既不同于通常意义上的得之则喜的乐，也不同于声色犬马的世俗之乐和思辨言说的世雅之乐的乐，是自事其心的快乐，是物物而不物于物的快乐，是独与天地精神

---

① 李泽厚：《中国古代思想史论》，生活·读书·新知三联书店2008年版，第328—329页。

② 同上书，第329页。

相往来之乐。不管何者之“乐”都是来自于后天修养的结果，是教育的功效，而非先天动物式的自然产物。用李泽厚的话来说，儒家“所要求的人格塑造是以仁智统一、情理渗透为原则，实际是孔子仁学结构向教育学的进一步推演”。①

以儒家文化为主流的传统社会大都追求积极入世，达则兼济天下，穷则独善其身，当个人的奋斗和努力在社会上遇到阻力或挫折时，具有乐感文化民族性格的中国人，总会适时转换自己的注意力，变换观世界的视角，把情感寄托于某物，丰富自我、启迪心灵。可见，情在乐感文化中具有重要的地位，而李泽厚把情本体视作为乐感文化的核心。“所谓情本体，是以‘情’为人生的最终实在、根本。”②“情既是情感，也是情境。它们作为人间关系与人生活动的具体状态，被儒家认为是人道甚至天道之所生发。”③

乐感文化注重世俗生活的幸福。“一人得道，鸡犬升天”的成语典故生动地诠释了这个思想。得道之人在上天之际，所能想到的未来的神仙生活，仍然是鸡犬等俗杂之物，世俗的日常岁月，在人的心目中几乎占据了永不可动摇的位置。汉晋时代的陪葬器物中常常有一些陶制冥器，这些冥器常常是陶制的房子、庄园、飞鸟、伎乐、人物、牲畜、谷仓等，再现了墓主人生前的生活场景。《荀子·礼论》说道：“丧礼者，以生者饰死者也，大象其生，以送其死，事死如生，事亡如存。”汉晋时代的人们对待死亡的态度可以用“视死如生”来概括，即当时丧葬礼俗的中心思想在于通过墓葬结构、放置大量随葬品等来模仿现实社会生活的方方面面，将死后的世界看成另一个现实世界，这其实也是对世俗生活幸福的向往。对此，李泽厚有一段精辟的描述：

> 从古代到今天，从上层精英到下层文化，从春宫图到老寿星，从敬酒礼仪到行拳猜令（“酒文化”），从促膝谈心到“摆龙门阵”（“茶文化”），从衣食住行到性、健、寿、娱，都展示出中国文化

---

① 李泽厚：《中国古代思想史论》，生活·读书·新知三联书店2008年版，第330页。

② 李泽厚：《实用理性与乐感文化》，生活·读书·新知三联书店2008年版，第54页。

③ 同上书，第55页。

在庆生、乐生、肯定生命和日常生存中去追寻幸福的情本体特征。尽管深知人死神灭，有如烟火，人生短促，人世无常，却仍然不畏空无而艰难生活。①

乐感文化体现了以人的现世性为本，尽管向往来生，但更注重当下，缺乏超验理性，与西方文化传统强调的“绝对”“超验”精神相对立。注重当下的世俗社会，使得中国人更强调实用与实际，实用理性成为乐感文化的典型特性。在实用理性主导下，人们重实际、谋权变、讲变通，对道德信仰和价值很少能够一以贯之地秉承与恪守，时常造成底线伦理的失守。从实用理性层面看，中国人缺乏整体的耻辱感、罪恶感。在中国，庙宇不是用来忏悔和解脱精神上的苦难，而是心有所求。为了解决实际生活中的某些问题，人们总是带着浓厚的投机心理，走进庙宇祈祷，不检讨和忏悔自己的所想所行，而是希冀通过香烛与供品的“贿赂”，不劳而获，从外界获得某些赐予。没有耻辱感、罪恶感的祈祷与行善完全是一种投机性质的投资，行善是为了善报，实用理性下的善已不再是真正的善，没有了真正的善，恶就会大行其道。

然而，从另一个侧面看，乐感文化却表现为温柔敦厚的知足常乐与奋斗进取的豁达乐观。古人把《周易》列为五经之首，《周易》中就有关于“乐天知命”“遁世无闷，不见是而无闷。乐则行之，忧则违之”“否极泰来”等言论，有学者据此认为，《周易》是乐感文化的摇篮。②其实，从发生学层面看，神话传说常常是其文化—心理结构或民族性格的文化特征起源的最好诠释，乐感文化的滥觞应从民族神话中寻其流、溯其源，③ 即从神话谱系中寻找其民族性格的文化特征原型。因为在人类文明的初始阶段，民族性格的文化特征虽然尚未被抽象地提炼出来，但却已被蕴含在该民族的神话以及重重的表象之中。17 世纪意大利历史哲学家维柯认为原始人还不会抽象思考，也没有逻辑推理能力，不会

---

① 李泽厚：《实用理性与乐感文化》，生活·读书·新知三联书店 2008 年版，第 101—102 页。

② 参见孙熙国《乐感文化·华夏之魂》，《中国图书评论》2004 年第 2 期。

③ 林玮生：《“乐感文化”与“罪感文化”的神话学解读》，《社会科学研究》2009 年第 6 期。

就具体事物抽象出一些属性来，所以只能用具体事物的名称来指代它们所具有的抽象属性。例如，用“阿喀琉斯指一切强大汉子所共有的勇敢，攸里赛斯指一切聪明人所共有的谨慎”。[①]“在神话的深层结构中，深刻地体现着一个民族的早期文化，并在以后的历史进程中，积淀在民族精神的底层，转变为一种自律性的集体无意识，深刻地影响和左右着文化整体的全部发展。”[②]“神话是文化的表征或密码”，[③]通过生动、具象的神话，可以解读出民族性格的文化特征在生成时期的雏形。在中国的神话谱系中，女娲补天、夸父逐日、精卫填海、大禹治水、后羿射日、愚公移山等故事，无不彰显着坚忍不拔、奋斗不息的乐感文化精神。这些神话故事所秉持的善常胜恶的不二法则以及人定胜天的乐观主义精神，在数千年中华文明发展过程中，潜移默化了一代又一代的中国人，作为一种集体无意识，成为化解现实人生艰辛的一剂心理平衡的良药。女娲补天反映了远古时期，面对大自然的困境，人们不畏艰难、勇于斗争的精神；夸父逐日寓意了早期先民追求光明和真理的美好愿景以及征服自然的雄心壮志；精卫填海颂扬了坚定不移、锲而不舍的信念；大禹治水体现了艰苦奋斗、因势利导、公而忘私、勇于担当的精神；后羿射日暗含了面对恶劣的自然环境，敢于斗争，征服自然，创造美好生活的不屈不挠的斗争精神；愚公移山表现了古代人民移山填海的顽强毅力和精诚所至、金石为开的精神。这些神话故事的最后都是“大团圆”的结局，其内在的逻辑表达了面对险恶的自然，人们积极面对、乐观忍耐的心理结构特征。

李泽厚认定中国传统文化是乐感文化，而非耻感文化，因为中国人的民族性格中缺少忏悔和赎罪的基因与传统。如果仅从上述关于乐感文化的论述倒是可以得出这个结论的，但是如果从另一个层面看，这个观点却有些偏颇。西方的罪感文化依靠启发人的良知，并通过忏悔和赎罪来减轻人的内心的罪感，而中国的乐感文化通过对“乐”的追求，关注人的现世性中的快乐与幸福，希望在人的伦常日用的人生快乐中实现

① ［意］维柯：《新科学》（上册），朱光潜译，商务印书馆 1989 年版，第 199 页。

② 何新：《论远古神话的文化意义与研究方法》，《学习与探索》1986 年第 3 期。

③ 黄泽：《神话叙事基本概念的历史演进》，《云南师范大学学报》（哲学社会科学版）2007 年第 4 期。

超越。在中国传统文化传统中，性善论占主导地位，以此为前提，才可能有“人皆可以为尧舜”（《孟子·告子章句下》）的命题，性善使人无须忏悔与赎罪。王晓华在《中国人为什么缺乏忏悔意识?》一文中认为，中国传统文化是“乐感文化”，人在中国传统文化的语境中是无欠缺的存在，并未犯有不完善罪，无须忏悔。由于中国传统文化的主流是非宗教的，不设定一个超越的、终极的、无限的存在为人的信仰对象，因而忏悔的对象从根本上说是缺席的。[①] 虽然中国传统文化也有懊悔、悔恨、悔悟、悔过等词汇，但却没有对生命的忏悔，缺乏对罪的反省。懊悔、悔恨、悔悟、悔过等是可以认错的，但认错不等同于忏悔。忏悔是主动的，是面对无限者进行自我追问，而认错是被动的，是向某个有限者承认自己的过错。在中国，人所能力及的只是承认错误并加以改正。中国的“乐感文化”与日本的“耻感文化”都迥异于西方的“罪感文化”，二者在此问题上的价值旨趣却是一致的。

从实用理性层面看，乐感文化本质上是一种功利主义或实用主义。如果仅从这一点看，每个民族文化都有乐感文化的属性，即经济学上的理性人假设、心理学上的快乐原则。那么，能否凭借因为具有功利主义就可以打上乐感文化的符号特征呢？显然不能，绝不能简单地依据民族性格中的某种文化特征将之符号化。民族文化具有多样性，尤其是像中国这样由众多民族融合而形成的传统文化更是如此。从不同视角看，对中国传统文化可以解读出不同的文化属性，这是由“和合”观所决定的。

“和合”文化观是中国传统文化的基本精神之一。和合之“和”是指和谐、和平、祥和，和合之“合”是指结合、融合、合作。“和”最初是从自然界万物生长的规律变化中体察出来的宇宙万物之和谐，后来将之推及至社会人生的各个方面。“和”并非是单纯的同一，而蕴含矛盾对立因素的异中之“和”，即“和合”。“和合”强调的是在承认“不同”事物之矛盾、差异的前提下，把彼此不同的事物统一于一个相互依存的和合体中，并在不同事物和合的过程中，吸取各个事物的优长

① 王晓华：《中国人为什么缺乏忏悔意识?》（http：//gb. cri. cn/3601/2004/11/02/109@346417. htm）。

而克其短，使之达到最佳组合，以此促进新事物的产生，推动事物的发展。作为一种文化基因，“和合”文化观一直影响着中国社会的演进。从这个意义上说，中国传统文化的属性是乐感文化是对的，是耻感文化也是对的，都是对同一问题依据不同的参照系得出不同或相左的结论。“乐感”与“耻感”都是植根于同一文化母体——“和”，是“和合”文化中相互对立、相互依赖的两个方面，可以说是一枚硬币的两面。

乐感文化与耻感文化共同构成了中国传统文化属性的两个侧面，二者并不矛盾，而是以儒家文化为主流的传统社会境遇下人的生存方式、人生情感生活中相对应的两面。

（三）日本的耻感文化与中国的耻感文化

再回到前面鲁思·本尼迪克特所言西方是“罪感文化”的代表，日本是“耻感文化”的问题上。日本学者森三树三郎通过对中日文化的比较，把本尼迪克特的观点向前推进了一步，提出“中国‘耻感文化’倾向更强一些，‘耻感文化’的真正发源地是在中国”。[①] 笔者非常赞同这个观点。

在历史上，中日两国的文化交流一直非常密切，当然主要是日本对中国文化的吸收与融合。公元4世纪中叶，大和民族统一日本，建立奴隶制国家——大和国。在此之后，日本不仅汲取中国先进的生产技术，而且开始效仿中国的政治制度。在推古朝改革进程中（公元554—628年），以圣德太子（公元574—662年）为首的改革派精心研究中国经典，博采从中国及朝鲜传入的各种先进思想和文化，特别是圣德太子制定的十七条宪法更是在兼取中国文化精髓基础上，结合日本国情制定的。公元645年6月19日，孝德天皇（公元587—654年）宣布模仿中国建立年号，定年号为“大化”。大化二年（公元646年）正月初一，孝德天皇颁布《改新之诏》，正式开始改革。他仿照中国唐朝律令制度，全面进行政治体制改革，建立以天皇为绝对君主的封建中央集权国家体制。12世纪末，日本进入由武士阶层掌握实权的军事封建国家。

① ［日］森三树三郎：《名与耻的文化——中国、日本、欧洲文化比较研究》，王顺洪编译，《中国文化研究》1995年第2期。

到了江户时代，中国的儒学，尤其是朱子学取得独尊的地位，成为官方意识形态，影响极为深刻，推动日本精神文化的发展。

应看到，日本对中国文化的汲取并不是生吞活剥式的拿来主义，而是经过层层过滤和筛选，无论是“神”抑或是“形”，都与母体的中国文化极不相似。美国著名的政治学家塞缪尔·亨廷顿曾把日本文化与中华文明一起并列为世界八大文明之一，① 强调日本文化与中国文化的不同。关于两国文化的差异，日本学者森岛通夫在《日本为什么成功》一书中有着非常精当的论述：

> 日本的儒教是非常不同于中国的儒教的……日本的儒教开始时与中国的儒教信奉同样的准则，但是由于对这些准则所作的不同研究和解释，其结果是在日本产生了一种完全不同于风行于中国的民族精神。
>
> 从一开始，日本国民就或多或少地以他们自己的方式来接受儒教准则，并且对这些准则做出不同的解释。
>
> 儒教把仁慈（仁）、正义（义）、礼仪（礼）、学识（智）、信义（信）作为最重要的美德，并且相信是人类本质的美德。
>
> 强调了儒教的五个美德（忠诚、礼仪、勇敢、信义、节俭）；但却没有特别地考虑到仁慈——这个中国儒教的核心的美德。
>
> 忽略仁慈而强调忠诚，只能被看作是日本的儒教所独具的特征。
>
> ……忠诚（忠）的意义在中国和日本也不相同。如前所述，在中国，忠诚意味着对自我良心的真诚。而在日本，虽然它也在同样的意义上被使用，但是它的准确的意义基本上是一种旨在完全献身于自己领主的真诚，这种献身可以达到为自己的领主而牺牲生命的程度。②

① ［美］塞缪尔·亨廷顿：《文明的冲突与世界秩序的重建》，周琪、刘绯、张立平、王圆译，新华出版社 1998 年版，第 29 页。

② ［日］森岛通夫：《日本为什么“成功”——西方的技术和日本的民族精神》，胡国成译，四川人民出版社 1986 年版，第 4—10 页。

从上面摘引中可以看到，中日两国文化的基本价值观，只有礼（礼仪）与信（信义）相重叠，而且这二者也不是其核心价值观，即便这二者，在理解上也存在微妙的差异。森岛通夫还谈到中国的道教和佛教传入日本所发生的变化："与儒教同时传入日本的道教，经历了相当大的改造，发展变化为日本的神道教"，① "某些道教的神在神道教中以改头换面的形式再现"。② "佛教也正在被人们以神道教的观点重新塑造。……佛教在渗透进政府以后也被日本化了。它承认了'神授土地'的原则，这个原则声称日本是由现世的神统治的'神授土地'的国家，因此应该如天地一样永存"。③ 可见，儒、道、释传入日本后，迅速的日本化、世俗化，与日本原有的文化和现世国情紧密相连，从根本上已经不同于中国文化。对此，森岛通夫给出结论：日本儒教的"忠诚"观与激励爱国主义、对天皇的崇拜的日本"神道教"传统相结合发展出来所谓的"武士道精神"。"中国是一个平民儒教国家，而日本则是一个军事儒教国家"，"这两个国家形成了与各自的意识形态相一致的统治结构"。④

从中日两国文化源流关系的梳理看，尽管同属于儒家文化圈，但是两国的文化有着根本的不同。所以，文化差异致使中日两国的"耻感文化"也存在诸多区分。对于这种区分，森三树三郎提出应从两国文化在对待名誉观的差别中得以看待。

日本文化耻感意识的特性是通过名誉的特性显现的。也就是说，要认识日本文化的耻感意识，必须了解日本文化关于名誉的内涵。前面已经提到过，忠诚是日本儒教独具的特征，中日文化对忠诚的理解不同：在中国意味着对自我良心的真诚，而在日本指的是一种旨在完全献身于自己领主的真诚，这种献身可以达到为自己的领主而牺牲生命的程度。在日本的封建时代，能够恪守忠诚、保持名誉是武士道的中心道德，所以，忠诚成为武士阶层的核心价值观。耻感意识来自社会对己的评价，

① ［日］森岛通夫：《日本为什么"成功"——西方的技术和日本的民族精神》，胡国成译，四川人民出版社 1986 年版，第 4 页。

② 同上书，第 54 页。

③ 同上书，第 60 页。

④ 同上书，第 21 页。

以耻感意识为基础的日本人在行为处事时非常在意外在的强制力。这是因为以忠诚为主要内容的名誉观要求日本人必须有担当意识。日本学者松本一男认为，日本人在耻辱和名分的问题上采取的行为方式是“知耻而切腹”。

> 日本侮辱男子的骂人话中有一句“这个不知耻的！”。如果在过去武士社会的话，只要骂上一句，便会导致决斗的。就是现在，这句骂人话对成年男子来说也是相当尖刻的。与这句话相关还有一句话，说是“知道点羞耻！”，其意是要对对方采取相应的行动，以显示什么是知耻。①
>
> 在武士盛行的时代，那些剖腹自杀的武士中有许多是因“知耻”而不惜一死的。诺门坎事变后引咎自杀的将校们的确是忠实地保持了武士道的传统。②
>
> 支撑日本人纵式社会的重要因素之一即是“上级在部下犯错误的时候要背黑锅、担责任，作为领导的失败时当然也要负责任。”按照武士道精神，在这种情况下为将者要切腹谢罪。如不能以死谢罪，必将蒙受耻辱。剖腹当然是痛苦的，但因蒙受耻辱而处于一种不体面的状态更为痛苦。③

松本一男谈到在诺门坎事变失败后，许多战败的前线指挥官和通过交换俘虏而得以生还的将校回到后方，因无法忍受来自上级和周围人的“知道点羞耻！”这种压力，或开枪自杀，或剖腹自杀。

中国文化耻感意识的特性也是通过名誉的特性显现的。同样，要认识中国文化的耻感意识，也必须了解中国文化关于名誉的内涵。森岛通夫认为，中国是一个儒风盛行的国度，“一个儒教风行的社会是一个

---

① ［日］松本一男：《中国人与日本人》，周维宏、祝乘风译，渤海湾出版公司1988年版，第128—129页。

② 同上书，第129页。

③ 同上书，第130页。

'文凭社会'”，人的阶层地位是以受教育程度划分的。[①] 具备文化素养的官僚阶层成为社会文化与思想的中心，面子意识成为文人官僚阶层特有的名誉。俗话说：“树活一张皮，人活一张脸”。传统社会倡导温、良、恭、俭、让等德行，依之而行则有面子，逆之而行则损面子。“面子”是中国人生活世界中的核心概念之一，正如金耀基先生所说，“支配中国人社会生活的一个核心原则是‘面子’的观念”。[②] 在中国文化中，面子关涉人的行为处世，更是国民性的显现。

美国传教士明恩溥（Arthur Henderson Smith）认为，面子是中国人国民性的首要特征，是“一把钥匙，可以打开中国人许多重要素质这把号码锁”。中国人“饭碗可以不要，脸皮却不能不要……至死也要救他的脸皮”；中国人不敢当众承认错误，“不管有多少证据都要否认这些事实，以保住面子”；“一中国县官被砍头时被允许身着官服保住体面，而视此为特别恩赐”。他认为，中国这样做的原因是出于种族的强烈的“戏剧本能”。[③] 虽然不能苟同他关于面子产生原因的解释，但是关于面子的认识确实到位。鲁迅在《说“面子”》一文中以调侃口吻谈道：“中国人要‘面子’，是好的，可惜的是这‘面子’是‘圆机活法’，善于变化，于是就和‘不要脸’混起来了。”[④] 林语堂把面子、命运和恩典视为中国民族性的“阴性型的‘三位一体’”，[⑤] 并对中国人的面子观进行淋漓尽致的鞭挞：

> （面子）好象是荣誉而不是荣誉，它不能用金钱购买却给于男男女女一种实质的光辉。它是空虚无实际的，而却是男人家争夺的目标，又有许多妇女为它而死。它是不可目睹的，但是它却存在而展开于公众之前。它存在于太空之间，其声息似可得而闻；且其声崇高而充实；它不负公理上的责任，却服从社会底习俗；它耽搁诉

① ［日］森岛通夫：《日本为什么“成功”——西方的技术和日本的民族精神》，胡国成译，四川人民出版社1986年版，第25页。

② 杨国枢：《中国人的心理》，台湾桂冠图书公司1988年版，第319页。

③ ［美］明思溥：《中国人的素质》，秦悦译，学林出版社2001年版，第23页。

④ 《鲁迅全集》第6卷，人民文学出版社1991年版，第128页。

⑤ 林语堂：《吾国与吾民》，宝文堂书店1988年版，第179页。

讼，拆散家产，引起谋杀和自尽。但它也常常使人经过同乡人辱骂之后，勉力自拔于流浪无赖的恶行；它的被珍视，高于尘世上一切所有。它比之命运、恩典，更有势力，而比之宪法更见重视。它常能决定兵家之胜负而毁坏整个政府机构。就是这空洞的东西，乃为中国所赖以生活者。①

中国人有非常强烈的面子观。2014 年 11 月，中国举办亚太经合组织领导人会议，地点在北京。政府先是发布通知，要求在京的中央国家机关，在会议期间放假 6 天；继而关停周边地区的工厂，并对进北京车辆严加管制，以让与会者免遭频现的雾霾侵袭，当然老天也很给力、很配合，出现了罕见的“APEC 蓝”；再者组织者又开放会场的网络接入，使人们不必“翻墙”就可以访问一些尚被阻隔的海外网站，以凸显中国互联网的自由空间；最后呈上美轮美奂的焰火表演，“高大上”的文艺演出，气派的欢迎晚宴；等等。诸如此类的费尽心机，说到底，就是为了能让在出席会议的境外与会者，能够对中国产生良好的印象，就是在乎自己的“脸面”。其实，与 2008 年的北京奥运会相比，简直是小巫见大巫。奥运会时的北京，晴空万里，到处歌舞升平，人人笑容可掬。奥运会后的北京，雾霾笼罩，让人感到“判若两城”。

当然，中国人的“面子”观与西方的荣誉观截然不同。从《四书》的论述到世俗生活，“面子”都与耻感伦理密切关联。“一般的观点是，当一个人‘面子’受到损伤时（失面子）便会产生一种‘耻感’。”②“‘面子’是社会赋予一个人在某一特定共同体或伦理实体中的人格，它既是一种社会地位和资源能力，更代表着一种社会认同，在相当程度上是‘单一物与普遍物统一’的世俗性体现。”③ 就本质而言，“面子”观无非是虚伪的道德观，或者说是道德的遮羞布。森三树三郎认为，经过两千多年的封建社会，中国人的荣誉要素已经殆尽，替代其的是面子

① 林语堂：《吾国与吾民》，宝文堂书店 1988 年版，第 184 页。

② 杨国枢：《中国人的心理》，台湾桂冠图书公司 1988 年版，第 321 页。

③ 樊浩：《耻感与道德体系》，《道德与文明》2007 年第 2 期。

意识的发达，这个面子的本质就是“朝向社会的脸”。[①] 而松本一男则认为中国人重面子而轻实利，“即使有损于内容也不能忍受形式和体例上的失调……这可以说是形式主义的最好写照。”[②] 如果套用本尼迪克特式的表达方式，荣誉是以内心约束力行事的意识，面子则是以外部约束力行事的意识。

在以面子和忠诚为外表的名誉观下，中日两国的耻感文化，虽然同样是由外在力量强制的，同样是以否定性方式表达人的内在规定性的情感，但是，中国的耻感文化由于面子缘故更多的表现是对责任的推卸，即想办法“脱耻”成为耻感的补救渠道，而日本的耻感文化由于忠诚的缘故更多的表现是对责任的担当，即通过类似辞职、自裁等方式成为耻感补救渠道。所以，在谈论中国是否有耻感文化时，绝不能以日本耻感文化的表现方式衡量或套用中国，否则，就会得出中国不是耻感文化的结论。

如果从耻感文化的内在看，两国理解有更多的区分，而这种区分表现为耻感的指向维度的不同。

在中国文化传统中，耻感有两个指向：一是耻感是社会的核心价值观。管仲从治国理政的层面提出了“礼义廉耻，国之四维；四维不张，国乃灭亡”（《管子·牧民》）思想，他把耻与礼、义、廉相提并论，认为耻感的缺失可以导致国家灭亡，视耻感为社会秩序与国家安危的底线。管仲的思想对后世产生深远的影响，“知耻”“远耻”成为社会对人的品德的要求。为此，孟子提出“人不可以无耻，无耻之耻，无耻矣”（《孟子·尽心上》）；二是耻感与信义相结合。孔子提出“信近于义，言可复也。恭近于礼，远耻辱也”（《论语·学而》）。孔子认为，自食其言是可耻的事情，言而有信是君子人格。

在日本文化传统中，耻感也有两个指向：一是耻感与等级秩序相结合。日本是一个等级森严的社会，“日本人的等级体制在阶级关系方面也如同在家庭中一样严格。在日本的整个民族历史上，它是一个严格的

---

① ［日］森三树三郎：《名与耻的文化——中国、日本、欧洲文化比较研究》，王顺洪编译，《中国文化研究》1995 年第 2 期。

② ［日］松本一男：《中国人与日本人》，周维宏、祝乘风译，渤海湾出版公司 1988 年版，第 134 页。

阶级和卡斯特的社会，是一个有数世纪的卡斯特体制习惯的民族……日本封建社会是复杂的等级社会，每个人的身份是世袭固定的。”① 相比中国，日本的等级更为严格，皇族、贵族、武士、农民、匠人、商人、贱民，每个等级都是世袭的，都有各自的行为规范，不可僭越，如若僭越，那么“犯规即耻”；二是耻感与义理相结合。“义理”是日本独有的道德范畴，本尼迪克特认为“如果不考虑到‘义理’，就不可能理解日本人的行动”。② 然而，“义理”是一系列色彩不同的责任，一定程度上，日本文化中的“义理”接近于义务、责任之意。本尼迪克特把日本人的“义理”分为“对社会的义理”和“对名誉的义理”两类。前者是报答性义理，是对同伴的报恩；后者是保持名誉不受玷污的责任。对日本人而言，如果失掉“对社会的义理”，会受到社会舆论的谴责，是一件可耻的事情；如果失掉“对名誉的义理”，则被视为更是一件无比可耻的事情。当与“对名誉的义理”相背时，日本人会不惜牺牲其他任何道德原则。

当然中日两国关于“耻感文化”的理解不仅仅如上面所述，还包括其他许多方面。只不过是耻感含量在不同文化中，各自的侧重和表现不同罢了。在区分完中日两国“耻感文化”的差异后，那么，还需进一步地追问二者的产生与形成何者更早一些。

在中国的历史文献中，对耻感文化的记载最早可追溯到《尚书》。作为中国第一部上古历史文件，《尚书》保存了商周特别是西周初期的一些重要史料。在《尚书·说命下》就曾记载了商初时期名相伊尹的一段话：“予弗克俾厥后惟尧舜，其心愧耻，若挞于市。”伊尹批评自己对辅佐的君主不能成为像尧舜那样的人，内心感到羞耻，如同在闹市被鞭挞一样。正因为如此，才有“伊尹放太甲”历史事件的发生。《诗·小雅·蓼莪》曰：“缾之罄矣，维罍之耻。”东汉末年的经学大师郑玄在《毛诗传笺》称：“缾小而尽，罍大而盈，言罍耻者，刺王不使富分贫、众恤寡。”清代经学家陈奂的《诗毛氏传疏》说：“缾小而尽，

① ［美］本尼迪克特：《菊花与刀——日本文化的诸模式》，孙志民、马小鹤、朱理胜译，浙江人民出版社 1987 年版，第 48—51 页。

② 同上书，第 113 页。

以喻己不得养父母；罍大而耻。以喻其不能养之故，实由于上之人征役不息，为可耻也。”而高亨先生则用直白的语言解释：“酒瓶空了，是酒坛的耻辱。比喻人们穷了，是统治者的耻辱。”① 这句话是西周王畿之内的自由民对统治者过度剥削的一种讽刺，认为那是可耻的行为。从《尚书》《诗经》等古代典籍的记载中可以看到，在殷周时期，人们就已经知道知耻的心理因素对于控制人的行为有着极为重要的作用。到了春秋战国时期，诸子百家著书立说，对耻感文化有了进一步的阐释与发挥。以孔子为代表把耻感文化作为一项重要内容纳入到儒家学说体系之中，历经后人的世代践行而成为传统文化的重要内容。而此时，日本尚处于弥生时代，有语言而无文字，历史只能靠口口相传。

从中日两国历史比较看，耻感文化在中国已有三千多年的历史。在历史长河中，人们在对耻感之事的感受及其行为的调整时所形成的一整套伦理价值观已经融入中国人的伦理道德践履中，成为中国文化的重要内容。认真发扬、承继和弘扬耻感文化，对于当下积极培育和践行社会主义核心价值观具有重要意义。本书中关于耻感伦理的审视都是在耻感文化作为一个本土性话题下进行的，与日本的耻感文化并非是同一层面的问题。

二 社会转型：耻感伦理的研究视域

改革从 1978 年底启动以来，中国社会正在经历一场十分重大的社会转型，比起历史上的历次社会转型，这一次的社会转型更具更强烈的社会历史震荡效应。作为一种全面的、整体性的社会结构性变迁，社会转型必然体现或作用于社会生活的各个领域，并对历史发展施予深刻影响。所以，社会转型不但为亲历这一转变的人所体验和感知，而且也成为公共话语与学术话语中的重要话题。

（一）社会转型的界定

一般认为，国内学界对社会转型问题的研究肇始于李培林的《“另

① 高亨注：《诗经今注》，上海古籍出版社 1980 年版，第 308 页。

一只看不见的手”：社会结构转型》。他在文章中提出，社会转型是一种整体性的发展、一种特殊性的结构性变动以及一种数量关系的分析概念。[①] 而作为范畴，社会转型其实来自西方社会学的现代化理论，是“Social Transformation”一词的解释，原是对生物学“Transformation”概念的转用。西方社会学家借用这个概念来描述社会结构具有进化意义的转化和性变，以此表达传统社会向现代社会的转换。西方学界较早使用“社会转型”一词的是社会学者 D. 哈利生，他在其著作 *The Sociology of Modernization and Development* 中多次使用这一概念。后来，台湾社会学家范明哲在其《社会发展理论》一书中，把“Social Transformation”直接译为“社会转型”，并认为“发展就是由传统社会走向现代化社会的一种社会转型与成长过程”。[②]

将社会转型视为从传统社会向现代社会的转变，不仅是对社会转型最基本特征的概括，而且也是学界所普遍认同的观点。社会转型的含义虽然有 10 种代表性观点，[③] 但最具有代表性的不外乎以下四个。

一是指社会形态变迁。陆学艺、景天魁提出的社会转型是“从传统社会向现代社会、从农业社会向工业社会、从封闭性社会向开放性社会的社会变迁和发展”。[④]

二是指社会发展过程。刘祖云提出的社会转型是从传统型向现代型转变的过程、传统因素与现代因素此消彼长的进化过程以及一种整体性的社会发展过程。[⑤]

三是指社会结构变动。吴忠民在对前面两种观点进一步扩充的基础上，认为社会转型是由传统社会向现代社会的过渡、结构性变动和整体性转化，主要包括由农业社会向工业社会转化、由乡村社会向城市社会转化、由封闭半封闭社会向开放社会转化、由分化不明显的社会向高度

① 李培林：《“另一只看不见的手”：社会结构转型》，《中国社会科学》1992 年第 5 期。

② 参见范燕宁《当前中国社会转型问题研究综述》，《哲学动态》1997 年第 1 期。

③ 参见郭德宏《中国现代社会转型研究评述》，《安徽史学》2003 年第 1 期。

④ 陆学艺、景天魁：《转型中的中国社会》，黑龙江人民出版社 1994 年版，第 1—2 页。

⑤ 刘祖云：《社会转型：一种特定的社会发展过程》，《华中师范大学学报》（哲社版）1997 年第 6 期。

分化的社会转化、由宗教准宗教社会向世俗社会转化等五个方面。①

四是指社会现代化。以郑杭生等人为代表，他们在遵循社会转型是从传统社会向现代社会转变的观点基础上，对社会转型的主体因素进行补充说明，认为社会转型意指社会从传统型向现代型的转变，或者说由传统型社会向现代型社会转型的过程，就是从农业的、乡村的、封闭的半封闭的传统型社会，向工业的、城镇的、开放的现代型社会的转型，着重强调的是社会结构的转型。② 在这个意义上，“社会转型”和“社会现代化”是重合的，几乎是同义的。

上述观点都是从社会制度变迁的视角出发界定社会转型的，关注的是社会制度的变迁以及社会结构的转变，可以说这是当下学界的主流观点。如果不是从某一特定学科或者是对特定问题的特定研究，而只是把社会转型作为研究某一问题的视域或背景的话，那么，在界定社会转型概念时，应该扩充和拓展其内在含量与外在边界。从这个意义上说，社会转型的含义应以社会形态变迁为基础，并涵盖社会结构变动和社会现代化，在此可以将之表述为是从传统型社会向现代型社会、从农业社会向工业社会和信息社会、从封闭性社会向开放性社会的社会变迁和发展。这也是本书对社会转型的所持观点，以此含义的理解作为观察视域来研究耻感伦理问题的。

那么，中国社会转型的时间是如何界定的？在此，有三种代表性观点。③

第一种是开始于1840年鸦片战争，其中，1840年到1949年为第一阶段，1949年到1978年为第二阶段，1978年至今为第三阶段。

第二种是开始于从匮乏型社会向发展型社会的转型，即从新中国成立，特别是改革开放以来，中国社会已经发生翻天覆地的变化，中国社会正在突破社会匮乏的束缚，走上以发展为主的社会变革道路。

第三种是开始于1978年的十一届三中全会，从那时起从农村到城

---

① 吴忠民：《略论20世纪中国的社会转型》，载郭德宏、朱华主编《中国现代社会转型问题研究》，中国环境科学出版社2003年版，第13—27页。

② 郑杭生、李强、李路路：《当代中国社会结构和社会关系研究》，首都师范大学出版社1997年版，第19页。

③ 参见范燕宁《当前中国社会转型问题研究综述》，《哲学动态》1997年第1期。

市，从经济涉及各方面改革，可以看作是由原有中央政府直接控制的社会资源特别是经济资源分散和转移的过程，同时也是新旧社会结构互相碰撞交替的过程。

把三种观点比较起来看，第一种观点是从宏观层面提出来的，把整个中国近现代都纳入到社会转型的范畴之中，这是大转型，而第二、三种观点则是在第一种观点基础上的延伸和细分，分别是从中观和微观层面提出的。

其实，社会转型非中国独有，许多国家在向现代化转型过程中都会经历这一过程。前面已经说过，社会转型的实质是以社会形态变迁为基础的一种特殊的结构性变动，不仅意味着经济结构的转换，而且也意味着机制转轨、利益调整和观念转变等诸多社会结构层面的转换，是一种全面的结构性过渡，转型的主体是社会结构。从这个意义看，当下的中国正处在两个方面转变之中：一方面是从农业的、乡村的、封闭半封闭的传统型社会，向工业的、城镇的、开放的现代型社会的转型，这是社会结构的转型。孙立平等将这种结构变迁视为是总体性的结构转型或结构变迁，[①] 即中国由一个总体性社会向一个分化程度较高的社会转变；另一方面是从高度集中的计划经济体制向社会主义市场经济体制转变，这是经济体制的转轨。社会结构转型和经济结构转轨同时并进、相互推动，成为中国社会转型的一大特征。如果以这两个转变为标准来划定社会转型起始点的话，那么，笔者认为第三种观点更符合当前语境下对社会转型的时间厘分。从 1978 年至今都属于中国社会转型期，而且转型并未结束，还在持续。这一阶段用官方的政治术语来表述就是“新时期”，虽然“社会转型期”与“新时期”在时间上是重合的，但两者的所指及其内在含量却是不同的。当然在“新时期”后面常常还有“新阶段”，“新阶段”的表述一般是指 2000 年以来。如果用“新时期新阶段”来表达的话，其实就是指 1978 年以来，尤其是指进入 2000 年以来。仅从时间意义来理解，那么，也可以把“社会转型”与“新时期”或“新时期新阶段”画以等号。

① 孙立平等：《改革以来中国社会结构的变迁》，《中国社会科学》1994 年第 2 期。

（二）社会转型的内容

时至今日，中国经济实现了快速发展，但是社会问题越聚越多，社会矛盾越来越尖锐，在经济转型的同时，审时度势地提出社会转型也成为题中之义。事实上，社会转型所带来的经济、政治、文化、社会、生态，乃至人们的意识形态、思想观念、价值取向等方面的深刻变化和影响，是整体性、根本性、结构性的，并非仅仅是生活的局部变化。正由于此，人们越来越习惯于用社会转型来描述和解释改革开放以来社会结构变迁所出现的种种现象和问题。也就是说，作为一个重要的理论范式，社会转型已成为诸多学科经常使用的分析框架。

人类社会就是一部社会变迁的进步史，社会变迁是一个缓慢发展的过程，转型则是社会变迁中的跳跃与变轨，从原有的轨道进入到新的轨道。而中国正处于并仍将处于从原有轨道进入新的轨道——经济社会结构的重大历史性变迁时期，即社会转型期。这一时期，社会结构急剧分化，社会矛盾日益尖锐，利益冲突加剧，其中，城乡差距、贫富差距、文化与教育差距是不容否认的客观存在。如何平稳地实现转型，从原有轨道顺利地变轨，将会对人们的思想观念、生产方式、生活方式带来全方位的变化。所以，必须关注社会转型的内容。

社会是人的社会，人是社会的人。在此，可以从社会与人两个维度来窥视中国社会转型的内容。

从社会维度看，社会转型就是生产方式和社会形态的变迁。观察和理解一个国家较长时期的整体性社会转型，应从体制转型角度考虑，而研究和探寻区域性的社会转型，则应从该区域社会结构变迁角度考虑。无论体制型角度，抑或社会结构变迁角度，都是从宏观层面把握生产方式和社会形态的变迁，即从生产力、生产关系、经济基础、上层建筑角度去把握。在此，中国社会转型的内容应包括以下四个方面：在生产力层面上，集中表现为经济增长方式从粗放型向集约型转变；在生产关系—经济基础层面上，集中表现为从计划经济体制向社会主义市场经济体制转变；在政治上层建筑层面上，集中表现为从高度集权的传统政治体制向民主政治体制转变；在思想上层建筑层面上，集中表现为传统的精神文化向现代的精神文化转变。

从人的维度看，社会转型就是人的现代化——从传统的、半传统的人向现代人的转变。人的现代化有广义和狭义之分，广义的人的现代化是指整个人类状况的现代化，即包括适应社会现代化要求的人口素质的现代化和人的主体意识的现代化；狭义的人的现代化主要是指人的个体素质的现代化以及个体素质与社会现代化协调统一发展。当下中国社会转型更多的侧重于狭义层面的含义，即人的思维方式、生活方式、行为方式、价值观念等方面变化，换而言之，就是对人的素质的重塑。

英国社会学家吉登斯曾提出社会转型必须考虑到文化、经济、政治这三大因素。如果从这三个维度聚焦社会转型内容的话，还是能够发现不同于上述两个维度的审视。

在文化层面，对价值的追求从过去的注重精神价值开始转变为注重生活价值，即从“虚”趋向于“实”。从某种程度上看，实用主义盛行，人们对股票、地产、资源、收藏等经济、商业、金融问题给予更多的关注。一些人逐渐漠视法律法规、伦理道德、公平正义等的存在与价值。可以说，工具理性替代价值理性、低俗化与多元化的并存，是社会转型在文化层面上的最突出的表现。

在经济层面，从计划经济转变为市场经济，从生产型社会转向消费型社会。在此过程中，经济结构转型逐渐从内源自生型向出口拉动型转变，再向投资拉动型转变，目前正处于消费拉动型转变。经济发展的重心愈来愈转向民生，指导思想从 GDP 优先转变为民生优先。

在政治层面，从单一社会转向多元社会和多层社会，从人治社会转向法治社会。在社会转型期，社会经济成分、组织形式、就业方式、利益关系和分配方式等日益多样化，人们思想活动的独立性、选择性、多变性、差异性大大增强。同时，伴随着社会供给的日益丰富，人们的思想追求、工作追求、生活追求等呈现出了多元社会特征，社会阶层开始分化，出现社会阶层多元化、社会职业丰富化等特征。多元社会下，不同的社会阶层有不同的利益诉求，民主、法治、自由、公正等问题逐渐成为日常生活中的重要话题，人们对自身权益和国家政治体制改革给予更多的关注。而这一切的变化都是在传统文化、现代文化和西方文化所构成的复杂的文化背景中进行的，也都是在复杂多变的国际环境和政治格局中进行的。这种复杂多变环境和利益交织的格局必然会引起人们的不适应和不平衡，进而引起不愿意和不满意，社会矛盾的不断积累，以至社会冲突频发。

其实，不管基于何种视角的审视，不管你承认或不承认，有一点是不置可否的，那就是中国正在经历的社会转型具有历史性的跨度，具体显现为从计划经济体制转向市场经济体制，从农业社会走向工业社会乃至信息社会，从“身份社会”走向“契约社会”，从“同质社会”走向“异质社会”，从“人治社会”走向“法治社会”，从“人情社会”走向“法理社会”，从“一元社会”走向“多元社会”，从“熟人社会”走向“陌生人社会 ”，从“私人社会”走向“区域社会”和“公共社会”。这一系列的“走向”导致社会的主导精神理性化色彩日渐浓厚。

当下的社会转型对中国社会发展将产生深远影响，这种影响不仅有积极层面，而且也有消极层面。马克思指出：“思想、观念、意识的生产最初是直接与人们的物质活动，与现实生活的语言交织在一起的。人们的想象、思维、精神交往在这里还是人们物质行动的直接产物。……意识在任何时候都只能是被意识到了的存在，而人们的存在就是他们的现实生活过程。……不是意识决定生活，而是生活决定意识。”① 这表明任何思想、观念、意识、道德等都是与社会生活密切联系在一起，都是可以从社会生活中寻找其发生缘由。社会生活的变化决定了思想观念和伦理道德的变化。所以，以社会转型为视域，旨在立足于现实维度探讨社会转型期的社会价值、主导精神和道德水平发生何种变化，以此来进一步剖析耻感伦理问题。

三 耻感伦理：社会道德生态的脉象

（一）社会道德众生相

“这是最好的时候，这是最坏的时候；这是智慧的年代，这是愚蠢的年代；这是信仰的时期，这是怀疑的时期；这是光明的季节，这是黑

① 《马克思恩格斯文集》第 1 卷，人民出版社 2009 年版，第 524—525 页。

暗的季节；这是希望之春，这是绝望之冬……”① 英国作家狄更斯《双城记》的开篇之句以极其形象、生动的语句描绘了波澜壮阔的法国大革命和英国工业革命时代社会生活的真实图景，揭示了社会转型下诸多社会问题。然而，一百多年过去了，狄更斯的描述却如魔咒一般，死死箍住我们这个时代。不置可否，时下的中国是发展最快、变化最大的时期，但好像并不是社会矛盾最少的时期；是人民生活水平普遍提高得到实惠最多的时期，但好像并不是执政党和各级政府意见最少的时期；是执政党创造成就最大、事业最辉煌的时期，但好像并不是威望最高的时期。于是，有人用“这是最好的时候”来点赞，有人用“这是最坏的时候”来贬损。这种相左的看法之所以并存，乃是与我们经历并正在经历一个从传统型社会向现代型社会，从农业社会向工业社会、信息社会，从封闭性社会向开放性社会、从计划经济体制向市场经济体制转型的大时代息息相关的。

就本质而言，社会转型与以人的发展为最终目的的社会变迁和发展相一致，但也应看到，转型对当下的影响已经触及历史和现实的深处，其带来的掣肘使整个社会的价值选择呈现多元化趋势和个体个性权益充分张扬，各种价值观交织碰撞，每个人都在强调自己的权利，打开各种媒介，可以看到日常生活中一幕幕无耻现象不断地上演，频频触及社会伦理道德底线。

湖北“捞尸索钱门”。② 2009 年 10 月 24 日，湖北荆州宝塔湾地带，2 名少年不慎落水。为了营救落水少年，湖北长江大学 10 多名大学生手拉手扑进江中营救，前面有 2 名同学的手松开了，“人链”断开处的前 9 人一下子落水。经援救仍有 3 名大学生不幸遇难。事发之后几十分钟，2 只打捞船向宝塔湾开来。打捞船开口：“长江上哪天不死人，不死几个人我们靠什么挣钱啊？活人不救，捞尸体，白天每人一万二千元，晚上一万八千，一手交钱一手捞人。”当时，赶来的老师所带现金不够，要求先捞人，剩余的钱随后补上，但打捞船船主不干。其间有女

① ［英］查尔斯·狄更斯：《双城记》，罗稷南译，上海译文出版社 1983 年版，第 3 页。

② 根据《媒体盘点 2009 年十大道德事件：湖北捞尸索钱人选》（http://china.huanqiu.com/roll/2009－12/675447.html）和《3.6 万天价捞尸费背后的垄断黑幕》（http://news.qq.com/a/20091105/000602.htm）整理改写。

同学“跪求”打捞船船主尽快救人，但对方就是坐在船上不动。无奈，师生们掏出身上所有的钱，凑了4000元交给对方，捞尸者才开始打捞，同时扬言：“钱不到位的话，只打捞一个。”有的目击者还现场拍下照片为证：画面上，被打捞上来的一具大学生的遗体被绳子绑着，大半个身子浸在水里；一名穿白衬衫的老年男子，一边拉着绑尸体的绳子，一边摆手和岸上的师生谈价要钱，表情木然。捞尸者就干脆坐在船上等着学校领导派人回校取钱。打捞3具遗体，捞尸者前后一共收取了3.6万元。

佛山“小悦悦事件”。[①] 2011年10月13日17时25分，广东省佛山市南海区黄岐镇广佛五金城发生一出惨剧，行走在巷子里年仅2岁的女童王悦（乳名“小悦悦”）被一辆面包车两次碾压，几分钟后又被一小货柜车碾过。在事件发生的前几分钟，曾有18位路人走过，或视而不见，或看两眼后离开，最后，一位拾荒的阿姨陈贤妹把小悦悦抱到路边并找到她的妈妈。2011年10月21日，小悦悦经医院全力抢救无效，在零时32分离世。事件披露后，国内外众多媒体进行广泛报道，引来了舆论对中国国民素质现状的质疑。日本的朝日电视台曾在一时政节目中，用了2分钟的时间，还制作了不少图板，来解释这一事件的前因后果，以及涉及的中国社会的道德问题。美国Channel1电视台特地做了关于“小悦悦”事件的专题片，以相当大的比重抨击了见死不救事件在中国的发生。针对“小悦悦事件”，广东官方明确表态，谴责见死不救的行为，表示这一事件折射出深层次的社会问题。

“嫖娼门”引出的争论。某知名艺人嫖娼被抓后，被拘新闻曝出后，引起网友的热议。在某网站发起的“×××被曝嫖娼被拘留，你怎么看”的网络投票吸引了近18万的网友投票，其中有六成多网友认为“单身男人、可以理解”。如，网友“包子飞y”说：“没老婆，没情人，一个大男人总有七情六欲，他没有去强奸，也没有去和某女星开房勾搭，而是很负责地，用自己赚的钱，去购买自己所需要的，我觉得他很好了，真的。卖的人也需要钱，他也是需要解欲，两相情愿，合情合

① 根据百度百科“小悦悦”和维基百科“小悦悦事件”词条改写。

理。为什么不好?”[①] 无论从哪方面讲，不能因为是名人就可以对嫖娼这种行为进行宽容与支持，这不仅违法，而且也有违社会伦理道德。嫖娼违背公德，是没有任何理由可以质疑的。对此，支持与点赞的行为只能说明其价值观已经产生了错乱，不仅缺失了反思精神，而且降低了道德标准。在价值观多元化时代，法律底线不能突破、价值观不能乱这两个原则是必须被主流舆论所坚守的。

黑心“捞尸者”、默默行走的“路人”、跟帖的网友，虽然只是社会千姿百态中的一种，但所反映的却是我们这个不断发展的社会中最关键的道德品质。虽然这样的案例过于极端，但却是不争的事实。这说明什么？只能说明价值观出现了问题，是非混淆、善恶不分、诚信缺失、荣辱颠倒。深而究之，耻感伦理的丧失已成为社会乱象丛生的根源之一。社会转型期，随着社会伦理和人们的思想道德观念的嬗变，耻感伦理不仅关涉社会伦理的价值取向和个体道德发展，而且关涉个体道德人格的塑造和国民整体道德素质的提升。澄清和探究耻感伦理问题，对于社会转型下构建人们的精神生活世界，具有重要的意义。因为通过对耻感伦理问题的探讨，不仅丰富和拓展了现代伦理学研究的视野与内容，而且有助于推进社会主义核心价值体系建设的研究，有助于破解社会转型过程中社会道德生活领域的失序现象与道德精神断裂问题，为建立起一个行己有耻的完善道德人格与风尚清明的良序社会提供理论支撑。

（二）耻感伦理研究的现状与思路

传统文化非常注重耻感伦理在指导和制约人的行为、引导社会风气、治理国家等方面所起的重要作用。两千多年来，“耻”作为社会的核心价值观积淀于人们的思想深处。当下国内学界关于耻感伦理的讨论主要集中在如下四个方面：

一是关于耻感的含义。何怀宏通过对底线伦理的论述与反思，提出“己所不欲，勿施于人”是适用于所有人的底线伦理，这在某种程度上隐含了耻感伦理是一种底线伦理；[②] 高兆明从耻与耻感的区分入手，认

① 上述相关言论请参见《北京晚报》2014 年 5 月 19 日第 11 版。

② 何怀宏：《底线伦理》，辽宁人民出版社 1998 年版，第 8 页。

为耻是以否定性方式表达了人们的内在规定性，耻感则是以否定性方式把握善，是主体的自我意识和一种积极的道德情感；[①] 吴潜涛等人认为耻感是个体的自我意识能力、道德选择能力和道德评价能力的一种特殊体现，其本质属性是个体道德良心发生作用时产生的一种特殊的心理体验；[②] 杨峻岭等人认为耻感具有自然耻感与道德耻感、自律耻感与他律耻感、先耻感与后耻感、个体耻感与群体耻感、德耻感与才耻感等基本样态。[③] 社会转型下的耻感问题日益凸显，对耻感问题的研究不能仅从道德意识层面出发，而必须基于伦理层面。

二是关于传统文化的耻感资源及其现代价值。樊浩认为无论在儒家还是法家的道德体系中，耻感都历史和逻辑地具有基础性的哲学地位，耻的社会文化意义在于从“免而无耻”到“有耻且格”；[④] 高春花认为耻感文化具有丰富的道德价值，在完善道德品质、实现社会治理、优化社会风气等方面发挥重要的功能。[⑤]

三是关于当下社会耻感伦理缺失的原因。余治平认为工业化、现代性对耻感伦理的破坏造成“有德性的生活”被边缘化，助长了人心耻感的消退；[⑥] 此外，许多学者认为市场经济的利益导向、传统文化的割裂、社会转型期道德评价标准的混乱等是耻感伦理缺失的原因。其实，耻感伦理在当下引起关注的一个重要原因在于社会转型过程中新媒体对耻感问题的放大效应。

四是关于耻感伦理教育的方法。学者们的意见较为趋同，归纳起来主要有加强社会主义荣辱观教育，挖掘传统道德资源，加强以德修身，完善社会机制，净化社会环境等方面。

已有的研究初步厘清了耻感伦理相关的内容，为进一步研究奠定了

---

① 高兆明：《耻感与存在》，《伦理学研究》2006 年第 3 期。

② 吴潜涛、杨峻岭：《论耻感的基本涵义、本质属性及其主要特征》，《哲学研究》2010 年第 8 期。

③ 杨峻岭、任凤彩：《道德耻感的基本样态分析》，《伦理学研究》2009 年第 5 期。

④ 樊浩：《耻感与道德体系》，《道德与文明》2007 年第 2 期。

⑤ 高春花：《儒家文化中的耻感品性及其当代启示》，《思想教育研究》2007 年第 11 期。

⑥ 余治平：《耻感教育，作为底线伦理之拯救》，《上海交通大学学报》（哲学社会科学版）2007 年第 3 期。

基础。但从现状看存在两点不足：在研究内容上，现有研究较多地涉及耻感伦理的相关理论内容，缺少对社会转型视域下耻感伦理的境遇、主要内容、构建的方法论原则等问题的论述；在研究方法上，学理性分析居多，缺乏用学理与实证相结合的方法对社会转型期耻感伦理问题作整体性评估。

我们总是置身于一定的问题域来思考问题或提出问题的。[①] 从目前研究趋势看，对耻感伦理问题的研究不能仅停留在概念范畴的研讨和理论体系的建构，而必须以社会转型对人们的物质生活世界和精神生活世界的影响为背景，以“什么是耻感伦理、怎样建设耻感伦理”的这个主题，围绕着社会主义核心价值体系引领社会多样化思潮的重大课题与任务，探讨社会转型下的耻感伦理问题。从历史与现实视角看，对耻感伦理内容的挖掘及其价值彰显尚未引起足够的重视，仍有很大的理论拓展空间。

首先，耻感伦理与社会转型的关系问题。耻感伦理的缺失是传统文化式微所致抑或道德滑坡使然？其实，就人类发展的整体而言，社会道德是不断进步的，不同时期的耻感伦理虽会有些变化，但不应也不会衰落，相反，会得到进一步加强。值得注意的是在社会转型这个特定时期，却存在着历史与伦理的二律背反。也就是说，耻感伦理问题的凸现并不仅仅是人们通常认为的道德层面失落的问题，而是伴随社会转型必然出现的一种现象。当下社会转型引发了整个社会在政治、文化、社会生活等方面的剧变，必然带来价值观的冲突与矛盾，以致出现道德滑坡、行为失范、价值迷茫、信仰危机等现象，这种荣耻颠倒状况不断挑战社会的底线伦理，耻感伦理遭遇前所未有的危机。同时，新媒体资源的出现，也把处于社会转型下的耻感伦理问题不断地放大，进一步造成社会道德水平状况恶劣的失真现象。所以，有必要对耻感伦理及社会道德水平状况作整体性评估。耻感伦理问题是在社会转型背景下发生的，具有鲜明的社会转型期特征。耻感伦理的缺失既有来自传统伦理主体地位丧失、道德教育失误、社会机制不完善、经济发展不平衡等客观因素，也有来自社会价值观多元化、个体道德意识淡薄化等主观因素。在

---

① 俞吾金：《问题域外的问题——现代西方哲学方法探要》，上海人民出版社 1987 年版，第 1—2 页。

此，政府官员腐败、企业诚信缺失和社会公德失范等耻感伦理问题尤为值得警惕，因为这关涉执政党的长期执政和社会稳定的问题。

其次，“什么是耻感伦理”的问题。“什么是耻感伦理”指的是耻感伦理理论体系的框架问题，主要包括三个方面。

一是耻感伦理的基本理论。对耻感伦理的探讨不能只停留在描述伦理学向度的事实性现象，必须寻求耻感伦理中应然性的道德问题，即必须从实然与应然层面进行思考，这是研究耻感伦理的其他理论问题的前提与基础。在耻感伦理的基本理论问题中，耻感伦理的本质是核心，因为耻感伦理的属性、形式、结构与功能都围绕着本质而展开的。从属性看，耻感伦理是个体自律的道德心理机制，研究方法则涉及现象学；从类别看，耻感伦理既是一种底线伦理，这种“底线”来自心理契约内涵的道德承受，也是一种德性伦理，这种“德性”源于个体道德的内在要求与外在约束，还是一种公共伦理，因为耻感伦理涉及公共领域中的社会关系，是社会文明的标尺，更是一种私域伦理，因为耻感伦理也涉及处理非公共领域里的人际关系和个人事物所遵循的道德要求，是人之为人的标识。

二是耻感伦理的形成与发展。耻感伦理作为传统文化的重要组成部分最早可溯源于殷商时期，春秋战国时期的儒、法等各派思想中都有丰富的耻感伦理资源，秦汉以降至民国初期耻感伦理一以贯之地传承下来。耻感伦理的逻辑起点始于“人性善”假设下的“从善”和“人性恶”假设下的“驱恶”。前者以肯定的方式把握善的过程，主张“存心养性”，知耻修身，促进道德理性的升华；后者以否定的方式把握善的过程，主张“化性起伪”，知耻近勇，抑恶扬善。二者的价值取向一致，都是教人向善而非向恶，只不过前者侧重道德自律，后者注重社会控制。然而，探寻耻感伦理的历史嬗变仅仅依据历史年代的顺序进行描述性的梳理是不够的，还必须力求深入历史的发展逻辑，通过探究耻感伦理思想与中国历史发展各阶段相适应的特质，充分挖掘耻感伦理的发展逻辑及其当代价值。传统耻感伦理的当代价值主要表现为耻感伦理在“善”与“恶”之间搭建桥梁，为整合现代道德人格的塑造提供了纽带。

三是耻感伦理的思想基础与具体内容。社会转型下耻感伦理有别于传统耻感伦理，前者是基于马克思主义的世界观、人生观、价值观以及社会主义核心价值体系，而后者是基于“三纲五常”的封建道德。耻感伦理的内容是一个体系，包括诸多含量，主要表现为两个层面：第一是从道德心理机制的属性层面看，主要是由羞耻、荣辱、良心、自律、自尊等德目构成。第二是从所涉及关系的类别层面看，可分为两个层面：在公共领域的社会关系层面，主要是由爱国、敬业、守法、弘义等德目构成；在非公共领域的人际关系层面，主要是由诚信、友善、责任、廉洁等德目构成。

再次，“怎样建设耻感伦理”的问题。“怎样建设耻感伦理”主要指的是探讨重建伦理道德秩序的耻感伦理评价、教育、修养与建设等问题。改革开放以来，人的思想逐渐解放，尤其是城市化的加速发展，人被原子化，但整个社会却没有形成一整套新的伦理道德秩序。一定程度上，价值分化是社会进步的体现，但只有价值的分化，没有有机的整合，则是一个病态社会，因此，耻感伦理的建设必须在重建伦理道德秩序的大前提下进行。重建伦理道德秩序，加强耻感伦理建设，必须摒弃“道德万能论”与“道德无用论”的观念。必须坚持历史与现实的统一、继承与创新的统一、制度认同与公民认同的统一、平等意志与法治观念的统一、底线坚守与崇高取向的统一等原则，从耻感伦理是底线伦理、德性伦理、公共伦理和私域伦理这一特质出发，通过道德与法律的双重认同，提升内在的耻感意识，培育外在的守法精神，即注重“他控”的制度建设与“道德人格”的美德重塑，把道德秩序建立在法律秩序基础上，形成一种法律化的道德秩序。

最后，耻感伦理的研究范式问题。耻感伦理的研究范式必须摆脱当下带有抽象性、普遍性的研究范式，应从理论研究范式转向生活研究范式，因为耻感伦理是关于人们在生活实践过程中面对耻感现象所涉及的应然性的道德准则与价值诉求。只有关注人们的伦理道德生活，才能揭示社会转型下耻感伦理如何丧失与如何建设的重大现实问题。对于耻感伦理的研究，毫无疑问，伦理学是最主要的学科，但应该看到耻感伦理研究凭借单一学科是不够的，还必须综合运用社会学、心理学、政治学、现象学、解释学、传播学、思想政治教育学、信息科学和精神卫生等学科领域，运用文献研究、比较研究、规范分析、实证分析、案例分析法等方法，进行多学科的综合分析与论证。

第一章

耻感伦理的理论框架

对耻感伦理的概念、功能、特征、类别、生成机制以及学科属性等问题的研究，不仅是聚焦耻感伦理的学术视野，而且也是架构耻感伦理框架的基石。回答“什么是耻感伦理”就是始于对这些问题的探讨，耻感伦理作为一个理论体系能否成立也是始于对这些问题的梳理。

一 耻感伦理的概念与功能

概念是逻辑的起点，核心概念的界定有利于厘清研究的边界。作为耻感伦理理论体系的逻辑起点，厘清耻感的内在含量，可以为耻感伦理的研究提供一个基准，并使其理论体系的构建具有认知上的价值与意义。

（一）耻感概念的厘定

在传统文化中，“耻”作为一种德性具有重要的地位，与礼、义、廉相提并论，小至规范人的内心和行为，大至维护国之安危。人不能无耻，无耻关涉人的德性与国家的安危，“无耻”是对恶行的极致谴责表达。对是“耻”的探讨可从辞源学、现象学、学科视域等维度进行考量。

从辞源学考察，“耻”本意为耻辱、可耻，古作“恥”。《说文解字》解释：“恥，辱也。从心，耳声。”在此，耻与辱同义。《广韵》曰：“恥，慚也。”《集韵》曰：“恥，从辱。”《六书总要》释义为：“恥，从心耳，会意，取闻过自慚之意。凡人心慚，则耳热面赤是其验也。”可见，“耻”是一个会意词，人们闻过会耳赤面热，羞愧乃是心有所惭而生，其义与“心”“耳”“闻”“惭”等相关。在《辞海》中，“耻”有三层意思：羞愧之心、可耻之事、侮辱。翻检古今各类工具书，不难发现“耻”是与“辱”和“羞”相类似的情感现象，并互为释义和相互通用。

“辱”，《说文解字》解释为：“辱，耻也。从寸在辰下。失耕时，于封疆上戮之也。辰者，农之时也。故房星为辰，田候也。”辱在古汉语中有两层意思：一是指价值内容或规定。如，“荣辱之来，必象其德”（《荀子·劝学》）；二是指道德情感。如，“欲寿而恶夭，欲安而恶危，欲荣而恶辱，欲逸而恶劳。四欲得，四恶除，则心适矣”（《吕氏春秋·仲夏记》）。

“羞”，《说文解字》解释为：“羞，进献也。从羊，羊所进也；从丑，丑亦声。”羞有害臊、惭愧、耻辱等几层意思。这里，害臊是人的一种自然情感，而惭愧、耻辱则是人的一种道德情感。《广雅》中说“羞，辱也。”对此，朱熹说：“羞，耻己之不善也；恶，憎人之不善也”（《四书章句集注·孟子集注》）。

价值形态的“耻”源自于意识现象的“羞”，即“耻”是由“羞”转化而来的。“羞”作为人的意识现象和人的存在现象，最初是一种与伦理道德无关的情感反应，是人的本能一种情感反应和自然情感的表现。例如，恋爱中的男女所特有的害羞体验；学生受到老师的表扬有时会感到脸红；女性在异性面前意识到被关注、打量，会感到不自在，尤其是在听到与性相关的话题会感到难堪。“羞”有时也是某种甜蜜、含蓄、回味的记忆。这些“羞”并没有任何不体面的举动与行为，也没有受到他人的冒犯，是在特定情形下的身体反应。在中国文化中，称此为“脸皮薄”。这不是道德意义上的“羞”，但却是羞耻现象的重要方面。人类尚处于蒙昧时期，不知“羞”为何物，更不知“耻”，只有到了文明开化理性出现之后，才知“羞”与“耻”。《圣经·创世纪》中曾记载过这段人类早期的历史。最初亚当与夏娃赤身露体，并不觉得羞耻，在伊甸园中，经蛇的诱惑吃了能“分辨善恶树上的果子”，才知道自己是赤身露体，感到害羞，便拿无花果树的叶子，为自己编一条裙子。在人类文化学上，神话是一个民族的意识形态用故事形式的表达，往往反映的是人类早期的生存状态和生活方式。原始人无法理解对自然界作出某种合理的解答，对自然界充满了敬畏感。而这种敬畏感导致了最初意义上的行为规范的形成，并且以禁忌的形式表现出来，如果冒犯了禁忌就会引以为羞耻。“世界充满了令人敬畏的力量，它们就像物理力一样，对于任何冒犯者都必然会自动地施加反作用。作出了有损它们的行为不可能安危无恙”。[①] 最初发展起来的禁忌道德是关于性与婚姻，对女性身体的器官形成的某种禁忌，而人走出伊甸园的神话传说隐喻着人类文明与“羞”的某种历史关联。

在一定意义上，“羞”是耻的重要体征，更是产生耻的生物基础。如果失去害羞，失去畏惧的生物底线，就难以产生耻。而“耻”关乎道德，耻感包含身体等生物性因素和道德等社会性因素所引起的情感反应。所以，“耻”以“羞”为前提，“羞”为“耻”提供存在论的依据，二者的区别在于：“‘羞’关涉存在秩序，是一个‘丑陋之物’或‘不完满之物’在一个相对完美之物面前的自惭形秽；而‘耻’关涉价值排序，是将具有归属性的实体或全体视作价值认同的依据，并由此确证某种普遍本质，进而划定个体主体的价值层次与边界。”[②]

应注意的是，耻与耻感并不等同。耻所指称的有关恶的一类社会现象，这类社会现象不合乎、甚至违背了社会以善所指称的那些肯定性价值标准。正是在这个意义上，耻从否定性的方面规定了善，同时本身又是要被否定的内容。对于耻的现象而言，其本身并无值得称颂肯定的地方，而耻感则不同，它是依据内心所拥有的善的标准对特定行为、现象所做出的否定性评价而形成的一种主观感知和心理情感体验。启蒙时期的英国学者哈奇森认为，耻感是来自他人对行为主体施加不良看法的反应。“本性使我们臣服于痛苦的悲伤感觉，这种痛苦来自他人对我们的不良看法，即使我们并不害怕源于他们的恶。我们把它称为羞愧，它以相同的方式被构造成了一种直接的恶，正如我们说荣誉是一种直接善一

---

① ［法］爱弥尔·涂尔干：《乱伦禁忌及其起源》，汲喆、付德根、渠东译，上海人民出版社2006年版，第6页。

② 田海平：《耻感难题与荣辱的初始条件》，《学术研究》2009年第4期。

样。”[1] 其实，这里的羞愧就是耻感，只是用词不同罢了。可见，耻感是人类特有的情感表征与心理元素，高兆明曾作这样的区分，“耻以否定性方式表达了人的内在规定性，耻感则是以否定性方式把握善。耻感形成于对善、自我及二者差距的自觉意识。”[2]

从现象学考察，耻感是关于对耻的现象的感知与把握。这种感知可分为知耻感和羞耻感两个层次。知耻感属于先耻感，是人们在耻感现象行为发生之前就能以一定的道德标准进行评判而形成的否定性情感体验。而羞耻感属于后耻感，即人们在耻感现象发生之后才能以一定的道德标准进行评判而产生的否定性情感体验。相比较而言，知耻感是耻感发展的高级阶段，羞耻感则属于低级阶段，当然二者也并不是截然对立的，在具体的行为实践中可以相互转化。

虽然耻感与羞感、愧感、辱感等情感体验表面上类似，甚至一定意义上可以互相替代，然而，这并非意味着它们之间就没有区分。对于羞感，舍勒认为：

> 羞即“爱的良知”。就此而言，它同时是与我们的与性相关的本能即性本能和生殖本能，与我们的精神的一切更高级和最高级的功能之间的伟大和唯一的统一之创立者，可以这样说，它填补了精神与性欲之间的巨大空虚：仿佛它从精神那里获得了它的尊严和庄重，又由此获得了它的幽雅、和它那邀请般的引人趋向爱的美。在一个人身上，精神的志向与生命力和性欲力之间的鸿沟越深，羞的份量就必然越重，以便阻止个人的分裂。所以羞证明，只要它彰明较著，精神和激情就始终就保持着平衡。恰恰在此，它最刺激、最优雅地透露了这两种本性的人的内在跨度。具有那种大“跨度”的本性也许首先可以从非同寻常的羞之标志上看出来。[3]

---

① ［英］弗兰西斯·哈奇森：《论美与德性观念的根源》，高乐田、黄文红、杨海军译，浙江大学出版社 2009 年版，第 157—158 页。

② 高兆明：《耻感与存在》，《伦理学研究》2006 年第 3 期。

③ ［德］马克斯·舍勒：《价值的颠覆》，刘小枫编校，罗悌伦、林克、曹卫译，生活·读书·新知三联书店 1997 年版，第 242 页。

在此，舍勒把羞感视作欲望及其克制的矛盾。羞感之所以是后耻感就在于它是一种带有人的本性的情感体验，本身并不具有伦理意义。正如前段所述，羞感是特定情形下的身体反应或生物反应，不是道德意义上的羞耻现象。

愧感是行为主体因能力、水平或其他因素致使结果事与愿违而产生的一种否定性情感体验，具有伦理道德意义。廉颇负荆请罪乃是因为获知蔺相如为顾及国家大义对他“敬而远之”后而怀着一颗无比愧疚之心，项羽自刎乃是因为战败而无颜见江东父老，韩国前总统卢武铉跳崖自杀乃是因家人涉嫌腐败，日本细胞再生学专家笹井芳自杀乃是因为其指导的博士生发表造假论文，这都是愧感的使然。须指出的，愧感是与行为主体的价值观相联系的。

与耻感、愧感等主动的情感体验不同，辱感是一种被动的情感体验，是由外界强加给予而产生的心理体验，其产生的外在条件来自于他人与社会。施辱者通过广而告之的恶的行为手段对受辱者的人格、自尊心等方面进行摧残，以此达到羞辱的目的。换而言之，施辱者旨在打击受辱者的人格与自尊心，而不是直接夺取其利益，所以，其行为必须是大张旗鼓地公开实施。句践的会稽之耻、韩信的胯下之辱、司马迁的宫刑之辱以及纳粹魔影下欧洲一些犹太人常常憎恨自己的民族属性①等均属于此类，“文化大革命”中造反派对批斗者剃阴阳头和戴高帽游街等批斗手段也可以归属此类。

这些情感体验各自构成的基本要素不同，在不同类型中的配置也不尽相同，其所导致的心理意义与社会意义也不同。区分这些情感体验的目的，在于通过准确把握特定的耻感现象以加深对耻感概念的理解。

从学科视域考察，学科的差异性导致了对耻感概念理解的差异。在中国文化语境中，耻感在以自我为立场表达时，大都指向个人耻感体验。在西方文化语境中，耻感更多的是羞感，即 shame 一词，其意指向给人带来痛苦的社会性情感，人们常常认为只有懦弱、无能的人才会更

---

① 经历过大屠杀的犹太作家普里莫·莱维（Primo Levi）曾说，犹太人一旦遭到纳粹或其他迫害者刻意制造的过度暴力时也会产生针对自己的种族属性的辱感（参见［意］普里莫·莱维《被淹没和被拯救的》，杨晨光译，上海三联书店 2013 年版）。

多地体验到耻感。可见，在中西方文化中，耻感在强度、内容、表现形式等方面存在差异。[①] 通过文献梳理，学界对耻感的研究主要涉及心理学与伦理学两个学科，二者对耻感概念界定不同，差别在于前者没有明确的评价性标准，而后者则带有确定性的评价性标准。

心理学有以自我期望与意识为评价标准、没有明确的评价标准两个向度定义耻感概念的。其中，从以自我期望与意识为评价标准向度看，耻感强调的是个体在自己或他人行为与社会标准或自我标准期望不一致时产生的一种情感体验。[②] 或者说是人对高层次的自我价值意识与低层次的自我价值意识之间紧张关系的主观感受；[③] 从没有明确评价标准向度看，则有因错误公开化等外在压力而产生和无明确原因而强调情绪体验两种定义方式，前者是指行为主体对自身不良行为而产生的一种情感体验，后者则是一种指向痛苦、难堪、消极的情感体验。[④]

伦理学则是从社会规范层面界定耻感的。虽然西方的伦理文化传统以罪感为主脉，但并没有否定耻感对于人们道德行为的重要性。亚里士多德认为，耻是一种积极的道德情感，耻感存在的基本特质就是人们心中有善，[⑤] 可以说这为耻感含义定下了基调。而康德提出的"道德自律"律令本身就隐含了耻感的内容。对耻感含义揭示最为精当的当属舍勒，他认为羞耻感为人类所特有，人所具有的羞耻感就是因为在自我评价活动中能意识到自身的所作所为与"神"所要求的作为本质的完满存在之间的差距。[⑥] 在此，舍勒把耻感看成是人对自身本质的一种特殊自我意识，这个思想其实与康德提出的人所具有的作为本体自由的思想

① 高学德、周爱保、夏瑞雪：《内疚和羞耻关系研究进展及未来展望》，《中国心理卫生杂志》2008 年第 7 期。

② 张琛琛：《小学儿童羞耻情绪理解能力的发展及羞耻情绪对其合作行为的影响》，硕士论文，苏州大学，2010 年，第 3 页。

③ 张志平：《情感的本质与意义——舍勒情感现象学概论》，上海人民出版社 2006 年版，第 160 页。

④ 杨英：《1985—2011 年我国学生羞耻感研究述评》，《上海教育科研》2012 年第 8 期。

⑤ 具体论述参见亚里士多德《尼各马可伦理学》，廖申白译注，商务印书馆 2003 年版，第 124—125 页。

⑥ ［德］马克斯·舍勒：《价值的颠覆》，刘小枫编校，罗悌伦、林克、曹卫译，生活·读书·新知三联书店 1997 年版，第 167 页。

是相通的。正是在这个层面上，有学者认为耻感是“行为主体基于一定的道德要求和伦理准则，在对自身的思想道德行为进行自我评价或接受他人评价时，所产生的一种否定性情绪体验”。[①] 也有学者认为耻感是“人的行为与内化为个体的社会价值观念和道德观念发生差距甚至冲突时所产生的痛苦体验”。[②] 还有学者认为“耻感就是人对自己的普遍本质即伦理实体的认同和皈依，是个体向伦理实体回归，达到‘单一物与普遍物的统一’的一种伦理机制和伦理力量”。[③] 虽然对耻感概念的界定表述不同，但实质却是一样的。

综合学界的研究，笔者把耻感界定为：人们根据内在的善恶价值标准评估自我或他人的行为与现象时所生成的否定性情感体验。按照舍勒的说法，这种否定性情感体验产生于应然理想与实然存在之间的落差、矛盾，产生于本真意义与世俗存在之间的不和谐。[④] 当人们意识到自身世俗活动中的恶与善形成差距无颜以对时，就会羞愧难当，是为耻感。耻观，即善恶评价标准，乃是耻感的前在，耻感就是以善恶评判标准对实然的耻感现象进行应然的评价，蕴含了事实与价值两个层面。

（二）耻感伦理抑或耻感道德

道德与伦理在日常生活中常常被混用，笔者使用耻感伦理而不是耻感道德，乃是因为：

> （1）当前我国道德发展的主要问题是伦理问题，而不是道德问题，道德上基本满意的主要方面是对道德自由的满意，但对作为道德自由的伦理后果即人际关系，却高度不满意；（2）道德上的基本满意与伦理上的基本不满意，在社会判断与大众心理中，势均力敌，形成一种伦理——道德悖论。以伦理问题为矛盾主要方面的伦

---

① 吴潜涛、杨峻岭：《论耻感的基本涵义、本质属性及其主要特征》，《哲学研究》2010年第8期。

② 陈新汉：《论耻感的哲学意蕴》，《上海财经大学学报》2009年第5期。

③ 张国立：《耻感的伦理价值研究》，《贵州大学学报（社会科学版）》2009年第3期。

④ ［德］马克斯·舍勒：《价值的颠覆》，刘小枫编校，罗悌伦、林克、曹卫译，生活·读书·新知三联书店1997年版，第167页。

理——道德悖论，是道德发展的“中国问题”的基本表现与集中表达。①

尽管这是樊浩教授基于问卷调查“你对当前我国的道德风尚与伦理状况，总体上的满意程度是”问题时，数据显示75.0%对道德状况满意或基本满意，73.1%对人际关系不满意的判断和结论，但却点出当前中国社会道德问题实际上是伦理问题。

在哲学上，道德和伦理是有着严格区分的。“道德”一词在中国很早就有，但最初分开使用。春秋战国时期，“道德”在许多场合被看作是两个概念。老子的《道德经》，其实就是《道经》与《德经》的统称。道家认为“道”是天地万物的最高本原，“德”是天地万物体现这个最高本原而形成的各自本性。与道家的理解不同，儒家认为：“志于道，据于德，依于仁，游于艺”（《论语·述而》）。孔子认为，在道、德、仁、艺四个层次中，道处于最高层次，德是道的原则的具体表征，仁是最高的德，艺是仁的具体表现形式。张岱年先生认为：“‘道’的本义是路，人行之路为‘道’。《说文》云：‘道，所行道也，一达谓之道。’具有一定方向的路叫作‘道’。引申而为人或物所必须遵循的轨道，通称为‘道’。日月星辰所遵循的轨道称为‘天道’，人类生活所遵循的轨道称为‘人道’。”②“德者，得也”（《礼记·乐记》）。有德则得，无德则不得。“皇天无亲，惟德是辅”（《尚书·蔡仲之命》）。在古代汉语中，“德”通“得”，二者有着内在的因果关系：“德”是“得”的根基与手段，“得”是“德”的价值取向和结果，有德方能有得。因为“德”是一种输出、给予，“得”是一种输入、获取，前者从心，后者从手，有得之于内心和得之于外的区别。《周易》曰：“天行健，君子以自强不息；地势坤，君子以厚德载物。”在此，厚德是“德”，载物是“得”。这表明，德与得的关系实质上是义与利的关系，德为义，得为利。朱熹在《四书章句集注·论语注》说：“道则人伦日用之间所当

① 樊浩等：《中国伦理道德报告》，中国社会科学出版社2012年版，第2页。

② 张岱年：《释“天”、“道”、“气”、“理”、“则”》，载《中国哲学范畴集》，人民出版社1985年版，第100页。

行者是也”，“德则行道而有得于心者也”。意思是说“道”是处事做人的原则，“德”是人们内心的情感和信念，是人们按照“道”的原则去做而形成的思想境界。在传统文化中，“道德”有两层意思：一是道德是行为准则；二是道德准则在实际行为上的体现，包括外在的善行和内在的善性修养。

在西方，“道德”一词源于拉丁文 Moralis，这个词的复数指风俗习惯，单数指个体品性。在西方社会里，道德指的是遵守或违反被认为是社会重要性的习俗概念。“重要性”是因为这些习俗关涉人与人、人与社会的利害关系，与社会稳定和发展有直接关联，旨在区分某些行为和倾向是“道德的”还是“非道德的”基本准则。亚里士多德在《尼各马可伦理学》中把勇敢、节制、慷慨、公正、智慧、温和、友善、羞耻、诚实等视为重要的德性。

在中外伦理思想史上，“道德”一词不仅用于调整人与人之间的关系，规范人们的行为，而且还用于指代人的道德品质、善恶评价、道德修养等。归结起来，道德就是以善恶为评价标准，依靠社会舆论、传统习俗以及人们的内心信念来调整人与人、人与社会之间关系的行为规范的总和。

通常意义上讲，伦理指的是处理人际关系的规范与原则。“伦理”一词也曾是分开来使用的。《说文解字》说：“伦，辈也，从人，仑声，一曰道也。”可见，“伦”为人与人之间的伦常及辈分的群、类、序等关系，这些关系构成了社会最常见的伦常规则。伦常是一种实然状态；规则是一种应然状态，是用来被遵守的。“父子有亲，君臣有义，夫妇有别，长幼有序，朋友有信”（《孟子·滕文公上》）。这里，孟子提出了父子、君臣、夫妇、兄弟、朋友等五种基本的人伦关系。人伦即辈序，遵守辈序之理，是为伦理。这五种人伦关系从根本上讲都是人道，即处事的规则和做人的原则。《说文解字》说：“理，治玉也。”即理为玉石上的纹路，意思是指按照玉本身的纹路雕琢玉器，使玉器成型有用，日常生活中人们常说的“理顺”就是这个意思。“理”表明了事物应然的规则，理顺即顺应这个规则，可以引申为依照伦常规则即社会道德规范和原则来治理、协调社会生活和人际关系。贾谊说：“以礼义伦理教训人民”（《新书·辅佐》）。“伦理”二字合在一起是指处理人与人之间不同的关系以及所应当遵循的规则。可见，“伦理”由“人伦之理”演化为“纲常”理念。

在西方，“伦理”一词叫 Ethic，意思是指风尚、习俗、德性等，后演变为“伦理的”“德行的”“道德规范”等。在黑格尔看来，道德是一种具有特殊规定的内心的法，即“主观意志的法”。自由意志借外物以实现其自身，就是抽象法。自由意志在内心中实现就是道德，自由意志通过外物，又通过内心，得以充分的现实性就是伦理。① 同时，“伦理是一种本性上普遍的东西，这种出之于自然的关联本质上同样是一种精神，而且它只有作为精神本质时才是伦理”。② 对伦理行为，黑格尔认为：“伦理行为必须是实体性的，换句话说，必须是整个的和普遍的；因而伦理行为所关涉的只能是整个的个体，或者说，只能是其本身是普遍物的那种个体。”③ 在此，“普遍”就是实体，即人的公共本质——共体或普遍物。在《法哲学原理》中，黑格尔把实体分成为家庭、市民社会和国家。家庭—市民社会—国家构成伦理实体的一个辩证有机系统。伦理涉及人与“伦”和人与“理”这两种关系。“伦”为人的公共本质，是普遍性的，指向现实的伦理实体；“理”是个体对“伦”的内化，是对于“伦”的提升和把握，是主观与客观相统一的意义世界的建构。所以，伦理关系不仅仅是人与人之间的关系，而且还是人与社会关系。

“道德”和“伦理”两个概念虽然意义相近、相似，但毕竟是两个概念，在学术和现实生活领域仍然存在着较大区别。

从发生机制看，伦理产生于社会交往，道德产生于心理认同。“人己关系是伦理思想所研究的中心问题。”④ 在交往中形成了人与人之间不断冲突的利益关系，解决和平衡的办法便是中国伦理思想史上的“义利之辨”。“义”即行为适宜于礼，礼义便是规范，是伦理之要求。“得”是内心的一种肯定，是内心与精神之得，“得其道”并“化于

① ［德］黑格尔：《法哲学原理》，范扬、张企泰译，商务印书馆 1961 年版，第 12 页。

② ［德］黑格尔：《精神现象学》（下卷），贺麟、王玖兴译，商务印书馆 1996 年版，第 8 页。

③ 同上书，第 9 页。

④ 张岱年：《中国伦理思想的基本倾向》，《社会科学战线》1989 年第 1 期。

心”，就有了“德”。可见，道德的形成方式与伦理不同：道德是行为主体对伦理的认同和修养，而伦理则是反映共同需要的规范经社会认可后的具体化。中国伦理思想史上的“反身内省”“内讼”“慎独”等方式，便是在心理认同基础上，从心内求，反求诸己以修养道德。

从性质看，伦理的外在义务有别于道德的内在责任。伦理义务具有一种外在约束，以“他治”的方式发生作用，道德责任是一种内在要求，以“我治”的方式产生效果。伦理呼吁社会普遍化，在普遍化中规范大众，而道德呼吁个体主体化，在主体化中调整和完善自我。同时，作为一种社会统治和规范的工具，伦理有“法”的性质，伦理立法有助于构建核心价值观以适应现代生活和社会发展的需要，有助于解决社会发展中遇到的新的伦理问题。而道德无“法”的性质，道德立法缺乏根据，道德之精义在于提升人的主体意识、主体能力，是一种与主体需要相关联并用主体内在尺度来衡量的价值活动。

从作用机制看，伦理的他律有别于道德的自律。伦理指向他者，是一种自外而内的规约，他律是其发生作用的主要机制，伦理只能通过规范体系发挥作用。道德指向自我，自律是其发生作用的主要机制。

“伦理”与“道德”有各自的问题域，界分之目的在于明确伦理制度规范对于构建道德权威的作用，培养社会道德意识、养成道德习惯，扬善抑恶；在于推动现实中的伦理建设，解决伦理失落与混乱问题，为社会生活各个领域确立人伦关系的具体准则。从“伦理”与“道德”的界分发现，“人们每每忧患今天的道德状况，似乎问题总是存在于道德领域，也总是归责于个体道德，而其背后更深刻的伦理根源却逍遥于思想的触须之外。结果，虽然社会总是不断地呼吁加强道德建设，而其效果总是不能令人满意。原因很简单，根本问题不在道德，而在伦理”。[①] 从这个意义上说，使用耻感伦理比耻感道德更契合转型期中国的当下实际。

无疑，厘清耻感的内在含量，有助于揭示耻感伦理的基本含义。而对耻感伦理概念的界定关涉其研究对象与内容。从对象看，耻感伦理的指向很明确，即耻感现象。耻感现象是人类社会生活特有的，耻感的行

① 樊浩等：《中国伦理道德报告》，中国社会科学出版社 2012 年版，第 3—4 页。

为主体是人，调节的范围涉及人与人、人与社会、人与自然的关系。相对于法律而言，耻感伦理的约束仅仅是一种柔性的、内在的软约束，因为只有人的内心生成了善恶评价标准即耻观方能起作用。耻感伦理不仅表现为规范人们行为的准则体系，而且还表现为人们践行准则体系所形成的德性品格与价值取向，是一个由心理意识、情感体验、原则规范与行为活动所构成的价值体系。所以，耻感伦理的内容非常广泛，涵涉了耻感伦理的本质、起源与发展、功能、范畴、原则、规范、教化与建设等内容。在此，可以把耻感伦理概念界定为：行为主体在社会实践过程中面对耻感现象所涉及的应然性的道德准则与价值诉求。①

讨论和分析耻感伦理，必须注重对伦理的审视，也就是说对主体的行为是否合乎善恶的一种伦理审视。而伦理的审视是一个应然性的价值问题，对耻感伦理问题的研究理应寻求的是价值探讨，不能仅停留在耻感现象与事实的简单发现与单纯描述上，需要透过社会的耻感现象去揭橥耻感伦理问题的本质，发现问题背后隐藏的"所以然"，并提出"所当然"，为耻感伦理的研究提供理路。从这个意义上说，界定耻感伦理的概念旨在撇开对耻感伦理问题的实然的道德现象描述，而是直接通过对应然的道德规范的建构来凸显其伦理属性。

（三）耻感伦理的功能

马克思指出："耻辱就是一种内向的愤怒。如果整个国家真正感到了耻辱，那它就会像一只蜷伏下来的狮子，准备向前扑去。"② 这表明耻感伦理的功能主要体现在对个体或群体的发展所起到的效用，而这种效用则有助于促进人的道德品质的形成和发展，净化社会风气，推动社会文明进步，具体表现为以下四个方面。

1. 凝聚功能

在社会的整合过程中，人们按照一定的道德规范和制度进行有序的共同生活。对此，涂尔干已注意到这一点："我们可以这样认为，一般

① 参见章越松《耻感伦理的涵义、属性和问题域》，《伦理学研究》2014 年第 1 期。

② 《马克思恩格斯全集》第 1 卷，人民出版社 1975 年版，第 407 页。

而言，道德规范的特点在于它们明示了社会凝聚的基本条件。”① 在此，可以把涂尔干的观点做进一步的引申，这些基本条件就是耻感伦理规范规定了行为主体应当履行的义务和责任。虽然这个社会中的成员也许不一定作出形式上的承诺，但是一旦成为某一社会共同体中的一员，也就自然地以蕴含的方式承诺了耻感伦理所规定的义务。耻感伦理在凝聚社会力量、维护社会秩序的同时，也对失序或失范起着抑制作用。在约束个体的行为上，主要表现在耻感现象行为发生之前，通过展示主体的道德责任和义务以及提供行为选择的准则，以抑制可能发生的耻的动机；在耻感现象行为发生之后，作为主体的行为评价的根据，参与外在的舆论谴责和内在的良心责备等耻感制裁的过程，并由此促使和推动行为主体重新“行己有耻”。可见，耻感伦理的缺位意味着解除所有内、外的道德约束，在无耻的心理情感下，既不会感受到内在良心的责备，也难以对外在舆论的谴责有所触动。一切丧失尊严、挑战社会、扰乱秩序的行为皆有可能。反之，耻感伦理的确立，则使主体在行为过程中关注人之为人的尊严，防范与拒斥一切可能对内在尊严带来负面后果的动机和行为。

2. 评价功能

耻感伦理的确立能够帮助人们确立分辨荣辱的能力。现实社会中，耻感伦理使行为主体具备一种荣辱观念，这种荣辱观念帮助行为主体进行道德和价值的判断，即帮助其判断自己的道德标准和价值观念是否符合整个社会普遍的道德标准和价值观念。在进行判断之后，如果得到的答案是肯定的，那么，行为主体就会坚持自己现在的道德标准和价值观念，继续以这种标准和观念处理自己同他人以及社会的关系。如果得到的答案是否定的，也就是说，自己的道德标准和价值观念有悖于社会普遍的道德标准和价值观念时，那么，行为主体就会努力去避免在这种标准和观念的指导下将会产生的具体行为，同时也会努力修正自己行为，使自己的道德标准和价值观念符合整个社会的要求。从某种程度上看，耻感伦理规定了行为主体不同的权利界限和行为界限，确立了一种秩序的观念，使社会形成为一种有序的结构。同时，耻感伦理也明确行为主

① Emile Durkheim, On Morality and Society, The University of Chicago Press, 1973, p. 136.

体应当履行的义务和责任，提供评判行为的一般准则。当主体的行为合乎规范时，便会因其“对”或“正当”而获得肯定、赞扬；一旦偏离规范，这种主体的行为就会因其“错”或不正当而受到谴责。

3. 控制功能

与社会的有序相对应的是社会的失序。对整个社会来说，社会失序是一个从衍化到结果的过程。社会失序现象总是与社会成员的耻感现象相关联的。耻感伦理对这一失序过程中的抑制作用也相当明显，充当了道德工具，用道德约束作用来调节社会关系。耻感伦理的控制功能是通过道德力量实现的，借助于道德的力量来调节人际关系和社会关系，以此达到融洽社会关系，提高社会道德水平，改善社会风气、增进社会文明程度的目的。从整体上看，耻感伦理首先是通过道德的作用来影响社会中的人，使人的行为符合整个社会的要求，进而调节和控制整个窘境。

4. 导善功能

耻感伦理的导善功能体现为耻感的发生在于个体道德自我中存在一个理想的“我”，旨在成为达到理想的“我”的一种道德激励力量。一个人存有耻感伦理，内则心存善念，外必洁身自好。耻感伦理借助道德的激励力量对个体和社会的思想观念、道德意识和价值标准进行启发、教育和引导，使个体和社会的行为变得更加合理，使个体和社会在道德上自强不息。从个体角度看，耻感伦理主要是通过个体的自发的道德意识进行导善的，旨在使个体的行为观念更加符合社会中普遍的道德标准，更加有利于个体的发展。同时，耻感伦理的导善功能还是一种观念和思想的力量，这种观念和思想不仅仅只是个体自发产生的，而且还和整个社会风气高尚与否以及社会成员道德水平高低状况密切相关。在文明进步的社会里，肯定会形成一种正确的道德观念，反之则不然。

二　耻感伦理的特征与类型

作为一种否定性的心理情感体验，耻感伦理是道德情感的重要形式，并通过一定的特征与类型表现出来的。

（一）耻感伦理的特征①

1. 从人的属性看，是自然性与社会性的统一

作为具体的人和现实中的人，其本身必然包含社会属性和自然属性，是自然属性与社会属性的统一，此二种属性缺一不可。这对于耻感伦理而言，也不例外。

所谓自然性，是指人与生俱有的耻感，这种耻感是先天的、本能的反应，无需通过后天的教习而得；所谓社会性，是指人通过后天的传授和教育以及社会习俗影响而形成的。一般来说，前者属于生理反应，如耳赤面热、呼吸急促、心跳加速、紧张恐惧、如坐针毡等本能的感性反应；后者属于道德反应，如忏悔惭愧、内疚歉意、愤怒不满等思维的理性反应。作为耻感的一种常见的身体体征，耳赤面热、呼吸急促、紧张恐惧等是人的主观愿意无法决定的，并不是受社会性的教育、道德习俗等影响而即刻产生，甚至是不希望出现而偏偏出现，或者希望出现而偏偏不出现。

虽然任何人都无法随心所欲地控制自己耻感体征反应的产生或消失，但是导致耻感身体体征反应的根本原因却非本能的、自然的，而是后天的、社会的，是与人们通过社会性活动而形成的习俗以及道德要求有关。如果没有社会性的教育、道德习俗的影响，个体脱离了某种社会关系，没有建立起其应当信奉的价值观念与道德原则，这种本能自然的耻感身体体征就没有实现的可能。也就是说，自然的耻感只是一种潜能，只能通过社会性的活动强化其存在，并且不断地开发和教育，才能从潜在的可能转化为现实的实在。

2. 从发生作用看，是自律性与他律性的统一

任何人都受到一定程度的耻感伦理调节作用的制约，否则为了衣、食、住、行等生存需要的满足，就会无休无止地争斗厮杀，就会无知无畏地丧尽天良。从这个意义上说，耻感伦理是维系社会秩序、促进文明发展的最起码的心理条件。

---

① 本书中关于耻感伦理特征的内容借鉴了吴潜涛、杨峻岭二人合著的《论耻感的基本涵义、本质属性及其主要特征》一文中提法和表述，该文发表在《哲学研究》2010 年第 8 期。

所谓自律性，是指把外在的道德律令与法律规范内化为自己的行为准则。孔子强调："有耻且格"（《论语·为政》）。意思是说，社会上的行为规范、道德律令、法律法规，只有在耻感伦理基础上实施才可能发挥约束作用。这是因为耻感伦理是人的行为发生和维系的重要动力。任何道德律令和法律规范，只有通过教育内化为耻感伦理，才能成为人的自觉的、自制的内在行为准则。

所谓他律性，是指人的思想行为受到外部因素的影响与控制。规范人的行为方式，仅凭自律的方式远远不够，还需要外在的强制力，即外部因素的他律作用。也就是说，人只有在他人和社会评价监督下才会对自己错误或不当的行为举止感到羞耻。孔子说："恭近于礼，远耻辱也。"（《论语·学而》）意思是说，对他人的尊重恭敬，符合了"礼"的要求，才能免受侮辱。这其实就是强调耻感伦理的他律性。耻感伦理的自律性和他律性的统一表现为不受时空的限制无时无地、潜移默化地作用，即在社会生活中不知不觉地起着调节作用。

3. 从发展演化看，是历史性与现实性的统一

任何伦理道德都取决于社会物质生活条件，随着社会生活条件的变化而变化。

在耻感伦理发展的特定的历史阶段中，社会物质生活条件是一定的，在这种情况下，耻感伦理一旦形成就会保持相对的稳定性，会被社会长期继承，但是社会物质生活条件发生了改变，那么，耻感伦理的内容也会随之改变。这表明耻感伦理的内容受一定社会物质生活条件制约，产生于一定时期社会的道德实践和道德生活之中，具有历史性的特征。因此，在不同的历史阶段，社会所遵循的伦理道德标准以及善恶价值观念存在着差异，耻感伦理的内容也会呈现出差异，有时甚至是截然相反的情况。比如，在原始社会，由于生产力水平极度落后，遗弃老人是道德的，而在今天则被看成是极不道德的行为。再如，宋明理学倡导"饿死事小，失节事大"（《二程全书·遗书》卷二十二），在那个时代寡妇再嫁是可耻的行为，给坚守贞节的人立"贞节牌坊"加以褒扬，而在今天改嫁是再平常不过的一件事情了。

同时，耻感伦理又具有现实性，耻感伦理必须存在于社会实践之中，离开了社会实践这个现实，耻感伦理的内容则是空洞抽象的。当下所讲的任何关于耻感伦理的内容都受到社会各种意识形态的影响，受到社会转型的影响，受到市场经济的影响，受到科学技术发展的影响。当然在讲耻感伦理历史性与现实性的统一的同时，还应看到有些耻感伦理的内容具有稳定性，能够被各个历史时期所继承和倡导。比如，贪生怕死、违背信约、损人利己、见利忘义等行为是可耻的，过去是这样，现在是这样，将来也应是这样。可以说，这也是历史性与现实性统一的另一种表现。

（二）耻感伦理的类型

耻感是关于耻的现象的心理情感体验，不同的心理情感体验有不同的耻感类型。羞耻是一种心理情感体验，不以为耻反以为荣也是一种心理情感体验，可见，依据不同事物和标准的心理情感体验，就有不同的耻感伦理表现形式或类型。特征是对耻感伦理内容的概括，仅凭特征的概括尚不足以揭示耻感伦理丰富多彩的内容，还需要通过耻感伦理的不同类型加以揭示。有学者依据不同的分类标准把耻感区分为自然耻感与道德耻感、自律耻感与他律耻感、先耻感与后耻感、个体耻感与群体耻感、德耻感与才耻感等样态，这为进一步研究和剖析耻感伦理的类型表现起到基础性的作用。①

1. 从人的属性看，可分为自然耻感与社会耻感

人的属性分为自然属性与社会属性种。作为自然界的一员，人首先是一个自然存在物，有和动物相类似的自然本能，这种本能与人的机体功能相联系，如饥食渴饮、条件反射、男女之欲等等。人的自然属性就是人的生物机体功能的自然倾向的体现。社会是人的社会，人是社会的人，人与社会不可分。生活在一定社会之中的人必定具有社会属性。人的社会属性是人与周围的事物发生关系时，表现出来的独有的特性。依据人的这些属性，可以把耻感伦理分为自然耻感与社会耻感。

人的耻感不外乎生理与道德两类表现。自然耻感是源自生理方面的反应，指的是因先天的生理缺陷受到他人耻笑或讥讽而产生的心理情感

① 本书关于耻感伦理的类型是在杨峻岭、任凤彩两位学者论述的基础上略加引申，具体详见二人合著的《道德耻感的基本样态分析》一文，发表在《伦理学研究》2009 年第 5 期。

体验。如，因相貌丑陋、身材矮小、智力低下而产生的羞耻感，这些不是自我能够控制的，而是与生俱有而带来的。自然耻感的产生与德性无关，不具有伦理道德意义。相反，社会耻感则源于道德方面的反应，指的是因忽视或丧失人本身应有的德性而影响到自我价值与尊严时产生的心理情感体验。这里，社会耻感与人的德性相关联，也就是说，只有遵循一定的道德标准和价值取向并依此行事时才可能产生。如，考试作弊被抓、行窃被抓而感到羞愧难当。应该看到，社会耻感是与人的思想错误和行为过失有关，是行为主体把自己的思想观念和行为表现与其所认同的道德标准和价值取向进行比较后的反省的心理体验，“原告”“被告”“法官”都由自己扮演。

从二者所处的层次看，社会耻感高于自然耻感。因为社会耻感表达了人们对自己的关心，尤其是自我德性的关心。如果一个人缺乏对自我德性和行为方式的检讨与反省，那么，意味着社会耻感的缺位，进而意味着其底线伦理的崩溃。

2. 从评价方式看，可分为自律耻感与他律耻感

在道德生活中，道德评价所凭借的方式不外乎社会评价和自我评价。无论对个体抑或是群体来说，这两种都是最基本的方式。据此，把耻感伦理分成自律耻感和他律耻感。

他律耻感相当于社会评价方式，指的是人们发觉自己的思想观念和行为方式受到来自他人或社会舆论、传统习俗的负面评价时而产生的耻感心理情感体验。这种耻感体验来自行为主体的耻感行为受自我理性之外的其他因素影响和控制，表现出鲜明的他律性。他律耻感能够营造一种特殊的善恶、美丑、是非分明的氛围，使行为主体受到强大的精神压力，由此感到羞愧、内疚、懊悔，甚至无地自容。一般来讲，一个社会的他律耻感强弱，往往成为这个社会道德水平的试金石。当一个社会的他律耻感微弱时，这个社会的道德水平就会下降，甚至出现严重的道德堕落现象。比如，对笑贫不笑娼等无耻现象的漠视与纵容，那么，这个社会的道德水平岂止是触及底线。相反，当一个社会的他律耻感强有力时，这个社会的道德水平就会不断上升。

自律耻感相当于自我评价方式，指的是人们思想观念和行为方式受到来自自我道德信念的负面评价而产生的耻感心理情感体验。通俗地

讲，就是把客观外在的原则和规范内化为自己的意志和信念，并积极主动地遵守和追随。自律耻感不像他律耻感那样是一个外在的约束力量，而是一种内在的、自觉的约束力量，是通过人的义务感、荣誉感、尊严感和良心等内心信念反映出来的心理情感体验，是源自对道德律令的敬畏，无需他人或社会等外在因素的监督和提醒，具有鲜明的自律性。廉颇负荆请罪、司马迁宫刑之辱、句践亡国奇耻，都与他们的个人价值、个人信仰、道德自律相关。司马迁在《报任安书》中写道："人固有一死，或重于泰山，或轻于鸿毛，用之所趋异也"，"所以隐忍苟活，幽于粪土之中而辞者"，是"恨私心有所不尽，鄙陋没世，而文采不表于后世也"。可见，促使司马迁完成鸿篇巨制，实乃内心充满耻辱。

道德是自律的，但却不是盲目、任意的主观自律，而是建立在对客观必然性规律认识上的自律。自律虽然是行为主体对自我道德观念和行为方式的自我约束，但这种约束必须以社会客观外在的规约为前提。所以，道德虽然是自律的，但本质却是他律的。由此推理，作为两种不同耻感类型，他律耻感与自律耻感不是对立的，而是统一的，是相互联系、相互促进的。其中，他律耻感是自律耻感的前提和条件，自律耻感是他律耻感的目的和归宿。他律耻感的广泛性、压迫性和自律耻感的坚定性、内检性，都反映社会道德评价的水平。社会道德风尚的形成或消失是通过他律耻感和自律耻感的此消彼长显现出来的，二者都是社会道德风尚的"晴雨表"和"窗口"。他律耻感和自律耻感的相互作用，表现为他律耻感的形成有助于增强自律耻感，进而培养人们的善恶观念和道德责任感，促使人们的内心矛盾斗争，提高自我评判力。同时，自律耻感的增强，也会促进他律耻感的形成，并提高其实效性。

他律耻感和自律耻感的相互促进是在各自不同的评价作用上形成的。自律耻感使人在道德评价上具有"慎独"和自尊的精神，起到"我知道我该干什么"的作用。孔子讲的"行己有耻"就是这层意思。在良心的驱使下形成个人牢固的道德信念后，才能自觉地依照道德律令行事，并对自我的行为起到道德上的内检作用。自律耻感存在于评价个体的内心，一个个人的自律耻感汇集起来，聚沙成山，就能形成强有力的他律耻感氛围。如果说自律耻感是以"慎独"和"我知"形式表现出来的心理情感体验反应的话，那么，他律耻感就是以公开的、压迫式的方式表现出社会道德评价的力量，使不道德的思想观念和行为无处栖身，使良好的道德风尚蔚然成风。

3. 从生成顺序先后看，可分为先耻感与后耻感

以体验产生时间的先后顺序为依据，可以把耻感伦理分为先耻感和后耻感。在此，先耻感指的是人们在行为发生之前对自我和他人的不道德欲望与可能发生的不当行为进行自我评价和接受社会评价时的一种否定性心理情感体验；后耻感指的是人们对自我和他人已有的道德欲望与不当行为进行自我评价和接受社会评价时的一种否定性心理情感体验。

相比而言，先耻感是耻感伦理发展的高级阶段，后耻感是耻感伦理发展的低级阶段。相对于先耻感，后耻感是人们在做了不符合其所认同和接受的道德信念、价值取向和行为规范的事情之后，受到自我良心和他人道德谴责时而感到内疚、羞愧、懊悔。作为较低阶段的耻感伦理，后耻感虽然不能防患于未然，不能把自己错误的思想意识、道德欲望和行为方式消除于未萌之中，但是可以事后进行自我反思、谴责，从而悔过自新，这也是值得提倡的。古人所说的“知耻而后勇”，这里的“耻”就是后耻感。其实，某种意义上后耻感就是他律耻感。

先耻感能够起到防微杜渐作用，可以主动放弃不符合道德的思想观念和行为方式。《后汉书·杨震列传》记载了“暮夜却金”的典故。

> 杨震字伯起，弘农华阴人也。震少好学，明经博览，无不穷究。诸儒为之语曰：“关西孔子杨伯起。”大将军邓骘闻其贤而辟之，举茂才，四迁荆州刺史、东莱太守。当之郡，道经昌邑，故所举荆州茂才王密为昌邑令，谒见，至夜怀金十斤以遗震。震曰：“故人知君，君不知故人，何也?”密曰：“暮夜无知者。”震曰：“天知，神知，我知，子知。何谓无知!”密愧而出。后转涿郡太守。性公廉，不受私谒。子孙常蔬食步行，故旧长者或欲令为开产业，震不肯，曰：“使后世称为清白吏子孙，以此遗之，不亦厚乎!”

杨震的天知、神知、你知、我知这四知讲的就是先耻感。从这个意义上说，先耻感就是自律耻感。

在社会生活中，先耻感与后耻感并不是对立的，二者相互联系、相互促进。后耻感如果能够得以不断地倡导、强化和培育，就可以逐步升华为先耻感。而先耻感如果能够得以不断地倡导、强化和培育，就能够防患于未然之中，从而避免后耻感的产生，使人们的思想观念和行为方式逐步由他律走向自律。

4. 从主体承担看，可分为个体耻感与群体耻感

道德行为的承担者归根结底可以分为个体与群体两大类，依此也可以把耻感伦理分为个体耻感和群体耻感。所谓个体耻感是指个体依据内心所拥有的善的标准，对自身的思想观念、道德欲望、行为方式进行个体自我评价或接受他人、社会评价时而产生的一种指向自我的否定性的心理情感体验；所谓群体耻感是指人们依据内心所拥有的善的标准，对群体的思想观念、道德欲望、行为方式进行群体自我评价或接受社会评价时而产生的一种指向群体的否定性的心理情感体验。

个体耻感具有鲜明的个体自成性、潜在性特征，其形成是源于个体的自尊、自我价值感等受到损害、打击，通常以不安、焦虑、羞愧、内疚等情绪表现出来。而群体耻感具有整体性、普遍性、权威性特征，作为一种普遍存在于群体的伦理道德情感，其形成是源于群体自尊、群体价值感等受到损害、打击，具有鲜明的团体意识，比如，家族耻感、团体耻感、民族耻感、国家耻感。“道之以德，齐之以礼，有耻且格”（《论语·为政》），礼、义、廉、耻等治国之“四纲”（《管子·牧民》），讲的就是群体耻感。在美国马萨诸塞州波士顿唐人街入口处的牌楼上刻有“礼义廉耻”四个汉字，无疑，一定程度上，这种作为传统文化提示物以群体性特征强化社区成员的凝聚力。可见，群体耻感能够转化为一种道德上的认同感、崇高感和荣誉感，能够激励群体成员为脱耻、雪耻的凝聚力、向心力。

个体耻感与群体耻感既相互区别，又相互联系，是不可分割的一个整体。个体耻感不可能游离于群体耻感而存在，同样，群体耻感也不可能离开个体耻感而存在。在一个群体耻感强烈的共同体中，个体耻感的表现极具鲜明。相反，在一个耻感淡薄的群体中，个体耻感必然是非常匮乏的。在社会转型这个特定时期，群体耻感式微，那么，一些人的个体耻感缺乏，表现为美丑不分、荣耻颠倒。

5. 从行为性质看，可以分为德耻感与智耻感

从耻感产生的思想行为性质看，可以区分为德耻感与智耻感。德耻感是指人面对自身的无德品行而产生的自羞自惭的心理情感体验；智耻感是指人意识到自身能力不足和才华欠缺而产生的羞愧心理情感体验。前者与德性、德行相关联，德性与德行是后天修养而成的，后者与能力、才华相关联，一定意义上，能力与才华是天赋的，对社会的影响，前者更多。

传统文化中有着丰富的德耻感和智耻感思想。“巧言、令色、足恭，左丘明耻之，丘亦耻之。匿怨而友其人，左丘明耻之，丘亦耻之”（《论语·公冶长》）。孔子认为花言巧语、伪善面孔、不恭敬行为、表里不一是可耻的行为。这里的耻是德耻感，指的是言而无信、表里不一之耻；“邦有道，贫且贱焉，耻也；邦无道，富且贵焉，耻也”（《论语·泰伯》）。孔子认为无论是国家有治国之道，还是没有治国之道，其结果是贫穷，还是富贵，都是耻辱的。这里的耻是德耻感，指的是不义之耻；“声闻过情，君子耻之”（《孟子·离娄下》）。孟子认为当一个人的声誉超过实际时，君子应以为耻。这里的耻也是德耻感，指的是名不符实之耻。传统文化中的智耻感主要指的是无能之耻。孟子所说的“立乎人之本朝，而道不行，耻也”（《孟子·万章句》），就指的是这种无能之耻。另外，孔子所说的“不耻下问”和孟子所言的“耻不若人”中的耻，也是无能之耻的意思。

在日常生活中德耻感与智耻感有很多表现。比如，中国男篮的“偷笑门”事件。2009 年 8 月 16 日晚，亚锦赛决赛在家门口惨败于伊朗的夜晚，球迷们心中或遗憾、或愤怒、或埋怨、或沮丧。然而，吊诡的是有三位主力队员在领奖台上的偷笑聊天，与以上的情感格格不入，这其实就是德耻感缺失的表现。比如，“不才”用语，其意是没有才能的人对自己的谦称和丧失体面、荣誉而带来耻辱或丢脸的表达。

耻感伦理的类型非常丰富，不同的视角表现形式也就有不同。除上述耻感伦理类型之外，还有食耻感与性耻感、财耻感与名耻感、位耻感与权耻感、己耻感与国耻感、小耻感与大耻感等等。各种耻感伦理的类型其实是相互交融的，只是针对某一特定对象和事物而言。耻感伦理是识荣辱的基础，人必须有起码的耻感伦理，在不文明、不道德、不正义

的行为面前有远离感、憎恶感，而对自己的不正当、不正派之事产生羞感、愧感，基于此才有可能去判定荣与辱的标准，以求在知荣知辱的基础上逐荣避辱。

三　耻感伦理的生成机制

机制最初是自然学科的一个概念，指的是有机体的构造、功能及其相互关系，后来为社会学科所使用，引申为事物的构成要素及其相互关系。探讨耻感伦理的生成机制，可从生成的内外两个维度，或者说从主观与客观两个层面，剖析其构成要素及其生成的机理。内部——主观层面，即心理机制层面，外部——客观层面，即评价机制与伦理生态机制层面。

（一）耻感伦理生成的心理机制

耻感是关于人的一种心理情感体验，是一种自我反思、自我意识的情感活动，是人对本质的一种特殊自我意识。

耻感伦理历来为儒家所重视，认为耻感是为人之根本和人与生俱有的规定性。“君子耻其言而过其行”（《论语·宪问》），“行己有耻，使于四方，不辱君命，可谓士矣”（《论语·子路》），“人不可以无耻”（《孟子·尽心上》），“羞恶之心，人皆有之”（《孟子·告子上》）。孔孟这些论述虽然强调耻感对于人的重要性，是为人之本，即人普遍存在的道德情感，然而，却没有解释耻感从何而来，或者说进行形而上的论证。在中国伦理思想史上，诠释最为详致的当属陆九渊。

> 夫人之患莫大乎无耻。人而无耻，果何以为人哉？今夫言之无常，行之不轨，既已昭著，乃反睢睢扬扬，饮食暖衣安行而自得，略无愧怍之意，吾不知其与鳞毛羽鬣、山栖水育、牢居野牧者，何以异也。人而至此，果何以为人乎哉？钧是人也，而至于有为圣为贤者，独何为能然哉？人之无耻者，盍亦于是而少致其思乎。“人不可以无耻”，以此。（《陆九渊集·人不可以无耻》）

意思是说，如果一个人言之无常，行之不轨，任意胡为却满不在乎，得意扬扬，毫无羞愧，那么，这与山林、水泽的动物和圈养、放牧的牲口又有什么区别，旨在强调耻感对人的重要性。这里“思”是精神、意识的范畴，“耻”是由少“思”所致。“耻”由“思”来，由“思”而“耻”，“思”“耻”一体为人之存在。

从心理学角度看，耻感也是由“思”所致的心理情感体验和感知，这种体验和感知是在意识到发生失误时在自我中产生，在意识到自我行为的不当或自己行为对他人与社会造成影响时发生的，是人所特有。具体是由两个方面决定的：

一方面，作为人与动物的根本区别，耻感是人所具有的自我意识。马克思指出：

> 动物和自己的生命活动是直接同一的。动物不能把自己同自己的生命活动区别开来。它就是自己的生命活动。人则使自己的生命活动本身变成自己意志和自己意识的对象。他具有有意识的生命活动。这不是人与之直接融为一体的那种规定性。有意识的生命活动把人同动物的生命活动直接区别开来。正是由于这一点，人才是类存在物。或者说，正因为人是类存在物，他才是有意识的存在物，就是说，他自己的生活对他来说是对象。①

马克思认为，动物的存在是生命的本能，既无外在规范的约束，也无内在良知的自制，只受情欲与冲动的支配。换而言之，动物只有自然性，而无社会性。人却是自己意志的存在，不仅能够把自我与自然性、动物性区别开来，而且还能够把自我生命活动变成自己意志和自己意识的对象，对自我生命活动进行反思，能够把自然的、本能的情感升华为具有社会性的道德情感。人能够进行自我认识、自我反思，而动物则不会，只是依照生命的本能行事。对此，舍勒也表达过类似的观点：

> 人在世界生物的宏伟的梯形建构中的独特地位和位置，即他在

① 《马克思恩格斯文集》第1卷，人民出版社2009年版，第162页。

上帝与动物之间的位置，如此鲜明和直接地表现在羞感之中，对此任何其他感觉无法与之相比。显而易见，羞感本来的“所在”不外乎是一种活生生的联系，这种联系是精神（包括一切超动物性的活动：思维、观察、意愿、爱及其存在形式——“位格”）以只是逐渐区别于动物的生命本能和生命感觉在人身上发现的。动物的许多感觉与人类相同，譬如畏惧、恐惧、厌恶甚至虚荣心，但是迄今为止的所有观察都证明，它似乎缺乏害羞和对羞感的特定表达。如果想像有某位“害羞的上帝”，这简直荒谬绝伦。人所特有的意识之光对于一切生命本能和生命需求的总体是一种多余现象，它已经基本摆脱了澄清生命对外界可能作出的反应这种职能，只有当这种意识之光同时在存在上与某一生物的生命相联系，并且投射到该生命的冲动之上，才为羞感的本质设定了基本条件。①

舍勒认为，尽管动物的许多感觉与人类相同，但是却没有对害羞、羞感的特定表达，耻感是人类特定的情感表达与体验，源于人的自我意识。这是因为只有人是精神与生命冲动相统一的存在。人与动物的重要区别在于人拥有与动物的生命本能和生命感觉相区别的精神，通过精神意识到自己与作为完满、理想存在的“神”——理想人格的差距，从而产生耻感。

另一方面，作为源于人对自我存在本质的自觉，耻感是人对自我本质的至真、至善、至美的理解与理想性的诉求。

人的现实存在是不完满的，当人的存在没有达到理想、完满、至善境地时，就会产生人与自身本质之间的差别、距离。对此，舍勒有一段精辟的论述：

人在深处感到并知道自己是介于两种存在秩序和本质秩序之间的一道“桥梁”，一种“过渡”，他同样牢固的植根于这两种秩序之中，片刻也不能放弃它们，否则他就不再成其为“人”。故在此

① ［德］马克斯·舍勒：《价值的颠覆》，刘小枫编校，罗悌伦、林克、曹卫译，生活·读书·新知三联书店1997年版，第164—165页。

桥梁和过渡的界限之外，无论向此端或向彼端延伸，没有任何存在者和生存者能够具有羞感：神和动物不会害羞。但是人必须害羞——并非出于这种或那种“原因”，也不是因为他主要“面对”此者或彼者，而是因为他作为这种处于持续运动之中的过渡本身。归根究底，他是因为自己在他心中的上帝“面前”害羞。[①]

舍勒所言的“存在秩序”指的是动物性的自然秩序，“本质秩序”指的是以神的秩序所标识的理想、完满、至善的秩序。人的存在过程就是由存在秩序向本质秩序的过渡与转化过程，即由自然秩序向社会秩序的转化过程。人的存在应当是本质性的、完满的，人没有达到这种本质性、完满的，就是人的欠缺。耻感正是由人的精神意识到与存在本质之间的差别、距离而生成的一种特殊意识。这种意识具体包括：对人的本质的自觉、对人现实存在的自觉，对这二者之间差别、距离的自觉。在此，舍勒通过耻感以自己的方式事实揭示：何以为人，何以可能为人；以耻所标识的精神是人的根据，此精神使人有可能成为人。[②]

正是在这个意义上，耻感不仅是一种自我反思、自我意识的情感活动，而且还是人对本质的一种特殊自我意识。中外思想家以不同方式揭示了耻感的本体论意义——人不能无耻，无耻就是人的本质缺位，与动物无异。

耻感乃是成人的标识。人必须要有知耻心，知耻心是个体文明生活之善端，是行为主体规范自己言行和追求理想、完满、至善的内在心理基础和心理动因。养成知耻心，就能够激励主体以善作为自我存在的标准，自觉向善，规约不符合社会规范和道德原则的言行。而知耻心在于心中有“善”，有对“善”的自觉责任。当“我”没有践履善的责任，没有履行应有的义务时，“我”的思想、言行与“我”的本质、善的目的，会发生差距，产生落差，当这种差距、落差为“我”所发现时，就会形成一种由于脱离本质而形成的耻感。这种耻感驱使“我”找回

---

① ［德］马克斯·舍勒：《价值的颠覆》，刘小枫编校，罗悌伦、林克、曹卫译，生活·读书·新知三联书店1997年版，第168页。

② 高兆明：《耻感与存在》，《伦理学研究》2006年第3期。

“我”的人格、本真、真我，驱使“我”要为善。[①] 可见，耻感生成于行为主体的自我反思，意味着行为主体具有一定的自我反思能力，拥有至善的价值观念和道德准则，这里隐含着行为主体具有起码的良知与良心。所以，耻感的存在代表着社会的希望。

（二）耻感伦理生成的评价机制

作为形成于对善、自我及二者差距的自觉意识，耻感是主体依据内心所拥有的善的标准对自己的观念、言行进行自我评价和接受他人、社会评价而生成的一种心理情感体验。这里表现为两个层面：

一是从自我层面看，表现为自我评价。其实，自我评价是一种自律行为。在没有他人监督的情况下，行为主体意识到自己的观念、言行的不当之处，意识到自己的现实存在与本质存在——理想与完满的状态之间的差距与落差所生成的羞愧、内疚的心理情感体验。其实，传统文化中的“慎独”就是自我约束、自我评价、自我监督。《礼记·大学》记载：“所谓诚其意者，毋自欺也。如恶恶臭，如好好色，此之谓自谦。故君子必慎其独也。小人闲居为不善，无所不至。见君子而后厌然，揜其不善，而著其善。人之视己，如见其肺肝然，则何益矣。此谓诚于中，形于外。故君子必慎独也。”而《中庸》则记载：“莫见于隐，莫显于微，故君子慎其独也。”这里慎独讲的是表里如一，严守本分，强调一个人在独处的时候，即使没有人监督，也能严格要求自己，自觉遵守道德准则，不做任何不道德的事。慎独既是一种情操，也是一种修养，更是一种自律。做到慎独，也是做到了自律，能够进行自我评价，懂得知耻。

二是从他人层面评价，表现为社会评价。其实，社会评价是一种他律行为。生活于一定社会关系中的人，都是非常关注他人的注视和社会的评价。“人们判断自己时，总会考虑到别人的意见”。[②] 在实现生活中的人是不可能十全十美的，当人的缺陷和不完美之处展现在他人面前

---

① 高兆明：《耻感与存在》，《伦理学研究》2006 年第 3 期。

② ［英］休谟：《人性论》（下册），关文运译，郑之骧校，商务印书馆 1980 年版，第 338 页。

时，他人与社会的否定性评价会导致人进行自我反思，从而导致耻感的生成。须指出的是，以他人的注视和评价激发生成的耻感前在条件必须是人内心具有善的存在。关于他人的注视，萨特认为："羞耻一开始却不是反思的现象……羞耻按其原始结构是在某人面前的羞耻"，[①]"羞耻是在他人面前对自我的羞耻"。[②] 可见，耻感产生的原因是他人的存在——他人的注视。他人的存在与注视是实践主体与自我本身的中介：由于向他人显现，主体内心才会产生耻感。正是通向他人显现本身，主体才能对自我作出判断，并为自己"为他所是的存在"感到羞愧。在此，萨特通过他人的注视，揭示了耻感的形成在于"我与我的一种内在关系：我通过羞耻发现我的存在的一个方面"。[③] 所以，耻感绝不仅仅是一种自我的反思，更是通过外在予以的中介和确证。而外在予以的中介和确证就是他人的注视，即社会评价。

社会评价主要指通过社会舆论和习俗等形式对人的道德行为和品质的评价。作为社会评价最重要的方式，社会舆论具有大众化、普遍化的特点，对造成某种不道德气氛、在无形中左右和影响社会成员的言行举止等方面，具有不可替代的作用。耻感伦理的形成一个重要原因就在于有社会舆论这个强大的力量。在日常生活中，人们会随时随地感到，社会的共同舆论具有特殊的权威性，对于某些人而言，之所以只能"行己有耻"，往往并不是惧怕上帝和法律惩处，而是惧怕社会舆论的谴责。

（三）耻感伦理生成的伦理生态机制

在马克思看来，人的健康成长，离不开特定的环境。"人创造环境，同样，环境也创造人"，[④]"人们的观念、观点和概念，一句话，人们的意识，随着人们的生活条件、人们的社会关系、人们的社会存在的改变而改变。"[⑤] 在此，马克思表达了"合乎人性生长的环境"思想。不仅

① ［法］让－保罗·萨特：《存在与虚无》，陈宣良等译，杜小真校，生活·读书·新知三联书店1987年版，第291页。

② 同上书，第293页。

③ 同上书，第291页。

④ 《马克思恩格斯文集》第1卷，人民出版社2009年版，第545页。

⑤ 《马克思恩格斯文集》第2卷，人民出版社2009年版，第50—51页。

人的健康成长离不开社会环境，而且人的本质属性也受到社会环境的影响。人的本质“不是单个人所固有的抽象物，在其现实性上，它是一切社会关系的总和……全部社会生活在本质上是实践的”。[①] 这表明人的本质属性——社会性，是在特定社会环境和社会活动过程中生成，说到底，人的道德意识、道德关系、道德原则、道德规范是其所生活的现实世界——伦理生态中形成的。

伦理生态是指人生存、生活于其中的伦理环境或道德环境，这种伦理环境也可以称之为人文环境。[②] 耻感伦理总是基于一定的伦理生态环境形成的，无论是主体自身，抑或是他的关注与社会评价都离不开伦理生态，不同的伦理生态对人的耻感伦理影响也是不同的。

耻感伦理的形成不仅是由主体自身的主观意识所决定的，而且还是由社会中存在的道德意识、道德关系、道德原则、道德规范决定的，更是由一定社会生活条件存在的环境——伦理生态机制影响所决定的。这里暂时撇开主体自我的主观意识、社会舆论和道德习俗等，仅就一定社会生活条件存在的环境——伦理生态机制而言，耻感伦理与伦理生态机制存在一定的关联。一个人如果没有在一定的伦理环境之中接受道德教育和道德影响，也就是说缺乏一定的伦理生态机制，那么，他也就无所谓道德品质，更谈不上什么耻感伦理。就一般意义而言，在缺乏伦理生态的地方，也就是没有人类社会的存在，没有人的存在，就谈不上人的道德品质和耻感伦理的存在。鲁滨逊固然生活在一个没有人烟的荒岛上，但是，他是带着人类社会的知识、智慧和情感生活在那里的，他当然不仅具有人类关于生存的知识，还具有属于人的道德品质和耻感伦理。假如他一出生就生活在荒岛上，缺乏一定的伦理生态，那么，他只能是“狼人”一族，有人之外形而无人之内在。

可见，不同的伦理生态造就不同的人。伦理生态机制的健全与否直接关涉人的耻感伦理的生成：健全的伦理生态机制下，人们能够做到“有耻且格”“行己有耻”；而恶劣的伦理生态机制则会导致荣辱颠倒、善恶不分。“愉快或不愉快的对象，不但要于我们自己有密切关系，而

---

① 《马克思恩格斯文集》第1卷，人民出版社2009年版，第501页。

② 晏辉：《伦理生态论》，《道德与文明》1999年第4期。

且要为我们所特有，或者至少是我们少数人所共有的。在人性中我们可以观察到一种性质，即：凡时常呈现出来的、而为我们所长期习惯的一切事物，在我们看来就失掉了价值，很快就被鄙弃和忽视。”① 耻感伦理与伦理生态的关系，在一定程度上体现了这一道理。当与占主导地位的社会规范、道德准则、传统习俗相悖的行为还只是个别现象时，来自伦理生态机制下的社会舆论的压力，会使行为主体内心产生耻感。然而，当其成为一种普遍现象时，则会出现耻而不耻、以耻为荣的现象。这时候就无所谓有没有耻感伦理了。

所以说，社会个别成员耻感伦理的形成需要有健全的伦理生态机制，即需要良好的社会风尚与人文环境。由于美德“应该说是一种伦理上的造诣”，② 健全伦理生态机制必须营造美德风尚，使人有耻心和耻感。否则，当人习惯于现实生活中的某些“耻行”风行时，精神可能由此变得麻木不仁，就会不以为耻，反以为荣。黑格尔所说的“人死于习惯”，当人“完全习惯于生活，精神和肉体都已变得迟钝，而且主观意识和精神活动之间的对立也已消失了，这时的他就死了”。③“蓬生麻中，不扶而直。白沙在涅，与之俱黑。兰槐之根是为芷，其渐之滫，君子不近，庶人不服。其质非不美也，所渐者然也。故君子居必择乡，游必就士，所以防邪僻而近中正也”（《荀子·劝学》）。荀子这段话的大意也是说明了伦理生态机制的重要性。

四　耻感伦理的学科属性

在现象学和解释学那里，视域指的是一个人领会或理解客观对象的构架或视野。作为一个历史的存在者，每个人都处于某个传统和文化之中，并进而居于某个视域之中。审视耻感伦理也必然居于伦理学视域之中，因为耻感伦理是以伦理道德生活中的耻感现象为研究对象，只有从伦理道德生活中对耻感伦理予以形而上的审视，才能发现伦理道德生活

① ［英］休谟：《人性论》（下册），关文运译，郑之骧校，商务印书馆 1980 年版，第 322 页。

② ［德］黑格尔：《法哲学原理》，商务印书馆 1982 年版，第 170 页。

③ 同上书，第 171 页。

的当然之则。在伦理学视域下，耻感伦理既是底线伦理，也是德性伦理，还是公域伦理和私域伦理。

（一）耻感伦理是底线伦理

“底线伦理”，即道德“底线”或基本规范，相对于较高的人生理想和价值观念而言的，乃是维系人之所以为人的特性与起码的伦理道德，是人类社会最后的屏障。任何人，只要还有人性，都会认可并遵循此普遍伦理。

道德是分层次的，底线伦理就属于起码的、低层次的道德。由于现实条件与道德觉悟的差异，不可能对全社会提出一个整齐划一的高层次道德要求，而以往的道德教育失误正是在这一点上，过于注重高层次的道德教育，以为只要知晓和遵守高层次的道德要求，低层次的道德要求就能自然而然的遵守。这种简单片面的做法，致使道德教育表面化，收效甚微。毋庸置疑，任何社会都不乏以追求道德人格完美为人生目标和理想的人，但并不能因此就要求每一个人都必须遵循“毫不利己，专门利人”的道德准则，都要成为一个高尚的人，纯粹的人，脱离低级趣味的人。如古希腊的斯多葛派、古代中国儒家孔孟等人，他们以道德高尚、品格完美，成为圣贤作为人生的最高乃至唯一的精神追求。对于他们来说，绝对是不会以底线伦理为标准和满足的。然而，随着社会的平等化，价值取向多元化，许多人既没有很高的道德追求，不想做圣人与君子，也不想做小人去伤害他人，而是只希望遵守起码的、低层次的道德规范，做一个平凡普通人。应该说，这种价值取向与道德要求也是无可厚非的。

每个人都有自己的人生目标和价值追求，但人必须先恪守底线伦理，然后才能去追求自己的生活理想。严守底线伦理需要得到人生理想的支持，而去实现任何人生理想也要受到底线伦理的限制。当下面临着这样一种境遇：最小范围内的道德规范需要最大范围内的人们的同意和共识，最低限度的道德约束呼唤着最高精神的支持。① 强调底线伦理与基本义务，倡导人生理想与超越精神是相互关联、相互补充的。

底线伦理之“‘底线’意味着我们共有的生活基本平台和社会生活

① 何怀宏：《我为什么要提倡“底线伦理”》，《精神文明导刊》2012 年第 4 期。

的道义基础”,[①] 是善的最低层次，具有基本性与普遍性这两个特性。基本性指的是做人的根本与下限。“底线”虽然不崇高伟大，但并不意味着不重要，不是要求必须成为一个有德行的圣人，却绝不能失去做人起码的道德准则，此乃维系人之为人的特性和本质，使人免于沉沦到非人境地的根本。如果违背了这一点，那么，就不再是普通意义上的缺德，而是丧失起码的人性和人的本质特征，“人不可以无耻”就是这层意思。可以说，基本性之所以重要，乃是因为其源于长期以来人们本能意义上自觉遵循的心理约束与承诺，是维系社会秩序正常运转的基点，如果动摇了这一点，那么整个社会就会处于礼崩乐坏的状态；普遍性指的是所有人都认同和遵循的道德规范和伦理秩序。由于底线伦理关涉的不是诸如理想、信念等之类高层次的道德规范和要求，而是属于最低层次的规范要求，是守住做人的最后底线。所以，这些道德规范和伦理秩序是每一个人都可以和应该接受并能够容易做到的。任何人，无论其门第官秩、文化品位、道德修养如何差异，都不能无所不为、加以排斥，都必须接受同样的道德规范和伦理秩序的约束。

耻感伦理之所以是底线伦理，源于社会成员共同遵循的心理约束和道德禁忌，在于其基本性和普遍性。耻感伦理属于低度的道德共识，不仅是人之所以为人的根本，而且也是维系社会文化价值的道德底线。相对于西方的“罪感文化”而言，中国的传统文化属于“耻感文化”。“礼义廉耻，国之四维；四维不张，国乃灭亡”（《管子·牧民》）。“维”即“纲”，“纲”乃维系社会秩序正常运转的根本与底线。管仲把耻与礼、义、廉相并列，视作治国理政的基本方略与核心价值观。“耻之于人大矣，为机变之巧者，无所用耻焉”（《孟子·尽心上》）。孟子从人性的角度强调了耻之于人的重要性。“无羞恶之心，非人也”（《孟子·公孙丑上》）。在孟子看来，作为与生俱来的内在规定性，“羞恶之心”是人揖别动物并与之相区分的根本标准，也是人之为人的道德承受的最后防线。也正是在这个基础上，提出“人不可以无耻，无耻之耻，无耻矣”（《孟子·尽心上》）。“耻者，吾所固有羞恶之心也，存之则进于圣贤，失之则入于禽兽，故所系为甚大”（《四书章句集注·孟子·

① 何怀宏：《底线伦理的概念、含义与方法》，《道德与文明》2010 年第 1 期。

尽心上》)。朱熹从对于人和社会的重要性出发，强调了耻感伦理是一切道德行为的前在。可见，“耻感文化”的形成绝非偶然，其印证了耻感伦理乃是人们因其经历和体验到人性受到亵渎和伦理纲常受到破坏而在人格深处形成的一种心理约束和道德禁忌。人们以逾越底线伦理和破坏基本的文化禁忌为耻辱、为罪孽，在心理上自觉和不自觉地加以恪守和约束。从这个意义上说，耻感伦理是人们自觉地求荣免辱的道德情感和价值意识。

耻感伦理作为底线伦理折射出公正、诚信、守法等内容。一个社会的经济文化发展水平与这个社会中人的道德伦理素质息息相关。随着社会主义市场经济的完善，经济活动的自主权越来越多地掌握在个人手中，人与人、人与社会之间的关系变得更加紧密。这就要求人们必须遵循共同的行为准则，即底线伦理。可以说，社会转型下耻感伦理凸显的根源在于一元价值观与多元价值观的矛盾与冲突，换句话说，就是价值观的错位与冲突。在此，必须正确定位一元与多元价值观，以此为基础，理顺不同价值观间的相互关系，以促进不同价值观间的协调运行与和谐发展。在肯定多元价值观存在合理的同时，积极建立一种基于广泛的社会共识基础之上的一元价值观，使不同利益诉求之上的多元价值观在一元价值观的指导下和谐共存与良性发展。这里，一元价值观就是公正、守法、诚信的价值观，也就是社会的底线伦理。公正、守法、诚信的缺失会造成底线伦理的震颤和社会秩序的混乱。在社会转型期，由于盲目追求个人权利和过度追逐经济利益，越来越多的企业和个人追逐经济利益，无视社会基本的道德要求，以身试法，肆意僭越底线伦理。厉以宁曾对这种无耻的短视行为进行批判：“信用是经济生活中对交易者合法权益的尊重与维护。在市场经济中，骗了所有人的后果是被所有人骗了，没有赢者可言。信用体系的崩塌与瓦解将对经济生活造成了巨大的损害，对社会生活带来灾难性后果。”①

（二）耻感伦理是德性伦理

当下人类的社会实践隐藏着深刻的道德危机，具体表现为客观的、

---

① 《厉以宁：背信没有赢家》，《金融与保险》2001 年第 11 期（原载《中国信息报》2001 年 10 月 8 日）。

非个人的道德标准丧失，道德的普遍性遭遇到质疑，道德主体与普遍的道德原则之间关系紧张，多元无序成为社会道德的重要特征。如何从形而上的层面化解道德危机，实现人的美好的生活？关键在于德性。德性展示了以理性之美塑造感性之能的精神品格，彰显了人类实践合目的与合规律的审美要求和价值诉求。从这个意义上，当下德性伦理的复兴在于其剖析人类高贵灵魂与幸福的生活之间的内在关系。

德性伦理强调通过主体的内在自觉达到对更高伦理价值的追求与完善，旨在通过实践而获得“内在利益”。“德性是一种获得实践的内在利益，缺乏这种德性，就无从获得这些利益。”① 在麦金太尔看来，人类的实践活动获得的利益有“内在利益”（internal goods）和“外在利益”（external goods）。其中，“内在利益”是关键，因为只有从事这一实践活动的人本身，在他们的自身体验中呈现出来。这里，“内在利益”就是“善”之德性，是道德主体因德性实践对他人和共同体带来利益而产生的内心的充实感、成就感、崇高感、身心和谐愉悦与幸福感。与“内在利益”对应的是“外在利益”，“外在利益”总是以某种财产和占有物的形式出现，某些人得到的越多就意味着其他人得到的越少，如权利、名声、金钱、地位等。践行德性的目的在于通过对“外在利益”的让与而获得“内在利益”。德性的实践对道德主体来说，所得到的是“内在利益”，对他人和社会不仅得到的是“外在利益”，而且也分享到“内在利益”。可见，德性伦理是从人的生活实践的内在性、整体性出发，实现了人对自我的伦理关怀。德性伦理关注的中心是人，是成为什么样的人的问题。从这个意义上看，德性伦理是以人的整体性为逻辑原点，从人的内在道德品质出发，成为一个有德性的人。

在德性伦理的视域里，德性的形成与培育是伦理道德生活中最重要的事情。德性即德行，因为德性来自于人的生活实践，人的实践行为总是与人的道德动机、愿望与情感等内在道德品质相伴随的，德性的完善过程就是把外在的伦理约束内化为自身的道德品质的实践过程。无疑，耻感伦理关注的也是成为什么样人的问题，其形成也是把外在的伦理约

① ［美］A. 麦金太尔：《德性之后》，龚群、戴扬毅译，中国社会科学出版社 1995 年版，第 241 页。

束内化为自身的道德品质的实践过程。

耻感伦理之所以是德性伦理，源于人们把外在的伦理转化为内在的道德要求。作为一种伦理诉求，耻感伦理所关涉的道德品质与德性要求离不开人们伦理生活的历史发展。

从逻辑角度看，耻感伦理是人们追求自身伦理生活秩序化、规则化与理想化的必然结果。耻感是具体的德性，这种具体德性的生成需要以羞愧、内疚、懊悔等心理情感体验的发生为基础，是源于个体自身的外在伦理约束和内在道德要求。

从历史角度看，“人是什么”和“人应当成为什么样的人”的问题，始终是中西方传统文化共同关注的伦理话题。亚里士多德在《尼各马可伦理学》中把羞耻与勇敢、节制、慷慨、大方、大度、温和、友善、诚实、机智等具体德性相并列，并把羞耻定义为“对耻辱的恐惧”。[①] 中国古代也非常重视耻感伦理，把耻与礼义廉等德性相并列。《论语》一书多次谈论耻感。“行己有耻，使于四方，不辱君命，可谓士矣”（《论语·子路》），告诫人们要用耻感来约束自己的行为。“道之以政，齐之以刑，民免而无耻；道之以德，齐之以礼，有耻且格”（《论语·为政》），明确耻之于治国的意义。“好学近乎知，力行近乎仁，知耻近乎勇”（《礼记·中庸》），定义勇的要义是知耻。从这些论述中可以看到在孔子的耻感伦理体系中，“有耻”“知耻”“远耻”是君子理想人格的最重要的伦理特征，是人的德性标识，是治理社会的道德基础，也就是说，耻感是德性起点与最高体现。中西方伦理思想史表明，耻感伦理既是一种对人的行为的外在伦理约束，也是一种内在的道德要求。

作为德性伦理，耻感伦理折射出良心、自律、自尊、责任、友善等内容。在一个组织良好的社会中，要实现经济发展和社会进步，仅有底线伦理是远远不够的，因为底线伦理只是构成社会公正、诚信、法治的基石。公正、诚信、法治还需要德性伦理的内容，需要德性的引领。德性具有一定的价值导向，是指引社会发展的风向标，是推动社会进步的

---

① ［希］亚里士多德：《尼各马可伦理学》，廖申白译注，商务印书馆 2003 年版，第 124 页。

不竭动力。从现实社会的要求看，良心、羞耻、自律、自尊、荣辱、爱国、敬业、廉洁等善之德性是维系社会秩序的稳定和良性运转的要素，因此也应该归入到耻感伦理的内容体系之中，使之成为人的应有道德品质——做人的标准。

（三）耻感伦理是公域伦理和私域伦理

耻感伦理是公域伦理和私域伦理，其源于涉及公共领域中社会关系和私人领域里人际关系所应遵循的道德要求。社会生活可以分为公共生活与私人生活两大部分，与之相对应的，根据人的活动领域可以界分为公共领域与私人领域。① 当然，这种划分是一种理论的抽象，其原型是人类的社会生活。马克思认为，人类是一种社会动物。人类的社会生活不仅意味着维持个体生存，还意味着需要一种“类生活”。作为类存在的人的前提是每一个个体生活的自由与独立。这种矛盾的共生关系是导致人类社会生活分裂出公共领域与私人领域的根本原因。

私人领域（私域）是指个人本身及其所拥有的诸如财产、婚姻、家庭、隐私、人际关系等事物和活动空间，这个活动空间乃是个人自主从事经济、文化和社会活动的领域以及个人家庭生活或私人生活领域。而公共领域（公域）是指公共事物、公共的空间以及与此相关的一系列制度和规范，诸如社会组织、国家、政府、法律等。在公共领域和私人领域里，存在公共利益和私人利益，不同的交往规则，需要遵循不同的道德要求，与之相对应的分别是公域伦理和私域伦理。

其实，这种界分始于现代社会。传统社会是一种高度同质性的社会，不仅在国家疆域内不同地域、不同民族有着一致的社会结构与社会关系，而且国家范围内社会成员之间的基本生活样式也没有呈现出较大的差异。社会的同质性直接决定了自然经济形态下私域伦理与公共伦理的完全融合，传统伦理的生活世界是私人生活与公共生活合一的世界，从根本上看乃是一种私人生活。换而言之，在“溥天之下，莫非王土；率土之滨，莫非王臣”（《诗经·小雅·谷风之什·北山》）的传统社

① 本书中的公共领域与私人领域并非政治学、公共管理学等学科严格意义上的概念，仅仅是一般的界分，除了私人领域之外都可以划为公共领域。

会里，“公”与“私”尚未分化或者说“公”“私”关系混为一体的情况下，是不可能存在公共领域和私人领域概念的。与传统社会家国一体的社会关系结构重群体轻个体的价值关系结构相照应，个人的公共生活与私人生活高度统合于家族生活之中，社会共同体——家构成了人们的生活世界，个体脱离了家的共同体不仅在物质上难以生存，而且在精神价值上也难以立足。所以，传统社会是以“家”的模式规划设计国家、社会和个人的伦理生活的，人与人之间的关系是通过血缘和地缘的纽带联结起来，人们彼此熟悉、互动频繁，交往以感情为基础。费孝通先生认为，中国乡土社会以宗法群体为本位，人与人之间的关系，是以亲属关系为主轴的网络关系，是一种“差序格局”。在差序格局下，每个人都以自己为中心结成网络。这就像把一块石头扔到湖水里，以这个石头为中心点，在四周形成一圈一圈的波纹，波纹的远近可以标示社会关系的亲疏。[①] 社会关系便是逐渐从一个个人推出去的，是私人关系的叠加，社会范围就是由各种私人联系所构成的网络。在“差序格局”中，站在任何一个圈子里，向内看可以说是公，是群，向外看可以说是私，是己，二者之间没有清晰的边界。所以，传统社会里，私人领域不仅是个人生活的内容，而且也是社会生活的全部，所有的社会道德都只在私人联系中发生意义。人们把具有亲情的家庭人伦关系向外推衍到社会关系，通过修身齐家实现治国平天下的理想目标，家庭伦理成为社会伦理的基础。全社会只有一种伦理道德，没有公域伦理和私域伦理之分，在一定程度上都属于私域伦理的范畴。从这个意义上看，在传统社会里，耻感伦理属于私域伦理。

随着工业社会的到来，市场化的社会生存方式是解构社会公域与私域一体化的力量，公私两域的分化才得以显现，公域生活和日常的私域生活成为现代社会生活中的两种形态。随着公共生活得以发展深化，个体生活也日益丰富，私域生活与公域生活成为每一个社会成员的社会生活中并行的两个方面。变动开放的现代社会造就了独立、多元、丰富的个体私域生活世界。现代社会中，社会生活领域的分离必然引起社会伦理道德与价值关系的疏解，人们彼此陌生，疏离感强，交往互动频繁度

① 参见费孝通《乡土中国》，生活·读书·新知三联书店 1985 年版，第 254—269 页。

相对较弱。因为人们交往关系的性质不同，所应具备的德性也就不同，于是，就有了公域伦理与私域伦理的分野。须指出的是，私域伦理和公域伦理不是分属于传统社会和现代社会的两种伦理主张，而是在现代社会内部公私相分的前提下，所独有的一对社会伦理主张。私域伦理和公域伦理也不是在公私划分之外的两套价值体系，其本身就是对于这种划分的一种认知和辩护。

在私域生活中，人们交往关系的对象都是一个同个体的“我”处于特殊关系中的单数的“他”，是一种私人勾连，每一私人的勾连都对应着特定的角色和特别的身份，是“我”对“他”的直接的关系，并且要求个别的、直接的回应性。私域伦理要求个人空间及其特殊感受必得保留，私人生活不得干涉，私有财产不得侵害，个人自由不得剥夺。所以，在私域的共同体中，交往以感情为基础，彼此密切，其应遵循自主、自立、节制、审慎、感恩、仁爱、慷慨等德性。

在公域生活中，人们交往关系是一个同陌生人的关系。对“我”而言，陌生人不是熟知的“他”，不存有感情的勾连，“我”同一个个的陌生人的关系是没有差别的，交往对象往往忽略其个性而显现为无差别的对象整体——普遍人格。公域伦理要求在每一个人的私域之外，还存在公共空间、公共财产、公共利益。在公域的共同体中，人们彼此的身份平等，共同从事公共事务，其应遵循平等、尊重、合作、信任、宽容、公正、守法、爱国等德性。可见，公域伦理与私域伦理的要求是不同的。

从本来意义上说，私域伦理与公域伦理应当是具有同样理论旨趣的价值主张，其非但不相互对立，相反却具有一致的前进方向。由于这两种伦理所关涉领域不同，方向不同，私人领域中要求人的行为应该合理利己，其应然的价值取向是经济活动的效率、社会生活的自由、个人的发展。当然，假如个人只是从私域来寻求生活的意义，对公共生活漠不关心，社会生活就会失去活力，社会空间也会走向萎缩，社会伦理最终会导致片面发展。公共领域中要求人的行为应该无私利他，其应然的价值取向是追求公共利益、实现公平正义、建立和谐稳定的公共秩序。

虽然私域伦理与公域伦理的要求不同，甚至存在着冲突，但是对于耻感伦理而言，却始终涵盖于两种伦理之中。也就是说，无论无私利他与合理利己如何冲突、排斥，二者都必须符合耻感伦理的要求，恪守耻感伦理的规则，因为耻感伦理既是底线伦理，也是德性伦理。从公域伦理层面看，耻感伦理是处理公共领域中社会关系所应遵循的基本的、起码的道德要求，是社会的文明尺度，爱国、敬业、守法、公正等德目应是耻感伦理的内在要求；从私域伦理层面看，是处理私人领域里人伦关系抑或人之为人所应遵循的基本的、起码的道德要求，是人的德性标识，诚信、友善、责任、廉洁等德目则应是耻感伦理的内在要求。

第二章

传统耻感伦理的历史嬗变

传统耻感伦理是以具体历史形态之下所构成的伦理秩序形态表现出来的，并以历史性的特点呈现其逻辑发展。从历史性特点看，传统耻感伦理并非是空疏的、观念性的道德理想与境界，而是呈现为现实的社会历史境遇中所应遵循的道德准则。对于所应遵循的道德准则，行为主体或践行于外在具体的道德规范，或约束于内在为我的道德自律。正确地把握耻感伦理传统与现代二者的关联，乃是关系到能在多大程度上认识和构建社会转型下耻感伦理内容的关节点。

一　传统耻感伦理的逻辑发展

（一）传统耻感伦理的思想萌芽

20 世纪初，俄国哲学家索洛维约夫通过对原始部落的文化人类学考察，发现原始人有羞耻、怜悯、敬畏等三种特有的基本情感，并称其为道德的原始材料。① 作为一种心理情感体验，耻感表征了人类的一种文明状态，只有处于文明社会的人才会有耻感。人类尚处于文明的初始时期，就已认识到羞耻的心理情感体验在惩恶扬善、指导和制约人的行为上所起的作用。正是从这个意义上说，“廉耻观产生于文明”，② 耻感

---

① 朱小蔓：《情感德育论》，人民教育出版社 2005 年版，第 5 页。

② ［法］让·克洛德·布罗涅：《廉耻观的历史》“前言”，李玉民译，中信出版社 2005 年版，第 18 页。

伦理是人类伦理道德发生的重要源头。

虽然中国从夏朝就进入文明时代，但是除了相关的出土文物之外，并没有发现文字资料的记载，也就是说无法追溯夏朝时期包括耻感伦理在内的伦理道德思想。甲骨文，又称为“殷墟文字”，是殷商时代刻在龟甲兽骨上的文字，这是中国业已发现的时代最早、体系较为完整的文字，有了文字记载就可以溯源传统耻感伦理思想。从现有的史料和相关的文献典籍看，传统耻感伦理思想萌芽于殷周时期，主要表现为以下几个方面。

耻感伦理关涉国家安危。在整个殷商时期，伦理道德思想尚未完全从宗教意识中剥离出来，人们对上帝鬼神旨意的信仰和遵从是伦理道德的第一要务。《史记·殷本纪》记载，“帝武乙无道，为偶人，谓之天神。与之博，令人为行。天神不胜，乃僇辱之。为革囊，盛血，卬而射之，命曰‘射天’。武乙猎于河渭之间，暴雷，武乙震死。子帝太丁立。”帝辛依仗“资辩捷疾，闻见甚敏；才力过人，手格猛兽；知足以距谏，言足以饰非；矜人臣以能，高天下以声”，便自持“有命在天”，“慢于鬼神”。武乙、帝辛二人因对上帝鬼神的羞辱怠慢有违传统伦理道德观念而被抨其“无道”。后来，周武王伐殷，作《泰誓》三篇，历数殷王罪状，其中最重要的一条就是“弗敬上天，降灾下民”，“罔有悛心，乃夷居，弗事上帝神祇，遗厥先宗庙弗祀”（《尚书·周书·泰誓》）。可见，商王的无德无道是武王伐殷合法性之一。西周初期的政治家周公旦在总结殷商灭亡的原因时认为，在于“上失其道，民散无纪，西伯修仁，明耻示教”（《逸周书》卷十）。其意是说商王无德无道、寻欢作乐、失去羞耻是导致国家灭亡的主要原因。在汲取殷商覆灭教训的基础上，他提出了以“以德配天”、“敬德保民”、“明德慎罚”为内容的德治思想，强调伦理道德对维护社会秩序的意义，并且参酌殷商文化，“制礼作乐”，史称“周公之典”。

耻感伦理关涉人的存在依据。这一点主要来自于行为主体的内心感到的羞耻和来自于外在施加的羞辱使行为主体因感到羞耻而改过至善这两个方面。如《尚书·商书·说命下》记载了商初名相伊尹的一段话：“予弗克俾厥后惟尧舜，其心愧耻，若挞于市。”伊尹进行自我批评，认为自己对辅佐的君主不能成为像尧舜那样的人，内心感到羞耻，如同在闹市被鞭挞一样。正因为此，后来才发生了“伊尹放太甲”的历史事件。这里的耻感既是行为主体的一种屈辱的心理情感体验，也是社会评价对行为主体产生的影响。而“欲其忍耻藏垢”（《尚书·周书·君陈》）中的“耻”则强调执政者应以其德性的完善为前提，以褊狭为耻。《诗经·小雅·蓼莪》曰：“缾之罄矣，维罍之耻。”东汉经学大师郑玄在《毛诗传笺》中说：“缾小而尽，罍大而盈，言为罍耻者，刺王不使富分贫、众恤寡。”就此，高亨先生通俗地解释道：“酒瓶空了，是酒坛子的耻辱。比喻百姓穷了，是治国者的耻辱。”[①] 这是西周王畿内的民众对统治者过度剥削压榨的一种讽刺，认为统治者不能使百姓生活富裕幸福，是可耻的行为，应被视为恶而遭受鞭打。

耻感伦理关涉人的文明仪态表征。《礼记·表记》载：“殷人尊神，率民以示神，先鬼而后礼，先罚而后赏，尊而不亲。其民之敝，荡而不清，胜而无耻。”这里的“胜而无耻”实际上是表达殷人精神生活中的蒙昧与粗鄙。到了周代，耻感伦理更确切地指向人际伦理，而成为一种德性。如《诗经·国风·相鼠》曰：“相鼠有皮，人而无仪。人而无仪，不死何为？相鼠有齿，人而无止。人而无止，不死何俟？相鼠有体，人而无礼。人而无礼，胡不遄死？”“无仪”意为寡廉鲜耻，“无止”意为不知羞耻，“无礼”意为不懂礼仪，这首诗用比兴手法以老鼠来比喻讲礼仪守规矩的重要性，把最丑的丑类与应庄严对待的礼仪相提并论，把廉耻视为德性，以此强调人之为人的价值和尊严。耻感作为社会评价恶的尺度成为中国伦理思想史上一个重要的话题。

耻感伦理关涉人的德性修养。殷周时期，人们已经意识到人的内心的耻感与其德性修养、言行举止密切相关，并且已经知晓在道德教化和个体修养中自觉利用人的内心耻感的作用。《易经·恒卦》曰：“不恒其德，或承之羞，贞吝。”意思是说不能持之以恒保持美德，可能蒙受羞辱，要守正以防憾惜，以此强调耻感伦理与人们日常生活中的言行举止存在因果关系。《易经·系辞上》曰：“君子居其室，出其言善，则千里之外应之，况其迩者乎？居其室，出其言不善，则千里之外违之，况其迩者乎？言出乎身，加乎民；行发乎迩，见乎远。言行，君子之枢

---

① 高亨注：《诗经今注》，上海古籍出版社1980年版，第308页。

机，枢机之发，荣辱之主也。言行，君子之所以动天地也，可不慎乎?”意思是说君子在家中发出善美的言论，千里之外的人都会闻讯响应，何况近处的人呢？在家中发出不善美的恶言，千里之外的人也会违逆背离，何况近处的人呢？言论出于自身，要施加给百姓；行为发于近处，远方的人也能看见：言论和行为，犹如君子“门户”开关的机要。“门户”机要的启动，恰似或荣或辱的关键，言论和行为，是君子用来鼓动天地万物的，岂能不慎重呢？这里强调言行是获得荣辱的关键所在，应把个人的言行作为德性修养的重要构成和荣辱的根源所在。《诗经·小雅·宾之初筵》曰：“凡此饮酒，或醉或否，既立之监，或佐之史。彼醉不臧，不醉反耻，式勿从谓，无俾大怠。”意思是说所有喝酒人，一些人醉倒一些人清醒。虽然设立酒监和酒史来督察、戒警，但是那些醉酒之人因失态而不自知，不醉的人反而羞耻于心。不要再跟着去劝酒，不要轻慢太任性。不该发问别开言，不合法道别出声。这首诗讽刺了周幽王国政荒废，君臣沉湎于酒，在酒宴中饮酒无度，失礼败德的行为。

耻感伦理关涉惩罚邪恶的手段。《周礼·地官·司徒第二》载：“司救掌万民之衺恶过失而诛让之，以礼防禁而救之。凡民之有衺恶者，三让而罚，三罚而士加明刑。耻诸嘉石，役诸司空。”郑玄注曰：“罚，谓鞑击之也。明刑者，去其冠饰而书其邪恶之状，著之背也。嘉石，朝士所掌，天外朝之门左，使坐焉。”意思是说，对于邪恶的人，作为国家官员，先通过礼教育进行挽救；如果多次教育后不改，就要对其进行惩罚；多次惩罚后还不奏效，则处以明刑，即让其坐在嘉石之上，羞辱他；然后罚做苦役。

虽然殷周时期的耻感伦理思想尚处于萌芽阶段，但是人们已经认识到耻感与国家安危、人的存在依据、人的文明仪态、人的德性修养、惩罚邪恶手段等存在密切关系。尽管这些认识是零散的、琐碎式的感悟，却开启了耻感伦理思想的逻辑发展历程。

（二）传统耻感伦理的形成确立

如果说殷周时期只是传统耻感伦理序章的话，那么，到了春秋战国时代则已初步形成和确立。自公元前 770 年周平王东迁，到公元前 221 年秦始皇统一六国，是中国古代社会历史的大变革时期。这一时期分为两个阶段：公元前770年到公元前476年三家分晋是前一阶段，由于鲁史《春秋》记载了这一段历史，史称春秋时期；公元前475年到公元前221年是后一阶段，这一阶段由于齐、楚、燕、韩、赵、魏、秦等七国相互之间“合纵”“连横”的斗争，史称战国时期。春秋战国时期，古代社会开始由奴隶制向封建制转变，在经济、政治上发生激烈变化的同时，思想文化领域也相应地发生了前所未有的大变化。对于这些变化，孔子及门徒认为是“天下无道”、“礼崩乐坏”。然而，实质上却是旧礼坏、新礼生，旧道废、新道兴，是中国伦理思想史上一个非常辉煌的时期。

春秋战国时期前后延续了500年，春秋以孔、墨为显学，到了战国则形成了诸子“百家争鸣”的新格局。“百家争鸣”之“百家”主要是指儒家、道家、墨家、法家、名家、阴阳家、纵横家、兵家、农家和杂家等，但最有影响力的当属儒、墨、道、法这四家。他们的学说奠定了之后整个传统社会伦理道德思想的基础，尤其是儒家，后来成为官方道德学说。针对社会的急剧变化，尤其是“礼崩乐坏”的失衡秩序和无耻行径，诸子百家风起云涌，著书立说，表达各自的思想与政治主张。在此意义上，春秋战国时期不仅是传统社会伦理思想的产生和奠基阶段，而且也是传统耻感伦理思想的初步形成和确立阶段。诸子百家的思想学说中蕴涵了丰富的耻感伦理思想，其中，以道、儒和法等三家最具有代表性，而墨家则相对比较简单。

1. 道家的耻感伦理思想

“据现有的资料看，道家是最早察觉到荣辱的”。[①] 主张“清虚”为本、“自然无为”“超脱义利”的道家，对于耻感伦理给予充分的关注。

老子以淡泊、朴素的态度对待耻感。“知其荣，守其辱，为天下谷。为天下谷，常德乃足，复归于朴”（《道德经·二十八章》）。意思是说深知什么是荣耀，却安守卑辱的地位，甘愿做天下的川谷。甘愿做天下的川谷，永恒的德性才得以充足，回复到自然本初的素朴纯真状态。“上德若谷，大白若辱，广德若不足”（《道德经·四十一章》）。意思是说品德高尚的人似乎虚怀若谷，学识广博的人似乎还有辱没，德行广布

① 陈瑛主编：《中国伦理思想史》，湖南教育出版社2004年版，第156页。

的人感到还有不足。“名与身孰亲？身与货孰多？得与亡孰病？甚爱必大费，多藏必厚亡。故知足不辱，知止不殆，可以长久”（《道德经·四十四章》）。强调懂得满足就不会受到耻辱，懂得适可而止就不会遇到危险，就可以长久平安。“知足不辱，知止不殆”已成千古名句。从上述引用中可以窥见老子的耻感伦理思想是以淡泊、朴素的方式来表达“无为而无不为”的处世哲学与“返璞归真”的道德理想。

庄子以否定的态度看待耻感。“荣辱立，然后睹所病；货财聚，然后睹所争。今立人之所病，聚人之所争，穷困人之身，使无休时，欲无至此，得乎”（《庄子·杂篇·则阳》）。其意思说的是世间一旦有了荣辱的区别，各种弊端就显示出来；财货日渐聚积，各种争斗也就表露出来。如今树立人们所厌恶的弊端，聚积人们所争夺的财物，贫穷困厄的人疲于奔命便没有休止之时，想要不出现这样的遭遇，怎么可能呢？庄子要表达既然荣耀与羞耻会给人带来不必要的困扰，那么就应置之不理这层意思。“无耻者富，多信者显。夫名利之大者，几在无耻而信。故观之名，计之利，而信真是也。若弃名利，反之于心，则夫士之为行，抱其天乎”（《庄子·杂篇·盗跖》）。这里，庄子借满苟得之口表达对名利、耻感的看法。从这两段引述中可以看到庄子的耻感伦理思想是以超然的方式来强调超脱义利、反对道德束缚的自然本性。

其实，除了老庄之外，春秋战国时期的道家还有一位代表人物——列御寇，人称列子，相传著有《列子》一书。自唐代柳宗元辩列子发端以来，存有《列子》是伪书的观点。经学者马叙伦考证，认为《列子》应是魏晋时期的著作。但《列子》一书中多少还是能够管窥到列子的耻感伦理思想的。“吾乡誉不以为荣，国毁不以为辱；得而不喜，失而弗忧；视生如死；视富如贫；视人如豕；视吾如人”（《列子·仲尼》）。“今有名则尊荣，亡名则卑辱。尊荣则逸乐，卑辱则忧苦”（《列子·扬朱》）。“使教明于上，化行于下，民有耻心，则何盗之为”（《列子·说符》）。从这些记载中可以看到列子以淡然处之的态度对待耻感，同时又主张以教化方式培养人的耻感意识。

2. 儒家的耻感伦理思想

儒家在整理古代文化的过程中，对传统耻感伦理的阐释与弘扬起到至关重要的作用，其中贡献最大的当属孔子。他在对古代典章文献的删订、整理中，将耻感伦理作为一项重要内容纳入到儒家学说体系中，相比其他学派对耻感伦理的阐述更为完整和体系化。孔子的耻感思想主要体现在《论语》一书中，根据台湾学者朱岑楼先生的研究，《论语》四百九十八章中，与耻感伦理有关的章节为五十八章。[①] 在孔子的伦理思想体系中，“耻”是与“仁”“礼”相并肩的核心范畴。

孔子继承了西周以来由周公建立起来的伦理思想，力求伦理思想与政治思想的结合。“仁”是孔子伦理思想的核心，他在许多时候谈论过“仁”，归纳起来不外乎是对“仁”的内涵、方法和要求的解释。其中，关于“仁”的内涵，孔子有一段论述：“子张问仁于孔子。孔子曰：‘能行五者于天下为仁矣。’‘请问之。’曰：‘恭，宽，信，敏，惠。恭则不侮，宽则得众，信则人任焉，敏则有功，惠则足以使人’”（《论语·阳货》）。恭、宽、信、敏、惠等德目构成了“仁”的主体，“恭”为首，“恭”之真义在于“不侮”，而“不侮”之真义在于“远耻”，即“恭以远耻”（《论语·表记》）。关于“远耻”，孔子讲道：“信近于义，言可复也。恭近于礼，远耻辱也。因不失其亲，亦可宗也”（《论语·学而》）。对此，杨伯峻先生解释道：“所守的约言符合义，说的话就能兑现。态度容貌的庄矜合于礼，就不致遭受侮辱。依靠关系深的人，也就可靠了。”[②] 可见，孔子把耻视为人的道德修养和理想人格的内在要素，人的言语、表情以及待人接物的种种行为都要“有耻”。“古者言之不出，耻躬之不逮也”（《论语·里仁》），“巧言、令色、足恭，左丘明耻之，丘亦耻之”（《论语·公冶长》）。“有耻”必须“知耻”，“知耻”是君子与小人之分野的标识。君子“耻其言而过其行”（《论语·学而》），“行己有耻”（《论语·子路》），小人却言行不一，卑鄙可耻。如果把上述关于“远耻”两段论述联结起来考察，可以看到孔子的耻感伦理思想涵盖两层意思：一是远离内心感到的羞愧之耻；二是远离外在施加的侮辱之耻。“远耻”的前在是“知耻”。“好学近乎知，力行近乎仁，知耻近乎勇”（《礼记·中庸》）。“知耻”是需要勇气和毅力的。“在道德修养中，知耻不是轻描淡写的事情，而是需要立

① 李亦国、杨国枢：《中国人的性格》，江苏教育出版社 2006 年版，第 83 页。

② 杨伯峻译注：《论语译注》，中华书局 1980 年版，第 8 页。

志砥砺磨炼、在精神领域冲锋陷阵的壮举。”[①] “远耻”的方法在于“行己有耻”（《论语·子路》）和“道之以政，齐之以刑，民免而无耻。道之以德，齐之以礼，有耻且格”（《论语·为政》）。孔子非常重视德政、德教和个人修养的作用，“知耻”、“远耻”，既是德性的起点，也是德性的最高表现。

孔子对耻感伦理的论述非常广泛，涉及“个人的心理感受、道德修养、人们的社会行为及其评价、人与人之间的交往、国家的政治活动、对人民的教育等各个方面”，反映出耻感伦理“已深入到当时的社会生活中，并通过慎独、内省、反求诸己、改过迁善、见贤思齐等修养功夫的配合，广泛地影响着人们的行为”。[②] 劳思光先生认为：“孔子代表中国儒学之创始阶段，孟子则代表儒学理论之初步完成。就儒学之方向讲，孔子思想对儒学有定向之作用；就理论体系讲，则孟子是建立较完整之儒学体系之哲人。”[③] 对于耻感伦理思想而言，二者的作用亦然。孟子、荀子根据儒家的仁义学说，使传统耻感伦理思想得到了进一步发展。

孟子从性善角度出发，把耻感与人的本性相联系。“耻之于人大矣！为机变之巧者，无所用耻焉。不耻不若人有”。“人不可以无耻，无耻之耻，无耻也”（《孟子·尽心上》）。孟子认为，耻感对于人非常重要，耻感的缺乏是一个人最大的耻辱，是真正的无耻之徒。在耻的辨别标准上，他进一步发挥了孔子的思想，把“仁”“义”作为判断“耻”的标准，“仁则荣，不仁则辱”（《孟子·公孙丑上》），提出“无恻隐之心，非人也；无羞恶之心，非人也；无辞让之心，非人也；无是非之心，非人也。恻隐之心，仁之端也”（《孟子·公孙丑上》）。孟子还把耻感与德性相联系。“羞恶之心，义之端也”（《孟子·公孙丑上》）。耻感是道义之源、德行之端，人们必须注重自己的言行，使名实相符。“声闻过情，君子耻之”（《孟子·离娄下》）。一个人的声望名誉超过了实际才德，君子就会感到羞耻。在道德修养与理想人格上，他把孔子重耻的思

① 陈少明：《关于羞耻的现象学分析》，《哲学研究》2006 年第 12 期。

② 胡凡：《论中国传统耻感文化的形成》，《学习与探索》1997 年第 1 期。

③ 劳思光：《新编中国哲学史》（一），广西师范大学出版社 2005 年版，第 117 页。

想升华为“富贵不能淫，贫贱不能移，威武不能屈”的大丈夫精神，这种大丈夫精神对后世的理想人格的塑造奠定了根本性的作用。

荀子从性恶角度出发，强调耻感伦理的重要性。在谈到用礼正身时说：“端悫顺弟，则可谓善少者矣；加好学逊敏焉，则有钧无上，可以为君子矣。偷儒惮事，无廉耻而嗜乎饮食，则可谓恶少者矣；加惕悍而不顺，险贼而不弟焉，则可谓不详少者矣，虽陷刑戮可也”（《荀子·修身》）。荀子通过区分善少者、恶少者、不详少者等三类青少年，表明耻感伦理对人的德性养成中的重要性。善少者能成为君子是因为“端悫顺弟”，而“偷儒惮事、无廉耻”只能成为恶少者，“不详少者”因其放荡凶狠、阴险害人则要遭受刑罚杀戮。荀子认为：“君子耻不修，不耻见污；耻不信，不耻不见信；耻不能，不耻不见用”（《荀子·非十二子》）。其意是说君子把自己的品德不好看作耻辱，而不把被人污蔑看作耻辱；把自己不诚实看作耻辱，而不把不被信任看作耻辱；把自己无能看作耻辱，而不把不被任用看作耻辱。这一点看，与孔子提出的“行己有耻”如同一辙。

3. 法家的耻感伦理思想

法家主张“信赏必罚”“专任刑法”以臻于治，非常注重耻感伦理对于治国理政的作用。

在中国伦理思想史上，以管仲为代表的齐法家，强调法治和德治的相辅相成，法律制裁和道德教化的相互配合。为此，管仲把耻与礼、义、廉相提并论上升到关涉国家兴衰的层面，这对后世思想的发展产生了深远的影响。

> 国有四维，一维绝则倾，二维绝则危，三维绝则覆，四维绝则灭。倾可正也，危可安也，覆可起也，灭不可复错也。何谓四维？一曰礼，二曰义，三曰廉，四曰耻。礼不逾节，义不自进，廉不蔽恶，耻不从枉（《管子·牧民》）。

在管仲看来，礼指上下有节；有礼，不会僭越等级限度。义指以法进仕；有义，就不会妄自求进。廉指明察善恶；有廉，就不会掩饰恶行。耻是羞恶知耻；有耻，就不会顺从邪妄。治国用此四纲，就可使

“上安位”“民无巧诈”“行自全”“邪事不生”，于是国可守民可治。在四维之中，“礼”为形式上的规范，要求做到上下有义、贵贱有分、长幼有等、贫富有度，“义”是处理这些关系的原则。二者从人与人的关系层面来维系社会秩序。“廉”是一种个人的品德，“耻”是一种道德意识，比“廉”道德品质更加深一层。“耻”就是羞耻，即知耻心、荣辱观，是良心的作用和人的道德意识的功能。正是依靠耻，才能去遵行义礼，才能廉洁公正。人们具有了知耻心和荣辱观之后，就能够在做了不道德、不合法的事情时感受羞耻难当。也就是说，“耻”与“礼”“义”“廉”都是治国之道，“守国之度，在饰四维”，“四维不张，国乃灭亡”（《管子·牧民》）。

以商鞅、韩非等人为代表的晋法家，虽然重刑赏、轻教化，但也很看重耻感伦理的作用。商鞅从人有羞耻之心出发，提出用刑罚禁止奸邪，用官爵来劝励功业，因为耻感会给人带来痛苦的体验，而这种体验却能起到自觉约束不当行为的作用。“夫刑者，所以禁邪也，而赏者，所以助禁也。羞辱劳苦者，民之所恶也；显荣佚乐者，民之所务也”（《商君书·算地》）。作为法家的集大成者，韩非也非常注重耻感伦理的作用。“祸福生乎道法，而不出乎爱恶；荣辱之责在乎已，而不在乎人”（《韩非子·大体》），强调行为主体应对自己的荣辱负责，主张以法为教来树立正确的耻感伦理思想。韩非还通过齐桓公醉酒事件，剖析了耻感伦理问题。

> 齐桓公饮酒醉，遗其冠，耻之，三日不朝。管仲曰：“此非有国之耻也，公胡其不雪之以政？”公曰：“胡其善。”因发仓囷，赐贫穷；论囹圄，出薄恼。外三日而民歌之曰：“公胡不复遗冠乎！”
>
> 或曰：管仲雪桓公之耻于小人，而生桓公之耻于君子矣。使桓公发仓囷而赐贫穷，讼囹圄而出薄恼，非义也，不可以雪耻使之而义也。桓公宿义，须遗冠而后行之，则是桓公行义，非为遗冠也。是虽雪遗冠之耻于小人，而亦遗义之耻于君子矣。且夫发囷仓而赐贫穷者，是赏无功也；论囹圄而出薄恼者，是不诛过也。夫赏无功则民偷幸而望于上，不诛过则民不惩而易为非，此乱之本也，安可以雪耻哉？（《韩非子·难二》）

在齐桓公醉酒这件事上，韩非对管仲为齐桓公雪耻之事提出了严厉的批评，认为要害在于“虽雪遗冠之耻于小人，而亦遗义之耻于君子”，这反映出韩非“以遗义为耻”的耻感伦理思想。

诸子百家的耻感伦理思想对后世影响最大的莫过于儒家与法家。这不仅仅是因为两家关于耻感伦理的思想论述最多，更在于其人性假设的旨趣各异、治国理念各殊，都重视和强调耻感伦理在抑恶扬善中的功效。儒家从人性善出发，主张“存心养性”，知耻修身，促进道德理性的升华，使人最终达到内圣外王的修为与境界；法家从人性恶出发，主张“化性起伪”，知耻近勇，抑恶扬善。二者的旨趣一致，都是教人向善而非趋恶，只不过前者更侧重道德自律，后者更注重社会控制，为后世耻感伦理思想弥合“善”与“恶”之间的分歧搭建桥梁，为整合道德人格的塑造提供了纽带。

（三）传统耻感伦理的固化定型

任何一种伦理思想体系的建构与形成，除了哲学立论之处，还必须要有相应的思想基础。如果说春秋战国作为传统耻感伦理的形成时期，乃是因为其人性论哲学基础确立的话，那么，秦汉时期作其固化定型阶段，则是因为“三纲五常”思想基础的形成。

秦完成了统一大业，建立了中央集权专制国家。继续奉行法家学说，“废先王之道，焚百家之言，以愚黔首”，主张“禁文书而酷刑法，先诈力而后仁义”（《史记·秦始皇本纪》），强调以愚民政策、严刑峻法统治人民、驾驭群臣，以此巩固王朝的统治，使之能传至万世，然而却只传两世一十五年而亡。如何维护、巩固和发展统一的封建政权，是秦汉，尤其是汉王朝统治者及其思想家所十分关注的问题。

两汉时期，伦理思想的发展是一个从儒道并行到儒家独尊的过程，即儒家伦理思想成为唯一的、官方的意识形态，并随着封建社会的发展，继而成为统治整个封建社会的一种系统化的伦理道德体系。西汉初期，儒家思想与法家、道家思想存在着争斗。面对秦短命而亡的历史命运，儒家强调施仁政，以德治天下，主张从孔孟之道上寻找措施。

在耻感伦理的问题上，陆贾、贾谊等人更多的是重复先秦时期的儒家思想，主张以仁义作为耻感标准。陆贾认为：“夫君子直道而行，知必屈辱而不避也。故行不敢苟合，言不为苟容，虽无功于世，而名足称也；虽言不用于国家，而举措之言可法也”（《新语·辨惑》）。他强调正直而行，甘受屈辱是君子人格的重要内容。而贾谊认为：“秦灭四维不张，故君臣乖而相攘，上下乱僭而无差，父子六亲殃僇而失其宜，奸人并起，万民离畔，凡十三岁而社稷为墟”（《新书·卷三》）。他强调，伦理失序之所以能导致国家灭亡，乃是因为礼、义、廉、耻之“四维”的丢弃，以致“家不齐”、“国不治”、“天下不太平”。所以，管仲提出的“礼义廉耻，是谓四维，四维不张，国乃灭亡”观点仍然具有时效性。“夫立君臣，等上下，使父子有礼，六亲有纪，此非天之所为，人之所设也。夫人之所设，不为不立，不植则僵，不修则坏”（《汉书·贾谊传》）。如果没有道德原则和道德规范让人们遵循，没有让人们理解礼义廉耻等四维的重要，那么，就会“是犹度江河亡维楫，中流而遇风波，船必覆矣”（《汉书·贾谊传》）。因此，强调统治者不仅需要法治手段，而且更需要礼义廉耻的道德教化手段。而道德教化则应自上而下，君主对待大臣应该“设廉耻礼义以遇之”，“廉耻不行，大臣无乃握重权，大官而有徒隶亡耻之心乎”（《汉书·贾谊传》）。贾谊认为，君臣百姓都要讲廉耻，不讲廉耻就会不洁身自好，就会见利忘义。“顽顿亡耻，垢亡节，廉耻不立，且不自好，苟若而可，故见利则逝，见便则夺”（《汉书·贾谊传》）。只有这样，才能达到“顾行而忘利，守节而仗义，故可以托不御之权，可以寄六尺之孤。此厉廉耻行礼谊之所致也”（《汉书·贾谊传》）。

汉武帝即位后，为了加强中央集权，采纳了董仲舒“罢黜百家，独尊儒术”的建议，儒学成为官方意识形态。董仲舒把儒家伦理道德学说和神学目的论联结起来，从阴阳五行说出发，构建了一套以“天人感应”为基础、“三纲五常”为核心、以维护封建大一统为目的的伦理思想体系，把儒家学说宗教化、神学化。董仲舒在“天人感应”的基础上，首提“王道之三纲，可求于天”（《春秋繁露·基义》），“夫仁谊礼知信五常之道，王者所当修饬也”（《汉书·董仲舒传》）。此时虽未指明“三纲”为何物，但到东汉时期已明确表述为“君为臣纲，父为子纲，夫为妻纲”（《礼纬·含文嘉》）。在东汉章帝白虎观会议上，“三纲五常”不仅被视为封建社会的基本法典，成为巩固专制统治的基本伦理纲常，而且也成为传统耻感伦理的思想基础。

董仲舒将耻感伦理思想融进了“三纲五常”之中，表现为不忠不孝、不仁不义、谋利计功等三个方面。在他看来，君臣、父子、夫妻之间必须做到忠与孝，不忠不孝是大逆不道；在处理与他人的关系上，要以仁义为先，不仁不义者不可交。“仁者恻怛爱人，谨翕不争。好恶敦伦，无伤恶之心，无隐忌之志，无嫉妬之气，无感愁之欲，无险诐之事，无辟违之行”（《春秋繁露·必仁且智》）；在义利关系上，谋利计功是小人的可耻行径，君子应该是“正其谊不谋其利，明其道不计其功”（《汉书·董仲舒传》）。

“三纲五常”的确立，使传统耻感伦理思想固化定型。总体而言，这一时期在理论建树上没有更多的突破，主要在于制度化的建构，即伦理秩序的建构上。如何确保儒学所倡导的伦理道德思想升格为国家的“统纪”和“法度”，制度化建构起到至关重要作用。因为人性的普遍堕落造成人们无法依靠其先天具有的善的内在力量自觉向善，只能诉诸外在的伦理制度强制向善。道德逐渐远离了作为其本源的善良情感和由此而发的道德自律与自由，代之以客观的、被动遵循的外在伦理纲纪。为了使人为的伦理纲纪取得绝对地位，配之以阴阳五行天命说和“阳尊阴卑”，使伦理制度天经地义。“三纲五常”的提出，虽然使伦理制度纲纪得以确立和使耻感伦理的思想基础得以确立，但代之以的是伦理制度从此丧失了本应有的灵活性，转而成为钳制人性的工具。这也就是魏晋隋唐玄学和佛学的兴起、儒学式微的一个重要原因。这一时期，除了对传统耻感伦理思想基础的建构使之固化定型之外，也强调了耻感伦理在个人修养中的作用。如，董仲舒提出君主在践行耻感伦理中应起到带头作用，“君人者国之元，发言动作万物之枢机。枢机之发，荣辱之端也。失之豪厘，驷不及追”（《春秋繁露·立元神》）。

（四）传统耻感伦理的停滞弱化

魏晋隋唐时期，是中国封建社会几经分裂而又重归统一的历史时期，也是耻感伦理思想停滞弱化时期。

魏晋南北朝的近400年间，伦理思想较为消沉，有关耻感伦理思想方面的论述寥有新意。这一时期，社会风气和学风大变，玄学兴起，儒学正统地位受到严重冲击。传统道德风尚、礼义习俗再也不能约束人们的行为，放浪形骸、纵欲享受成为人们的生活追求，消极颓废成为社会的主导思想，包括耻感伦理在内的礼节道义受到严重破坏。与此同时，道教、佛教的宗教伦理观却逐步传播和扩展。“三纲五常”在社会生活中的作用曾一度弱化，以此为思想基础的耻感伦理也受到抑制，日渐式微。

然而，由于经过长期积淀下来的以儒家为核心的伦理思想毕竟早已渗透于人们的日常生活，由于玄学、道教、佛教的伦理思想毕竟是封建社会下的产物，所以，不仅不能足以从根本上动摇以儒家为核心的伦理思想，而且三者越来越趋向一致。至隋唐时期，虽然佛学仍有所发展，但儒家思想并没有失去其广泛的社会影响力和社会作用，在儒、道、释三者的对立与融合中，又重新上升为正统地位。

虽然这一时期在理论上耻感伦理思想没有长足发展，但是由于社会变动的加剧，人们更加重视耻感伦理对于个人道德修养和治国安邦中的激励作用。如，《晋书·阮种传》记载：

> 夫王道之本，经国之务，必先之以礼义，而致人于廉耻。礼义立，则君子轨道而让于善；廉耻立，则小人谨行而不淫于制度。赏以劝其能，威以惩其废。此先王所以保乂定功，化洽黎元，而勋业长世也。故上有克让之风，则下有不争之俗；朝有矜节之士，则野无贪冒之人。夫廉耻之于政，犹树艺之有丰壤，良岁之有膏泽，其生物必油然茂矣。若廉耻不存，而惟刑是御，则风俗凋弊，人失其性，锥刀之末，皆有争心，虽峻刑严辟，犹不胜矣（《晋书·阮种传》）。

这一时期值得一提的是《颜氏家训》。这本书的根本伦理宗旨是“教人诚孝，慎言检迹，立身扬名”（《颜氏家训·序致》）。作为传统社会的典范教材，直接开启后世“家训”的先河，有关于耻感伦理思想内容对君子道德品质的修养起到重要的示范作用。如，强调不为国尽力为耻，“国之兴亡，兵之胜败，博学所至，幸讨论之。入帷幄之中，参庙堂之上，不能为主尽规以谋社稷，君子所耻也”（《颜氏家训·诫兵》)。又如，强调知耻修养的意义，“夫知不足，然后能自反也，知困，然后能自强也；若夫不知耻者，又安望其能免耻哉”（《颜氏家训·勉学》)。再如，强调重荣利为耻，“贪荣求利，反招羞耻，可不慎欤”（《颜氏家训·治家》)。这些论述反映了从家庭层面到社会层面耻感伦理思想的深刻变化与要求。

（五）传统耻感伦理的成熟深化

宋元明清时期，既是理学的兴起、兴盛、衰落时期，也是传统耻感伦理的成熟深化时期。理学实际上是以儒家伦理思想为主体，吸收佛、道思辨哲学，将儒、道、释相整合的一种新儒学。

理学的一个显著特点就是通过对世界本原的探讨，构建了一个融自然、社会和人生于一体的庞大哲学体系。理学家们非常重视对形而上问题的研讨，在对先秦时期义利之辨问题赓续的基础上，以极端化的方式倡导重义轻利，将“天理”和“人欲”对立起来，以天理遏制人欲，约束带有自我色彩、个人色彩的情感欲求，以“天理”为荣，以“人欲”为耻，重视道德修养与教化，启发人的理性自觉，力图将道德原则转化为人的日常行为规范。理学不仅体系更加完备，而且社会作用也日趋加强，促使封建伦理思想的深化与成熟。作为中国后期封建社会最为精致、最为完备的理论体系，理学不仅强化了“三纲五常”地位与作用，而且在耻感伦理思想的一些具体问题上有了精细化的发展。

理学家们非常重视耻感伦理的作用。周敦颐说：“人之生，不幸，不闻过；大不幸，无耻。必有耻，则可教；闻过则可贤”（《通书·幸第八》)。意思是说人生之大不幸就是知过不改、知耻不愿受教。虽然理学家们都强调耻感伦理的重要性，但这并不意味着他们的耻感伦理思想都是一致的。

程朱理学认为，天命之性是道心，气质之性是人心。道心是天理，是绝对的善，是合乎封建道德的义理，也就是符合“三纲五常”，人心是人欲，是封建道德的私欲，二者绝对对立不可调和。“合道理的是天理，循情欲的是人欲”（《朱子语类》卷七十八)。这里，“合道理”就是指符合“礼”，“循情欲”则指按照个人欲望毫无节制地行事，这种过分的欲望就是人欲。为了存天理，去人欲，就必须注重道德修养，而修养的是居敬和穷理。居敬是“行”，穷理是“知”，知先行后，行重知轻。从人的内在规定性角度，朱熹厘定了耻感的含义。“耻者，吾所固有羞恶之心也，存之则进于圣贤；失之则入于禽兽，故所系为甚大”（《四书集注·孟子·尽心章句上》），并提出，“知耻是由内心以生，闻过是得之于外。人须知耻，方能过而改”（《朱子语类》卷九十四）。

陆王心学从人的内心自主力量角度谈论耻感伦理。陆九渊认为，心即理，人心既是宇宙的主体，也是天地万物的主宰。“四方上下曰宇，往古来今曰宙。宇宙便是吾心，吾心便是宇宙”（《陆九渊集·杂说》）。王阳明进一步阐发为：“心外无物，心外无事，心外无理，心外无义，心外无善”（《王阳明全集》卷二《静心录·与王纯甫二》）。关于耻感的作用，陆九渊认为：“人之患莫大乎无耻，人而无耻，果何以为人哉”（《陆九渊集·人不可以无耻》）。“耻存则心存，耻忘则心忘”（《陆九渊集·杂说》）。而王阳明强调：“《中庸》谓‘知耻近乎勇。’所谓知耻，只是耻其不能致得自己良知耳。今人多以言语不能屈服得人为耻，意气不能陵轧得人为耻，愤怒嗜欲不能直意任情得为耻，殊不知此数病者，皆是蔽塞自己良知之事，正君子之所宜深耻者。今乃反以不能蔽塞自己良知为耻，正是耻非其所当耻，而不知耻其所当耻也。可不大哀乎”（《王阳明全集》卷六《静心录·文录三》）。在个人修养上，王明阳认为只有从日常生活中的一点一滴地做到存天理、去人欲，才能达到知行合一的境界。

虽然程朱理学与陆王心学存有分歧，前者强调外在的规制而忽略了人的主体性，后者强调人的主体性却忽略了外在制度的作用，但却都把耻感伦理视为理想人格的重要内容，这使得耻感伦理的修养方式更加完善，对后世思想产生深刻影响。

明末清初，外族入侵、民风日下，社会急剧的变动直接影响耻感伦理思想的发展。顾炎武提出“天下兴亡，匹夫有责”。在他看来，耻感伦理不仅关涉个人节操，更关涉国家兴亡与民族兴衰。“人之不廉而至于悖礼犯义，其原皆于无耻”，“士而不先言耻，则为无本之人”（《日知录·廉耻》）。1644 年，清兵攻破南京，弘光王朝覆灭，宰相马士英“称皇太后制，逃奔浙江”。对于这个只知挟君自重、结党弄权，以致“乘舆迁播，社稷丘墟”的马士英，王思任作书一纸，嬉笑怒骂，“叛兵至则束手无措，强敌来则缩颈先逃……且欲求奔吾越；夫越乃报仇雪耻之国，非藏垢纳污之地也。”① 后来，清军邀其合作，他书“不降”二字，绝食而死。而与之同时代的刘宗周听到清军攻陷杭州消息，正在进餐的他，推食恸哭，留下“慷慨又从容，何难又何易”的绝命诗，绝食23日而逝。其学生祁彪佳拒绝清人持书币来聘，置《别庙文》和《绝命词》于桌前，赴门前水池端坐而谢世。这些言行践行了民族危难时期的耻感伦理精神。

清代医家石成金从日常修养层面谈论耻感伦理。“耻之一字，乃人生第一要事。如知耻，则洁身励行，思学正人之所为，皆光明正大，凡污贱淫恶，不肖下流之事，决不肯为；如不知耻，则事事反是”（《传家宝·涉世方略·人事通》）。龚自珍认为知耻不仅是个人之德，而且也是国家之德。“农工之人，肩荷背负之子则无耻，则辱其身而已；富而无耻者，辱其家而已；士无耻，则名之曰辱国；卿大夫无耻，名之曰辱社稷”，“上下皆无耻，则何以为国”（《龚自珍全集·明良论二》）。因此，国家的振兴、民族的富强，必须“以教之耻为先”。近代戊戌变法的倡导者康有为提出的“四耻之说”：一耻无志。志于富贵，不志于仁义；二耻揗俗。揗于风气，不能卓立；三耻鄙吝，为富不仁；四耻于懦弱，见义不为（参见《长兴学记》）。在他看来，法治对百姓固然重要，但耻感伦理的建设乃是教化的根本。“人之有不为，皆赖有耻心，如无耻心，则无事不可为矣”（《孟子微》卷六），而风俗之美，在养民知耻。

总体上看，这一时期传统耻感伦理的深化主要表现为其思想渗透于人们的日常生活中，而成为衡量道德品质的标识和个人道德修养的重要内容。

二　传统耻感伦理的理论架构

一直以来存在着中国历史上只有哲学思想，而没有西方意义上的哲学体系的论点。先姑且不论其对错，仅从伦理学层面看，其实是把中国的传统伦理学视为零散、琐碎的思想片断，而不是以完整的理论体系而

① 《鲁迅全集》第6卷，人民文学出版社2005年版，第642页。

存在的客观事实。传统耻感伦理的逻辑发展表明其实际上是一个完整的理论体系，主要表现在哲学基础、本体论、认识论、价值论、方法论等层面。

（一）人性论：传统耻感伦理的哲学基础

任何理论的建构都必须以一定的哲学思想为基础。人性论的中心问题是人性的善恶问题，而“人性善恶的问题就是道德起源问题，亦即善恶的起源的问题”。[①] 人性论往往成为伦理学说的出发点和哲学基础。人性问题一直是古代先哲们普遍关注的话题，他们对人性的来源、善恶等问题争论不休，形成了各具特色的派别。人性问题的提出，肇始于春秋战国时期的“人性之辨”。这一时期，生产力获得较大的发展，社会处于由奴隶制向封建制转变的阶段，人的思想逐步摆脱了天地鬼神的役使，“天”的权威受到怀疑，人的本身受到关注，人性问题随之应运而生。

关于人性的论述应首推孔子“性相近也，习相远也”（《论语·阳货》）之说。孔子认为，人天生的本性都是相近的，只是由于后天的习染，人的本性才产生了愈来愈大的差别。其实这里涵盖了多重意思：人之初，其本性大体相同；人性不是一成不变的；后天的环境、教育、修养等多种因素对人性的变化起着重要作用。虽然孔子并未直言人性为之善或为之恶，或无善无恶，仅是作了最一般的界说，然而这个界说却有极大的灵活性和可供发挥的空间，为后世的人性论思想定下了基调。在此基础上，衍化出性善论、性恶论、性有善有恶论、性无善恶论、性三品论、性二元论等人性假设。人性善恶假设的不同，耻感伦理的逻辑起点和修养方式也随之不同。在各种人性假说中，最有代表性和影响的当属性善论和性恶论。

孟子是性善论的代表。最先对人性定义的是告子，“生之谓性”，在此基础上，将性的内容定义为食与色，“食色性也”（《孟子·告子上》），并加以进一步论述：“性犹湍水也，决诸东方则东流，决诸西方则西流。人性之无分于善不善也，犹水之无分于东西也。”（《孟子·告

① 张岱年：《中国伦理思想研究》，江苏教育出版社2005年版，第78页。

子上》）告子认为，人的天性就像急水一样，不分东西。你把它引向东，它就向东，引向西它就向西。所以，人性也不分善不善，你引它向善就善，反之亦然。可见，告子秉持的是性无善恶论。孟子也用水作例子对此进行了反驳：

水信无分于东西，无分于上下乎？人性之善也，犹水之就下也。人无有不善，水无有不下，今夫水，搏而跃之，可使过颡；激而行之，可使在山。是岂水之性哉？其势则然也。人之可使为不善，其性亦犹是也（《孟子·告子上》）。

其意是说水不分东西，难道它没有趋上流下的内在特点吗？所以，人的心性是善，就像水一定具有往下流的特点一样。如果人性不善，只不过是外在的环境（势）造成它这个样子而已，而不是它的本来面目。孟子秉持的是性善论：

人皆有不忍人之心。先王有不忍之心，斯有不忍人之政矣。以不忍人之心，行不忍人之政，治天下可运之掌上。所以谓人皆有不忍人之心者，今人乍见孺子将入于井，皆有怵惕恻隐之心——非所以内交于孺子之父母也，非所以要誉于乡党朋友也，非恶其声而然也。由是观之，无恻隐之心，非人也；无羞恶之心，非人也；无辞让之心，非人也；无是非之心。非人也。恻隐之心，仁之端也；羞恶之心，义之端也；辞让之心，礼之端也；是非之心，智之端也。人之有是四端也，犹其有四体也（《孟子·公孙丑上》）。

恻隐之心，人皆有之；羞恶之心，人皆有之；恭敬之心，人皆有之；是非之心，人皆有之。恻隐之心，仁也；羞恶之心，义也；恭敬之心，礼也；是非之心，智也。仁义礼智，非由外铄我也，我固有之也（《孟子·告子上》）。

孟子认为，所有人的人性不仅是相同的，而且还是天生的。恻隐之心、羞恶之心、辞让之心、是非之心等是人之天生善心，犹如人之四肢，这四种善心——仁、义、礼、智，是人所共有人性的表现，是人之天生之德性，是人区别于、高于禽兽的本质所在。他认为，“生之谓性”“食色性也”的观点抹杀了人与动物的根本区别，在人之初，仁、义、礼、智只是道德意识的萌芽，尚有待于扩充和变化。“凡有四端于我者，知皆扩而充之矣，若火之始然，泉之始达。苟能充之，足以保四海；苟不充之，不足以事父母”（《孟子·公孙丑上》）。若不对四端进行培养和扩充，那么，就不足以保四海、事父母。仁、义、礼、智是善端，是为人之本心，为了保持这种人生而共有的善端，并使人的德行符合执政者的要求，主张“存心”“养气”“养性”“寡欲”等的道德修养方式。

荀子是性恶论的代表。性恶论是沿着“性伪之分”——“人之性恶”——“化性起伪”的逻辑理路发展的。荀子继承和发展了告子人性论思想，认为人性是“生之所以然者”，即先天的自然本性。至于那些后天得来的习性，不论是由于习惯影响、教育熏陶，或者是由于礼法约束而形成的，都不能称之为人性。

> 凡性者，天之就也，不可学，不可事。礼义者，圣人之生也，人之所学而能，所事而成也。不可学，不可事，而在人者，谓之性；可学而能，可事而成之在人者，谓之伪。是性伪之分也（《荀子·性恶》）。

在荀子看来，“性”是自然赋予的，不是通过学习和锻炼习得的，“伪”即人为，则是通过后天学习等实践活动得到的。这种自然赋予的“性”具有怎样的道德属性？荀子的观点与孟子正好相左，认为是性恶，为此，驳斥了孟子的性善论。荀子认为，孟子所言的四端不是人性，而是人伪。因为四端只是道德意识的萌芽，需要进一步扩充才能完成，不可能成为人生而共有的人性，而是“虑积焉，能习焉，而后成，谓之伪”（《荀子·正名》）。“人之性恶，其善者伪也”，是由“目好色，耳好声，口好味，心好利，骨体肤理好愉佚”（《荀子·性恶》）以及“好荣恶辱，好利恶害”（《荀子·荣辱》）等人生而共有的人性所决定的。“今人之性，生而有好利焉，顺是，故争夺生而辞让亡焉；生而有疾恶焉，顺是，故残贼生而忠信亡焉；生而有耳目之欲，有好声色焉，顺是，故淫乱生而礼义文理亡焉”（《荀子·性恶》）。在这里，荀子秉持人性的本质是恶的观点，特别强调“顺是”，即顺着人的本性发展的必然结果。由于每个人都“好利而恶害”，顺着这种本性，必然发生“争夺”、“残贼”、“淫乱”等现象，从而导致社会的混乱。因此，人性不能谓之善而应谓之恶。荀子认为教化是改造人性最重要的方法，主张“化性起伪”，即通过礼义法度改造人的本性，使人性向善。

比较孟子的性善论和荀子的性恶论，就会发现虽然二者形式上是对立，但在许多地方却是相同的，即主张所有人的人性都是相同的——或皆善或皆恶，以及人性生成的先天说与后天说。性善论认为人性本善，恶是后天环境污染的结果，性恶论认为人性本恶，善是后天教化习染的结果。就人性论实质而言，都是了论述礼义教化的合理性，旨在确立和巩固伦理秩序。在《路德维希·费尔巴哈和德国古典哲学的终结》中，恩格斯批评了费尔巴哈宣扬抽象人性善的片面和肤浅，肯定了黑格尔在善恶对立研究上的功绩。恩格斯摘引了黑格尔的一段话：“有人以为，当他说人的本性是善的这句话时，是说出了一种很伟大的思想；但是他忘记了，当人们说人本性是恶的这句话时，是说出了一种更伟大得多的思想。”对此，恩格斯给予了肯定的评述：“在黑格尔那里，恶是历史发展的动力的表现形式。”① 从历史是人活动的结果看，人性的善与恶，都推动着历史的发展。

以性善论假设为哲学基础的逻辑起点是“从善”，以肯定方式把握“善”，主张“存心养性”，知耻修身。以性恶论假设为哲学基础的逻辑起点是“驱恶”，以否定方式把握“善”，主张“化性起伪”，抑恶扬善。无论是“从善”，抑或“驱恶”，旨在培养仁、义、礼、智的道德人格，以维护当时的社会伦常秩序。传统耻感伦理的本体论、认识论、价值论和方法论等问题都是以人性论为基础，或者说是在人性论统率下的从属问题。

（二）“羞恶之心”：传统耻感伦理的本体论

本体论问题是传统耻感伦理理论体系展开的基点。在中国哲学中，

---

① 《马克思恩格斯文集》第 4 卷，人民出版社 2009 年版，第 291 页。

本体论探究的是关于天地万物生成、存在、发展、变化的根本原因与依据的问题。以此推及，传统耻感伦理的本体论探究的是关于耻感伦理的生成、存在、发展变化的根本原因问题，换而言之，就是关于对耻感伦理本质的认识问题。古代先哲们基于人性论的视角，从类概念的层面，界分人与动物，视耻感为人之固有的本质属性，以此来论证人性的善恶。

在传统耻感伦理理论体系中，本体论问题是与人性论的哲学基础有着密切的关联。虽然古代先哲们对耻感伦理有过许多论说，但很少从本体论层面来论述，即便孔子，也莫过如此，这与中国哲学的重“人道”轻“天道”的传统有关。“严格地说，孔子还不是一个哲学家。宇宙从何而来？这样的问题，他一句话都没有说过，也许根本没有想过。”[①] 作为中国哲学史上的特殊用语，“天道”与“人道”相对应，对“天”理解不同，“天道”的意义也就完全不同。从现有的史料看，孔子谈论比较多的是“人道”，对“天道”的论述很少，有些甚至模棱两可。“夫子之文章，可得而闻也；夫子之言性与天道，不可得而闻也。”（《论语·公冶长》）正因为如此，“子不语怪、力、乱、神”，也很少谈“性”，只云“性相近也，习相远也”（《论语·阳货》）。在耻感伦理的本体论问题上，孟子提出的“羞恶之心”观点具有理论建构的意义，也可以说奠定了本体论的基础。

关于“天道”的认识，孟子不言有人格的天，但却相信有决定一切的“天命”。“莫之为而为者，天也；莫之致而至者，命也”（《孟子·万章上》），这是他对“天命”的解释。“五百年必有王者兴，其间必有名世者”（《孟子·公孙丑下》），“天与贤，则与贤；天与子，则与子”（《孟子·万章上》），这是他对“天命”决定的认识。孟子的“天命观”在秉承西周时期“敬天保民”思想的基础上，提出“乘势”“待时”“事半功倍”观点，实际上强调了人的主观能力性。“虽有智慧，不如乘势；虽有镃基，不如待时”，只要推行“仁政”，一定会“事半古之人，功必倍之”（《孟子·公孙丑上》）。孟子从“天命观”出发，阐述了人的本性即耻感伦理的本体论问题。孟子认为，“羞恶之心”是

① 孙叔平：《中国哲学史稿》上卷，上海人民出版社 1980 年版，第 65 页。

人存在的根据和内在的规定性，是人不可或缺的要素，否则，人就与禽兽无异，后人的论述均以此为基点而展开。

需要指出的是，孟子所持的性善论之性乃是仁、义、礼、智等道德律，认为这些是天赋的良知与良能。荀子所持的性恶论之性乃是人的生理本能。“生之所以然者谓之性；性之和所生，精合感应，不事而自然谓之性。性之好、恶、喜、怒、哀、乐谓之情。”（《荀子·正名》）虽然在人性论上，荀子与孟子的观点相左，但是关于“羞恶之心”是人的存在依据的认识上却是相同的，都属于自然属性。二者的区别在于性之属于“善”抑或“恶”，孟子认为是先天的，荀子认为是人的本性是恶而非善，善是后天的，因此，主张“化性起伪”，意即用后天“人为”的道德规范和法制去超越人性，促使人性改变而趋善。“故圣人化性而起伪，伪起而生礼义，礼义生而制法度。”（《荀子·性恶》）荀子所言的“人不知羞耻，乃不能成人”与孟子的“无羞恶之心，非人也”相同，都是强调耻感伦理事关人的存在依据，是人之为人之所在。

关于“羞恶之心”，朱熹认为其关涉成为圣贤抑或沦落禽兽的要件。“耻者，吾所固有羞恶之心也，存之则进于圣贤；失之则入于禽兽，故所系甚大”（《四书集注·孟子·尽心章句上》）。陆九渊认为“耻存则心存，耻忘则心忘”（《陆九渊集·杂说》），并对此作了洋洋洒洒地发挥，“夫人之患莫大乎无耻，人而无耻，果何以为人哉？今夫言之无常，行之不轨，既已昭著，乃反睢睢扬扬，饮食暖衣安行而自得，略无愧怍之意，吾不知其与鳞毛羽鬣、山栖水育、牢居野牧者，何以异也。人而至此，果何以为人乎哉？钧是人也，而至于有为圣为贤者，独何为能然哉？人之无耻者，盍亦于是少而致其思乎。‘人不可以无耻’，以此”（《陆九渊集·人不可以无耻》）。在陆九渊看来，耻感是人与禽兽分野的标识，人无耻的原因在于少思。“由‘思’而‘耻’，‘思’‘耻’一体，此为人之存在。”① 显然，精神层面的“思”对人具有本体论意义。

“羞恶之心”提出的意义在于从本体论的层面明确人与动物的界分，把人从自在的野蛮状态跃升至自为的文明状态，成为真正意义的

① 高兆明：《耻感与存在》，《伦理学研究》2006 年第 3 期。

人。“羞恶之心”，既是人之所是，也是人之所有，是传统耻感伦理的本体论依据。

（三）“知耻”“远耻”：传统耻感伦理的认识论

古代的先哲们建构的人性论为人的伦理道德的完善提供了哲学基础。孟子从性善论出发，提出了“人人皆可成为尧舜”的观点，并推出从人性的平等到道德的平等。荀子虽然秉持性恶论，但并没有得出人人皆恶的观点，相反却得出与孟子相同的结论，即“涂之人可以为禹”。可见，二人在追求道德至善的目标上是殊途同归的。

道德完善与人性的关系问题，其实就是人与道德的关系问题。在这个问题上，古代先哲们认为，人是为了道德而非道德为了人，即道德是目的、归宿，人是道德的附庸，这不同于西方的道德为人而设、“人为自然立法”的传统。这种道德至上主义，既可以产生舍生取义的“仁人志士”，也可以制造出殉道理学的“贞洁烈妇”。所以，中国哲学，或者说道德学说，是把道德完善作为建构认识论的旨归，也就是人的道德修养如何达到至臻至善的问题。同理，传统耻感伦理的认识论也是关涉人的道德修养问题，即是关于人对自我或他人的行为与现象以善恶标准进行评价性的认识。对这一问题定下基调的是孔子：“好学近乎知，力行近乎仁，知耻近乎勇”（《礼记·中庸》），“信近于义，言可复也。恭近于礼，远耻辱也（《论语·学而》）。孔子关于“知耻”“远耻”的论说是传统耻感伦理认识论的集中体现。

“知耻”“远耻”指的是不仅要知道什么样的行为、品质与人格是可耻的，而且还要不做和远离任何可能导致可耻的事情。知耻，必须是懂耻，即知道什么为耻，什么为不耻。清廉、正直、死难、谦退、忠节、义烈、诲过、让功、拒贿等都属于知耻，而奢侈、邪佞、专恣、妒贤、徇私、贪污、耽溺、狎昵、辱命等都属于无耻。孔子主张，为人应言行一致，做不到是可耻的事情，“古者言之不出耻躬之不逮也”（《论语·里仁》），“君子耻其言而过其行”（《论语·宪问》）；花言巧语、表里不一也是可耻的事情，“巧言、令色、足恭，左丘明耻之，丘亦耻之。匿怨而友其人，左丘明耻之，丘亦耻之。”（《论语·公冶长》）由于耻感以一种否定性情感体验表达祛恶趋善的，“知”——理性的作用，成为前提，“知者不惑”（《论语·子罕》）。孔子认为，只有具备了“知”的品格，才能明辨事理，不为所惑，从而对耻感之事、之行、之言、之想产生“面有耳赤”的心理情感体验，最终实现“远耻”。“知耻”不是简单易行的，而需要道德意志，所谓“知耻近勇乎”，就是强调“知耻”的勇气与毅力。孔子还认为，在恭、宽、信、敏、惠等五种德目中，“恭”为首，而“恭则不侮”（《论语·阳货》），“不侮”的本真含义是“远耻”。从这个意义上讲，“恭则远耻”（《礼记·表记》）。“知耻”而“远耻”，才能守住伦理的底线，从人的道德修养看，“知耻”“远耻”不仅是德性的起点，也是德性的最高体现，是理想人格的体现与表征。

孟子从人性尊严的角度提出“知耻”的意义，以此强调做人应当有羞耻之心，懂得什么该做，什么不该做。“羞恶之心，义之端也”。人应当耻其无所耻，“人不可以无耻，无耻之耻，无耻矣”（《孟子·尽心上》）。荀子从“知耻”与成人关联的角度，强调人若不知耻，“乃不能成人”。南宋时期的范浚提出“耻为人道之端”的重要论点，认为“知耻”是增进和培养道德的前提，“孟子曰，耻之于人大矣。孟子何大乎耻？夫耻，人道之端也”（《香溪集·耻说》）。朱熹提出，只有耻于不善，才能至于善。陆九渊从为人处事角度强调“知耻”的重要性，“耻存则心存，耻忘则心忘”（《陆九渊集·杂说》）。顾炎武认为，如果人们不知耻，那么整个社会“则祸败乱亡无所不至（《日知录·廉耻》）。而康有为则认为：“人之有所不为，皆赖有耻心，如无耻心，则事不可为矣”（《孟子微·贵耻》卷六）。应该说，这些见解是深刻的，“知耻”表现了人们对丑恶、堕落的憎恶，对美善、进取的向慕，是内心明是非、别善恶的表现。对个人而言，“知耻”是人生的第一要事，对于社会而言则是道德教化的重要任务。

与把“知耻”视为人的德性不同，管仲从治国理政的层面提出了“礼义廉耻，国之四维；四维不张，国乃灭亡”（《管子·牧民》）思想。他把耻与礼、义、廉相提并论，认为耻感的缺失可以导致国家灭亡，视耻感为社会秩序与国家安危的底线。“国有四维，一维绝则倾，二维绝则危，三维绝则覆，四维绝则灭。倾可正也，危可安也，覆可起也，灭不可复错也。何谓四维？一曰礼，二曰义，三曰廉，四曰耻。礼不逾节，义不自进，廉不蔽恶，耻不从枉。故不逾节，则上位安；不自进，则民无巧诈；不蔽恶，则行自全；不从枉，则邪事不生”（《管子·牧民》）。耻的核心在于“从不枉”，“远耻”才能“邪事不生”，才能安国治民。管仲这一思想对后世产生深远的影响，尤其是宋明以降，朱熹、陆九渊、顾炎武、龚自珍、康有为、章太炎等人对这一思想多有拓展。五代时期的冯道，自号为长乐老人，在王朝更迭之际，却官运亨通，历仕后唐、后晋、后汉、后周四朝十君，拜相二十余年，人称官场“不倒翁”。对此，司马光评论道：“礼义，治人之大法；廉耻，立人之大节。况为大臣而无廉耻，天下其有不乱、国家其有不亡者乎！予读冯道《长乐老叙》，见其自述以为荣，其可谓夫廉耻者矣，则天下国家可从而知之也。”（《资治通鉴》卷二百九十一）而顾炎武评曰：

> 《五代史·冯道传论》曰：“礼义廉耻，国之四维；四维不张，国乃灭亡，善乎！管生之能言也，礼义，治人之大法；廉耻，立人之大节，盖不廉则无所不取，不耻则无所不为。人而如此，则祸败乱亡亦无所不至，况为大臣，而无所不取，无所不为，则天下其有不乱，国家其有不亡者乎?”然而四者之中，耻尤为要。故夫子之论士，曰“行己有耻。”《孟子》曰“人不可以无耻，无耻之耻，无耻矣”，又曰“耻之于人大矣，为机变之巧者，无所用耻焉”。所以然者，人之不廉而至于悖礼犯义，其原皆生于无耻也，故士大夫之无耻，是谓国耻（《日知录·卷十三·廉耻》）。

在顾炎武看来，礼义廉耻四者之中，耻是最重要的，因为无耻不仅关涉人格问题，而且还关乎国格问题。

倡导“知耻”“远耻”的意义在于为人们的行为规制了一条伦理底线，逾越了这条底线，那么，人就与禽兽无异了。

（四）“有耻且格”：传统耻感伦理的价值论

作为对于终极意义的探索，价值论是关于价值的性质、构成、标准和评价的学说，主要从主体的需要和客体能否满足以及如何满足主体需要的角度，考察和评价各种物质和精神的现象及人们的行为对个人、阶级、社会的意义。在中国伦理思想史上，没有明确的价值概念，也没有形成系统的价值理论。但是，古代先哲们在探讨人生理想和人的行为评价标准时，常常围绕着义与利、理与欲、志与功等关系进行争论，这些争论同价值问题密切相关，并在不同方面表现出他们的价值观。孔子视“仁”为人生的最高价值追求，其后的主流思想都强调重义轻利、扬理抑欲、重精神轻物质。与之相应，耻感伦理的价值论表现为对人的行为赋予荣辱、善恶等价值评价所涉及的理想诉求。耻感既是他律的，更是自律的，“君子耻其言而过其行”（《论语·宪问》），自律乃是其伦理道德的本性。作为对伦理道德的回应，耻感的基本要求是自律而非他律，是激励而非制裁，旨在引领人们达到止于至善、“有耻且格”的理想诉求。

孔子把耻感伦理的要求扩至社会，视之为维系社会道德的基本保障。“道之以政，齐之以刑，民免而无耻；道之以德，齐之以礼，有耻且格”（《论语·为政》）。执政者治理国家仅靠“道政”与“齐刑”的他律手段是不够的，虽然也可以达到“免而无耻”，但毕竟民众缺乏价值的认同，还须倡导“道德”与“齐礼”的自律方式，才能实现合宜有序“有耻且格”的理想境界。

当然，儒家并不是主张不要刑律，只是强调在“道之以政”和“道之以德”时，应把德置于首位。在儒家看来，道德比刑律更能获得民心，更能够取得持久有效的控制效果。孟子指出：

> 以力假仁者霸，霸必有大国；以德行仁者王，王不待大——汤以七十里，文王以百里。以力服人者，非心服也，力不赡也；以德服人者，中心悦而诚服也，如七十子之服孔子也。《诗》云：“自西自东，自南自北，无思不服。”此之谓也（《孟子·公孙丑上》）。

这种“心服”之功就是德治，即“有耻且格”的价值作用。

荀子进一步发挥了“有耻且格”的思想。他区分了“道德之威”“暴察之威”“狂妄之威”，提出只有“道德之威”，才可以使“百姓贵之如帝，高之如天，亲之如父母，畏之如神明。故赏不用而民劝，罚不用而威行”（《荀子·强国》）。在荀子看来，“道德之威”远胜于“暴察之威”、“狂妄之威”，因为“免而无耻”不如“有耻且格”。魏源也表达过类似看法，“天下有重典而不为酷者，惩一儆百，辟以止辟是也；有最轻之典而人莫敢犯百姓者，有耻且格是也”（《魏默深文集·古微堂外集·军储篇一》）。

汉初在讨论秦亡的原因时，贾谊认为“仁义不施，而攻守之势异也”（《新书·过秦论》）。经过检讨历史，重新认识到“道之以政，齐之以刑，民免而无耻”的缺陷，应该回到“有耻且格”上。当然这并非简单地回归到孔孟主张，而是在对先秦儒家重德轻刑思想审视的基础上，强调德治与法治的互补，这成为之后的传统社会治理的基本主张与手段。

（五）“行己有耻”：传统耻感伦理的方法论

与本体论、认识论、价值论不同，方法论关注的不是“是什么”“为什么”“应该是”，而是“怎么做”的问题，也就是说，给人们提供一整套系统的行为方式。传统耻感伦理的方法论回答的是耻感伦理的修养方式问题。从方法论层面看，修养是传统伦理道德的核心与特有本质，因为任何伦理规范和道德要求最终都要落实到修养层面，否则，就是空中楼阁。

关于耻感伦理的修养方式，孔子提出必须身体力行地做到“行己有耻”。“行己有耻，使于四方，不辱君命，可谓士矣”（《论语·子路》）。孔子认为，“行己有耻”是完善人格的方法，只要秉持耻感之心，就能用耻感来约束自己的行为。因为一个人只有“知耻”，才能“远耻”，最终达到“有耻且格”的境界。那么，如何实现“行己有耻”呢？

对于少数社会精英，“行己有耻”强调的是自我约束的道德自律。孔子提出：“君子求诸己，小人求诸人”（《论语·卫灵公》）。一个人能否成为有德性的人，关键在于个人是否能够努力修养，同时在修养上应要求自己不强求别人，只有严于律己，才能实现“行己有耻”。可以说，荀子继承了这一思想要求，提出君子应内在地具有自我约束的自律意识。“君子耻不修，不耻见污；耻不信，不耻不见信；耻不能，不耻不见用。是以不诱于誉，不恐于诽，率道而行，端然正己，不为物倾侧，夫是之谓诚君子”（《荀子·非十二子》）。这种内在的自律意识构成一种强烈的自我行为的规约与积极进取的向上心。在道德修养问题上，孟子把修身放在首位。“尊德乐义，则可以嚣嚣矣。故士穷不失义，达不离道。穷不失义，故士得己焉；达不离道，故民不失望焉。古之人，得志，泽加于民；不得志，修身见于世。穷则独善其身，达则兼善天下”（《孟子·尽心上》）。不管是否得志，都应该坚持道德修养，不能“兼善天下”，也应“独善其身”，决不能与恶人同流合污，因为这是不耻之行径。一个人是否能成为君子，关键在于是否能“存心”，即保存、养育、培植善良本心。“人之所以异于禽兽者几希，庶民去之，君子存之”（《孟子·离娄下》）、“君子所以异于人者，以其存心也”（《孟子·离娄下》）。在修身问题上，孟子强调“反求诸己”，即通过“养气”和“寡欲”来实现道德自律。后人在此基础上，形成了倡导立志、存养、内省、慎独、正己、践履等通过正己而达到正人的体验感知式的身心修养方式。

对于普罗民众，“行己有耻”强调的是外在规约的社会他律。能够成为圣人、君子、贤人之人毕竟是少数，所以，遵循道德自律的方式只能是社会精英所为。对于绝大多数普通百姓而言，耻感伦理思想的形成必须施以教育和培养，也就是说必须通过社会的他律规约。社会他律就是通过教化方式，使民众知耻明辱、趋荣避辱、近荣远耻。周敦颐认为，人存有羞耻之心方能教育。“必有耻则可教，闻过则可贤”（《通书·幸第八》）。龚自珍认为只有知耻，才能自觉接受教化，“以教之耻为先”（《龚定庵全集类编·明良论二》），才能使人们恢复“廉耻之心”。康有为认为，培养民众的耻感伦理是造就良风美俗的根本之所在。“人之有所不为，皆赖有耻心，如无耻心，则无事不可为矣。风俗之美，在养民知耻。耻者，治教之大端”（《孟子微》卷六）。只有正确认识何为善，方能耻所当耻，才不会造成以耻为荣。在此基础上，他提出耻无志、耻徇俗、耻鄙名、耻懦弱等“四耻品行”。“一耻无志。志于富贵，不志于仁义，可耻也。二耻于循俗。循于风气，不能卓立，可耻也。三耻鄙吝。凡鄙吝者，天性必薄，为富不仁，可耻也，宜拔其根。四耻懦弱。曾子以懦弱为庸人，见义不为，可耻也。”（《长兴学记》）这里，还应看到耻感伦理状况往往取决于自我要求，一个对自我要求甚低的人是难有强烈的羞耻之心。耻感伦理的教化与灌输，必须高标准、严要求，以“不若人”为耻，催人向上。

三 传统耻感伦理的现代转型

传统耻感伦理的形成与发展离不开社会的经济、政治、文化等诸因素，更离不开作为社会主体的人的因素，而其一旦形成之后会对社会产生巨大的反作用。这个反作用不仅内涵了积极的促进因素，而且也包含了消极的阻碍因素。这意味着当下在继承传统耻感伦理中所蕴含的优良传统的同时，也必须对其阻碍社会发展的消极因素予以抛弃。因为“在一切意识形态领域内传统都是一种巨大的保守力量”,[①] 而“传统是一种巨大的阻力，是历史的惯性力”，如果说传统的“观念，都是一定社会内占统治地位的经济关系的近枝或远蔓，那么，这些观念终究不能抵抗因这种经济关系的完全改变所产生的影响。除非我们相信超自然的奇迹”。[②] 这表明，社会发展必须促使传统耻感伦理进行现代转型，而现代转型其实就是传统耻感伦理的现代性。生存于其中、并构成于人们所理解背景和生存境遇的传统耻感伦理与现代社会之间存在着一种张力，而现代转型就是要消弭或化解这种张力，使其具有现代性。

（一）思想基础的现代转型

思想基础的现代转型指的是从“三纲五常”的伦理纲常转变到社会主义核心价值观。

作为宗法等级制度的产物，“三纲五常”是封建社会的伦理道德体系的核心。其形成和定型具有历史必然性，大体上说，孕育于先秦而成熟于两汉，是孔孟倡导的“亲亲”“尊尊”“贤贤”等伦理道德观念经过阴阳说、天道观等思想洗礼后的产物。

《春秋左传·昭公二十六年》记载了晏子论礼的一段话：

---

① 《马克思恩格斯文集》第 4 卷，人民出版社 2009 年版，第 312 页。

② 《马克思恩格斯文集》第 3 卷，人民出版社 2009 年版，第 521 页。

> 君令臣共，父慈子孝，兄爱弟敬，夫和妻柔，姑慈妇听，礼也。君令而不违，臣共而不贰，父慈而教，子孝而箴；兄爱而友，弟敬而顺；夫和而义，妻柔而正；姑慈而从，妇听而婉：礼之善物也。

这一段实际上已经隐含了“君为臣纲，父为子纲，夫为妻纲”。对此，孔子将之明确为“君君、臣臣、父父、子子”（《论语·颜渊》），其意在维护君臣父子上下尊卑秩序。孟子提出“君臣有义，父子有亲，夫妇有别，长幼有序，朋友有信”（《孟子· 滕文公》）的“五伦”思想，强调仁、义、礼、智，把这四者与人性善组建一个系列，这四善端是人心所内在固有的。韩非提出：“臣事君，子事父，妻事夫。三者顺则天下治，三者逆则天下乱，此天下之常道也”（《韩非子·忠孝》）。韩非的“三者”说虽无“三纲”之名，却有“三纲”之实。法家虽然与儒家学说上存在差别，但在为君主专制主义理论设计上却高度的契合。秦王朝的迅速灭亡，表明了君主专制理论存有缺陷。

虽然汉承秦制，但在思想理论上却总结“秦所以失天下，吾所以得之”（《史记·郦生陆贾列传》），以当时经济形势的要求，把以主张“无为”黄老思想作为统治的政治理论。汉武帝时，为了进一步加强和巩固封建统治政权，“三纲五常”理论应运而生。董仲舒把君臣、父子、夫妇三种政治伦理关系纳入了“阳尊阴卑”的思想构架之中。“君臣父子夫妇之义，皆取诸阴阳之道”（《春秋繁露·基义》），“王道之三纲，可求于天”（《春秋繁露·基义》）。在他看来，作为“阴”的臣、子、妇必须屈从于作为阳的君、父、夫之道。为此，明确提出把仁、义、礼、智、信规定为“五常之道”。“夫仁谊礼智信五常之道，王者所当修饬也”（《汉书·董仲舒传》）。董仲舒认为，作为“王道”的“三纲”和“五常”均为天意，是永恒的自然法则，“道之大原出于天，天不变，道亦不变”（《汉书·董仲舒传》）。

东汉章帝时，召开了白虎观会议，会后班固根据旨意整理编撰了相当于“国宪”性质的《白虎通德论》（即又称《白虎通义》，简称《白虎通》），对伦理纲常名教作了更为具体完备的规定。“三纲者，何谓也，谓君臣、父子、夫妇也。六纪者，谓诸父、兄弟、族人、诸舅、师长、朋友也。故《含文嘉》曰：‘君为臣纲，父为子纲，夫为妻纲。’……何为纲纪？纲者，张也。纪者，理也。大者为纲，小者为纪。所以张理上下，整齐人道也。人皆怀五常之性，有亲爱之心，是以纲纪为化，若罗网之有纪纲而万目张也”（《白虎通·三纲六纪》）。从此“三纲”、“五常”正式列入国家法典，得到强化。东汉后期的经学大师马融在其《论语注》一书中，对《论语·为政》篇的“子曰：殷因于夏礼，所损益可知也。周因于殷礼，所损益可知也”句注释为：“所因，谓三纲五常；所损益，谓文质三统。”这是首次把“三纲”“五常”连称，意味着作为伦理纲纪和处理这种纲纪的道德原则合体，成为一个完整的政治伦理道德体系。

隋唐时期，“三纲五常”的提法普遍起来。隋朝的王通提出：“子之家六经毕备，朝服祭器不假。曰：三纲五常自可出也”（《文中子·王道》）。后来，朱熹也把“三纲五常”相提并论：“三纲五常，礼之大体，三代相继，皆因炎而不能变”（《四书集注·论语章句·为政》）。“所谓损益者，亦是要挟持三纲五常而已”（《朱子语类》卷二十四）。此后，“三纲五常”成为封建社会伦理道德体系的核心概念。

纵观历代统治者都视“三纲五常”为治世的道德圭臬。无论是“三纲”，抑或是“五常”，不仅具有一般伦理道德的含义，而且更是王者之规范，归根到底是为维护封建专制社会的尊卑等级秩序服务的，尤其是汉代以后逐渐走向绝对化、神圣化、普遍化，到了封建社会后期成为制约社会发展的桎梏。今天“三纲五常”虽然已经失去了对社会的影响力，但是应该看到这个幽灵，专制主义的幽灵，仍然在上空徘徊，时不时地影响着人们的思想和行为。在对待传统耻感伦理的问题上，必须对作为其思想基础的“三纲五常”予以批判。然而，在对“三纲五常”的认识，必须区别对待，因为二者的含义、影响、历史价值和现实意义都不同。

“三纲”是传统社会的基本道德原则，反映的是传统社会君臣、父子、夫妇等人伦关系。为臣、为子、为妻必须绝对服从于君、父、夫，而为君、为父、为夫则必须向臣、子、妻作出表率。君臣、父子、夫妻之间已经不再是普通、平等的人伦关系，在君、父、夫面前，臣、子、妻失去了独立的人格，异化为尊卑关系和从属依附关系。从历史发展看，“三纲”概括了传统社会宗法血缘关系，体现了封建专制统治的本质，虽然对传统社会伦理道德起着支柱作用，但毕竟奴化人性、扭曲人格、维系贵贱等级和稳定封建秩序。随着时代发展和社会变迁，其产生的历史条件和社会基础已荡然无存，必须予以彻底地否定。

“五常”作为处理传统社会日常生活的基本道德规范，既以“三纲”为依据，又是对其补充，反映的是调整和规范君臣、父子、兄弟、夫妇、朋友等人伦关系的行为准则。也就是说，“五常”乃是对个人品德的要求与规范，是“三纲”在伦理道德层面的升华，为传统文化的赓续、拓展和社会稳定提供了强有力的支持。

若仅从一般伦理道德层面看，“五常”仍不失为美德范畴，内涵了诸多积极因素，必须予以充分地认可与应有的重视。“仁”，即爱人，指“不忍人之心”“生生之心”，体现了人与人之间相互扶持、相互依赖的关系，反映了人世间最基本的社会关系和人类生存的基本要求；“义”，即宜，指在处理人际关系和道德利益时应该采取适宜、恰当之行为，在处理人与社会关系时，应从道义出发，摒弃私利、见利思义；“礼”作社会规范秩序体系，既是封建宗法制度，也是人们普遍遵守的行为规范，前者应以抛弃，后者应以继承；“智”是明是非、辨善恶，要求既能知人，也应有自知之明；“信”本意是与“忠”相通，也指诚信不欺，践守诺言。作为传统社会规范和协调伦常关系的行为准则，“五常”涵盖了传统社会的基本关系，在一定程度上也可视传统耻感伦理的基本德目，为现代耻感伦理的德目构建提供标本意义。现代社会的关系复杂，耻感伦理的含量也更为丰富，可以说是一个复杂的体系。从道德心理机制层面看，耻感伦理涵盖了羞耻、荣辱、良心、自律、自尊等德目。从所涉及关系的类别层面看，还可分为两个方面：在公共领域的社会关系方面，涵盖了爱国、敬业、守法、正义等德目；在非公共领域的人际关系方面，涵盖了诚信、友善、责任、廉洁等德目。现代耻感伦理是以社会主义核心价值观为思想基础的，中国共产党十八大报告从国家、社会和公民三个层面提炼和概括社会主义核心价值观为富强、民主、文明、和谐，自由、平等、公正、法治，爱国、敬业、诚信、友善。虽然这是一个开放性的表述，还有继续扩充与发展的空间，但仍可以看到现代耻感伦理的德目与之存在有着内在的关联。

对待传统耻感伦理思想基础的现代转型问题上，既不能割断历史，也不能厚此薄彼，而是应采取古为今用的态度，去其糟粕，取其精华，立足现实，发展创新。

（二）基本属性的现代转型

基本属性的现代转型指的是在底线伦理与德性伦理的基础上，从私域伦理转变为私域伦理与公域伦理。

传统耻感伦理既是底线伦理，又是德性伦理。底线伦理属于低度的道德共识，是维系社会价值的道德底线和人之为人的根本。管仲曾把耻与礼、义、廉相并列，旨在强调耻感对社会治理的道德底线作用。孟子把“羞恶之心”视为人之为人的道德承受的最后防线，这些都是关于从底线伦理维度对耻感伦理的认识。德性伦理是从人的内在道德品质出发，强调要通过主体的内在自觉达到对更高伦理价值——个体的善、良心、德性等品德的追求与完善，也就是说其关注的是成为一个什么样的人的问题。“行己有耻，使于四方，不辱君命，可谓士矣”（《论语·子路》），倡导要用耻感来约束自身行为。“道之以政，齐之以刑，民免而无耻；道之以德，齐之以礼，有耻且格”（《论语·为政》），明确耻感对于治国理政的意义。“好学近乎知，力行近乎仁，知耻近乎勇”（《礼记·中庸》），定义勇的要义是知耻。在传统耻感伦理体系中，“有耻”“知耻”“远耻”是人的德性表征和治国理政的道德基础，也就是说，耻感是德性的起点与最高体现。无论是传统社会，还是现代社会，耻感伦理都应是底线伦理与德性伦理的统一，这是传统耻感伦理现代转型的一个基点。

人是一种社会动物，人的社会生活乃是一种“类生活”。作为类的存在，人的社会活动领域可以界分为公共领域与私人领域。一般说来，社会人群的结合有血缘、地缘、业缘三种方式。血缘即家庭亲戚，地缘主要是乡里邻党，业缘则是同行结合。血缘的结合是人类历史上最古老、最自然的结合方式。历史上社会制度和社会组织的变迁有其与众不同的特点，从而造就了血缘关系、地缘关系在社会组织生活中极其突出的重要性。中国在由原始社会向奴隶社会过渡的过程中，氏族关系没有彻底解体，血缘机制得以保留。社会制度逐步从家庭奴隶制发展成为宗族奴隶制，形成“家国同构”的格局，即家族是家庭的扩大，国家则是家族的扩大和延伸。在“家国同构”的格局下，家是小国，国是大家，对于家庭、家族，父亲的家长地位至尊，权力至大，对于国家，君王的地位至尊，权力至大。在以宗法血缘组织为基础的宗法社会里，个人的生活既是私人生活，也是公共生活，二者的外延基本上是重叠的，个人的利益既是私人利益，也是整体利益，二者的边界也基本上是一致的，人的社会交往不外乎是君臣、父子、兄弟、夫妇、朋友之间的五伦关系。在这样的情况下，个人的活动领域是不可能分裂出私域与公域，严格意义上说都应属于私域，所以，传统耻感伦理应属于私域伦理范畴。

当社会步入到了现代，传统社会的宗法关系已经解体，社会关系变得更为复杂。社会关系的存在形态由静态转变为动态，社会交往的方向与选择由垂直转变为水平，交往的密切程度由亲密转变为疏远。与传统社会相比照，现代社会是一个公共化的社会，人的社会生活更加丰富而多样，人的社会交往更加广泛而复杂，人的社会生活分裂为私人与公共两个不同的活动领域。现代耻感伦理理应观照到这两个领域所涉及的耻感现象问题，所以，也应属于私域伦理与公域伦理的范畴。这就对传统耻感伦理提出了新的要求，必须从私域伦理转变为私域伦理与公域伦理的统一。从公域伦理层面看，耻感伦理是处理公共领域中社会关系所应遵循的基本的、起码的道德要求，是社会的文明尺度；从私域伦理层面看，是处理私人领域里人伦关系所应遵循的基本的、起码的道德要求，是人的德性标识。

（三）修养方式的现代转型

修养方式的现代转型指的是从自我约束的道德自律转变为注重道德自律与制度建设相结合的统一。

传统社会是封闭的、同质化社会，在宗法制度和血缘关系笼罩下，个人从属、依附于家庭与国家。从修养内容看，耻感伦理立足于修身养性，并以此为基点实现“齐家、治国、平天下”的价值抱负。应指出的是，修身养性并不是要造就一种独立人格和自由理性精神，而是强调个体对家国一体社会结构下族权和君权的绝对臣服。由于传统社会的人与社会尚未分化，风俗习惯、社会舆论和刑罚规制等社会他律通过教化方式，成为日常生活的伦理要求与道德规范。其实，他律的教化方式最终是通过自律得以实现的。耻感最终是要落实于心，自觉耻辱，化于行。所以，从修养方式看，耻感伦理是以内省、慎独、内修等为主要形式的道德自律，这实际上是基于私人生活领域的“向内用功”“省察克治”的心性求索，“具有强烈的依附性、内生性和精英性的文化特质”。[①]

市场经济打破了人身依附的自然关系，使人对人的依赖、依附转变为人对物、对自己劳动成果的依赖、依存。与之相对应，现代社会则是开放的、异质化社会，追求个性张扬、人格独立和自由理性精神，具有依附性、内生性和精英性等文化特质的道德自律修养方式遭遇挑战，迫使传统耻感伦理的修养方式现代转型。异质化社会是法治社会和多元社会，个体从相对狭窄封闭的私人领域走向宽阔开放的公共领域，耻感伦理的修养方式必须注重道德自律与社会他律的统一。从道德自律看，构建与异质化社会相适应的道德规范，对个体进行正确的引导和教育，明荣知耻，使个体从“免而无耻”走向“有耻且格”。从社会他律[②]看，加强制度建设。马克思指出：“既然人是从感性世界和感性世界的经验中获得一切知识、感觉等等的，那就必须这样安排世界，使人在其中能体验到真正合乎人性的东西，使他常常体验到自己是人。”[③] 在耻感伦理的修养方式上，必须加强制度建设，尤其是法制规范建设。因为法制规范建设可以弥补道德自律的不足，通过外在的控制迫使个体知耻、弃耻、抑耻和远耻。通过道德自律与制度建设的结合，造就符合耻感伦理要求的社会环境，明荣知耻，提升道德境界。

---

① 李兰芬：《论中国社会转型中的道德修养》，《道德与文明》2009 年第 1 期。

② 他律在传统社会和现代社会是有差异的，虽然都是指社会的强制性规定，但传统社会的他律主要凭借风俗习惯、社会舆论等手段，法律规范居次要地位，而现代社会的他律主要是强调制度作用，法律规范居主要地位。

③ 《马克思恩格斯文集》第 1 卷，人民出版社 2009 年版，第 334—335 页。

四　传统耻感伦理的当代价值

在历史的长河发展中，传统耻感伦理对伦理道德建设和人格修养起着非常重要的作用。当下经过理论与实践的双重批判，仍然可以从中挖掘出其所蕴含的积极的伦理思想与普世性的价值理念，为社会主义核心价值观的培育与践行提供丰富的文化资源。

建立在传统文化深厚基础之上的社会主义核心价值观带有鲜明的民族特色和历史印记。核心价值观是指体现社会成员的根本利益、反映其价值诉求，对社会变革与进步起维系和推动作用的思想观念，道德标准和价值取向。核心价值观离不开一定的社会生产方式、生活方式及其对社会意识形态与思想道德层面的基本要求。核心价值观的提炼、培育乃至践行也不能割裂历史，因为核心价值观必然作为文化传统融入社会成员生活的方方面面。任何一个民族都不能割裂自己的历史和文化传统，更无法割裂传统价值观的影响。积极培育和践行社会主义核心价值观，必须坚持价值观这一民族性和历史性的本质特征，最大限度地彰显出中华民族的优秀文化品格、民族精神和历史传统。而传统耻感伦理所蕴含的思想内容则体现了中华民族的优秀文化品格、民族精神和历史传统，并为培育和践行社会主义核心价值观注入了文化基因。

就理论内容来说，社会主义核心价值观具有伦理道德性质。黑格尔指出："善与恶是不可分割的，其所以不可分割就在于概念使自己成为对象，而作为对象，它就直接具有差别这种规定。……恶也同善一样，都是导源于意志的，而意志在它的概念中既是善的又是恶的。"① 这表明，作为一个完整的概念，道德意志是通过善恶两个环节形成的，只有在对善恶扬弃的基础上，才能形成道德良心，从而确立真正的道德信仰。社会主义核心价值观是对善的愉悦体验表达的，但其却内在地蕴含了对恶的痛苦体验的"耻感"，是一个完整的概念体系。也就是说，对恶的痛苦体验的"耻感"——社会主义的耻感伦理，是社会主义核心价

① ［德］黑格尔：《法哲学原理》，范杨、张企泰译，商务印书馆 1961 年版，第 144—145 页。

值观的内容表征。所以，社会主义核心价值观的培育和践行内涵了对社会主义耻感伦理的培育与践行。

由于与社会主义耻感伦理存在一种历史的、逻辑的关联，传统耻感伦理的当代价值主要表现为是通过培育和践行社会主义核心价值观来影响社会的，具体表现为以下三个方面。

（一）有助于塑造良好的个人品德

耻感伦理是底线伦理，知耻不仅是“立人之大节”，而且还是“治世之大端”。“知耻”与个人、国家、民族紧密相连。一个人“知耻”，就会给自己划定行为的界限，一个人“远耻”，就会有所为而有所不为。耻感意识一旦在人的内心中生成，对无耻之行径就会因惧怕谴责而产生羞耻感。每个人只有具备了这种内在的道德约束机制，才能自重、自尊、自爱。从这个意义上说，耻感伦理成为抵御诱惑的道德堤坝。在现实生活中，如何面对各种无处不在的物质和金钱的诱惑，取“合义之利”、弃“不义之利”的思想提供了很好的方法论借鉴。荀子提出：“荣辱之大分在于义”，“由义为荣，背义为辱”（《荀子·荣辱》）。这里的“义”就是人应有的品德。他还把“荣”分为势荣与义荣。势荣是“爵列尊、贡禄厚、形势胜”（《荀子·荣辱》），义荣是“志意修、德行厚、知虑明”（《荀子·荣辱》）。在荀子看来，势荣并非真正的“荣”，因为官位、财富、势力既可以世袭，也可以不择手段获取。义荣是真正的“荣”，即做人应有坚强的意志品质、良好的德性修养、理性的处世态度。传统耻感伦理的“荣辱”指的是“义荣”与“义辱”，即道德方面的荣辱。“不义而富且贵，于我如浮云”（《论语·述而》）。“富与贵，是人所欲也；不以其道得之，不处也。贫与贱，是人之所恶也；不以其道得之，不去也。君子去仁，恶乎成名？君子无终食之间违仁，造次必于是，颠沛必于是”（《论语·里仁》）。在孔子看来，“义”与“道”是取舍富贵贫贱的标准。面对财富与地位，人人都渴望得之，但评判的一个重要标准就是看他以怎样的手段和途径获取。可见，有了“羞耻之心”，就能“知耻”“远耻”，就能正确区分“义”与“道”，就能守住做人的底线，抵制形形色色的诱惑，就能“富贵不能淫，贫贱不能移，威武不能屈”，就能做一个正直的人、一个纯粹的人、一个脱离低级趣味的人。

（二）有助于构建美满的家庭关系

家庭是人类社会生活的基础组织形式，为人们的生存提供了最基本的环境，也为人的社会化创造最基本的条件。家庭是引导个人走上社会的桥梁，是个人与社会的中介。家庭的状况不但会影响个人的生活和成长，而且还关系到社会的经济发展和安定团结。传统耻感伦理是构建和谐家庭关系的重要文化资源。在家庭关系上，儒家文化特别重视“孝悌”，视之为“为仁之本”。在夫妻关系上，主张互敬互爱、坦信忠诚，以恃强凌弱、见异思迁为耻。在父子关系上，主张不仅在以物质上的抚助，而且还要以精神上的教化。当今社会的家庭道德上出现了困境，由代内关系和代际关系所引发的矛盾非常突出，影响了家庭和谐和社会稳定。在家庭道德建设上，应通过知耻修身、知耻来赡养父母、爱护兄弟、尊重妇女、养育子女，才能正确对待和处理家庭问题，共同培养和发展夫妻爱情、长幼亲情、邻里友情，这些都是构建和谐家庭关系的要件。“父子笃，兄弟睦，夫妇和，家之肥也”（《礼记·礼运》）。这也就是“家和万事兴”的意思。和睦是古人齐家的最高目标。为了达到家庭稳定，必须做到夫妻相敬、父慈子孝、兄爱弟悌、勤俭持家、邻里相安，家庭成员必须相互忍让、团结互助，共同建立美满幸福的家庭。这也符合《公民道德建设实施纲要》倡导的“尊老爱幼，男女平等、夫妻和睦、勤俭待家、邻里团结”的要求。

（三）有助于营造和谐的社会环境

环境影响人、环境塑造人。王阳明曾说：“天下之患，莫大于风俗之颓靡而不觉……古人善治天下者，未尝不以风俗为首务”（《王阳明全文集·悟真录之三》）。“风者，气也；俗者，习也”。在现代的语境下，风俗就是社会风气，指的是社会的一种文化现象，表现为人们趋同一致的价值取向、思维方式和行为方式，人们对此自然而然、习以为常，成为惯例。既成一种社会风气，也就不是个别人的德性和德行，也不是个别人的行为方式，而是一种已经为许多人，甚至是大多数人所默认、所遵循的行为方式。“不令而自行，不禁而自止”。社会转型下的中国，价值的多元化，自由选择的多样化，使得主流价值观逐渐被消解，核心价值观缺位，人们的伦理道德观念受到猛烈冲击，社会环境遭受严重“污染”：唯利无义，见利忘义，出现了以财富之多寡、官位之有无、名气之大小、消费之高低，区分人的社会身份之贵贱的倾向；出现“唯富为荣”“唯贵为荣”“唯名为荣”“唯奢为荣”现象，只求“势荣”，不讲“义荣”“义辱”，从而造成了荣辱颠倒，以耻为荣的现象。因此，营造一个“养民知耻”的社会环境迫在眉睫。“君子耻其言而过其行”（《论语·宪问》），“行己有耻，使于四方，不辱君命”（《论语·子路》），“民无廉耻不可治也；非修礼义，廉耻不立”（《淮南子·泰族训》），“礼义，治人之大法，廉耻，立人之大节，盖不廉则无所不取，不耻则无所不为。人而如此，则祝败乱亡，亦无所不至”（《日知录·廉耻》），“人之有所不为，皆赖有耻心，如无耻心，则无事不可为矣。风俗之美，在于养民知耻。耻者，治教之大端”（《孟子微》卷六），等等。传统耻感伦理的这些思想有助于形成知荣弃耻，褒荣贬耻、扬荣抑耻的良好社会风气。

第三章

社会转型下耻感伦理的现代境遇

就本质而言，社会转型是与以人的发展为最终目的的经济发展和社会进步相一致的。但也应该看到，转型对于社会的影响已经触及历史和现实的深处，它带来的影响使得整个社会的价值选择呈现多样化，诸多“无耻”现象不断挑战社会底线伦理，耻感伦理遭遇前所未有的困境。全面、客观地分析和评估社会转型下耻感伦理的现代境遇，成为摆在人们面前亟待解决的一项重大课题。

一　社会转型下耻感伦理状况的调研报告

面对社会转型下耻感伦理种种变化的“实然”状况，仅凭理论阐述是远远不够的，因为这不仅触摸不到现实生活中纷繁复杂的变化，而且更感受不到形而上层面的“应然”与耻感伦理真实境遇的“实然”之间的差距。所以，还需要通过实证方法，即调查研究来体验和感知纷繁的耻感伦理现象，从而把握、揭示和甄别“实然”的耻感伦理现象背后中的本质。当然，这并不是说实证研究就不需要理论支撑与阐述，恰恰相反，只能借助于理论的引领，并以此为基础，才能在大数据时代下不至于迷失方向。

（一）解释框架

改革开放以来，中国经济每年以10%以上的速度增长，到2010年GDP总量超越日本成为世界第二大经济体，2014年破10万亿，达到103611亿美元。国家力量的增长自然能够增加人们的自豪感和自信心。

但也应该看到，个人力量的增长却远远落后于国家的力量，中国人均GDP仅为日本的1/10、美国的1/11，2014年人均GDP虽然上升至7575美元，但排名仍在世界90名左右。个人力量的增长幅度和速度的不匹配，使购房、子女养育、家庭养老负担、职场工作压力、贫富差距等问题随之而来，人们无法从心底真正感受到幸福，相反却带来了个人力量的危机感。

幸福是一种主观感受而非客观数字，每个人、每个地区、每个国家对幸福的理解不同，不可能成为国家或地区经济状况的有效指标。从人类社会发展的历史长河看，幸福度与GDP增长应该成正比关系，随着GDP增长，收入增加，生活质量也就相应提高。但是，在社会转型这个特定时期，恰好相反，生活水平提高的同时，人们的幸福感却在下降。

幸福感既是对生活的客观条件和所处状态的一种事实判断，又是对于生活的主观意义和满足程度的一种价值判断。作为在生活满意度基础上的一种积极心理体验，幸福感主要来自于人们所处的生存状况、生活质量、价值观念、教育程度、民主权利、参与机会、个性特征、人际关系和未来预期等等。其中，安全感是人的最重要的幸福感之一。马斯洛的需求层次论认为，安全感是人在解决温饱之后最重要的心理感受，是幸福感的心理基础。对每个人来说，安全感涉及生活的方方面面，既包括社会治安、社会保障、公共安全等宏观方面，也包括食品安全、饮用水质量、身心健康等微观层面的需求。安全感之于人们，不仅意味着免受伤害，感受到较少威胁，也要求在不安中得到相应的保护。就此而言，安全感应来源于一个有强烈责任感的政府。政府承担了多大的责任，人们就有多大的安全感。所以，人们常常会把幸福感与政府联结起来。樊浩主持的国家哲学社会科学基金重大招标课题“构建社会主义和谐社会进程中的思想道德与和谐伦理的理论与实践研究”的调研数据显示，人们对改革开放的主要忧虑居前两位的选项分别是“分配不公，导致两极分化：38.2%”，“干部腐败：33.8%”，伦理道德方面最不满意的群体（多项选择）分别是“政府官员74.8%，演艺娱乐圈48.6%，企业家33.7%”。[①] 这些鲜活的数据背后表露出的信息意味着社会转型

① 樊浩等：《中国伦理道德报告》，中国社会科学出版社2012年版，第4页。

下人们对政府信任的缺乏关键在于政府官员的腐败愈演愈烈。不管这是一种客观事实，抑或是一种主观感受，毕竟是一种真实的存在，不能简单地理解为一般的社会心态问题，相反却映衬了社会伦理的危机。“干部腐败和分配不公，绝不只是一般意义上的干部道德和分配制度问题，它们从根本上动摇甚至颠覆了现代社会的伦理基础，使社会的现实伦理存在成为虚无，干部腐败使国家权力成为‘少数人的战利品’，从而丧失公共性；分配不公使‘为自己劳动也就是为他人劳动’的财富普遍性消解。两大问题的严重存在，使当今社会陷入深重的伦理信任与伦理信念危机，瓦解了社会的伦理实体性和伦理聚合力。”① 社会转型下幸福感危机的背后隐含的是社会伦理的危机，政府官员腐败问题应该成为社会转型下耻感伦理研究的一个主要观测点。

市场经济是法治经济，更是信用经济。诚实守信不仅是人与人、人与社会关系的基础性道德规范，而且也是市场经济的道德底线和基础性行为准则。市场经济越发展，诚信就越重要。虽然诚信是全社会的问题，但与之最密切的却是企业。作为社会的风向标，企业是市场经济最重要的主体，企业的经济活动牵涉整个社会经济活动中最重要的方面。企业的诚信缺失关涉方方面面，对社会影响非常重大。企业诚信问题理应是社会转型下耻感伦理研究的一个主要观测点。

本质上，社会公德是社会实践活动中一个国家、民族或群体长时期积淀下来的道德准则、文化观念和思想传统。它调节的只是在公共场所中行为主体与其偶然的勾连，而且不一定有直接利害关系的“一般”②的伦理关系，其水平的高低直接影响社会风气的良性发展与社会凝聚力的增强。社会公德不是崇高的道德要求，仅是最起码的道德要求，是一种道德底线，无论社会稳定，抑或社会发展，都需要人们对社会公德的遵循与维护。而引起社会公德关注的莫过于公共道德事件的发生，因它考量着社会文明程度与耻感意识。无疑，社会转型下频频发生触及社会底线伦理事件，使社会公德应成为耻感伦理问题的另一个主要观测点。

综上所述，应把政府官员腐败、企业诚信缺失、社会公德作为社会

① 樊浩等：《中国伦理道德报告》，中国社会科学出版社 2012 年版，第 4 页。

② 这里的“一般”可以是陌生人，也可以是公共生活资源和社会组织系统的管理者。

转型下耻感伦理现象的主要调查观测点。

（二）调查概况

2013 年 7—8 月期间，课题组在浙江、安徽、广西和云南等地发放问卷 700 份，其中，浙江发放 400 份，其他三个省各发放 100 份，获得有效样本卷 631 份，有效回收率为 90.14%。

调查对象男女比例大致相当，主要是公务员和事业单位工作人员、国企工作人员、民营企业家、个体从业人员、服务性工作人员、农民工和农民、军人和警察、中介组织从业人员、大学生等九类群体，其中比例分别为 17.7%、9%、7.2%、12.5%、14.6%、12.8%、5.6%、7.3%和 13.3%。

调查对象确定为 18 周岁以上的中国公民，具体数据为：18—20 岁年龄组 15.4%，21—30 岁年龄组 23.5%，31—40 岁年龄组 25.8%，41—50 岁年龄组 21.7%，51 岁以上年龄组 13.6%。

调查内容有：（1）耻感伦理状况，涉及改革开放前后两个时期的比较以及对当前的认识；（2）政府官员腐败问题；（3）诚信问题，涉及企业与个人；（4）公共场所中个人耻感伦理的倾向与选择；（5）媒体与社会道德事件的关系。

（三）调查结果

1. 社会转型下耻感伦理状况

与改革开放前 30 年相比，耻感伦理存在倒退现象。从对改革开放前后时期耻感伦理状况的整体性比较看，在“提高了”“没有变化”“降低了”三个选项中，只有 27.42% 的人认为是“提高了”，而 28.37% 的人认为是“没有变化”，44.22% 的人则认为是“降低了”。认为“没有变化”和“降低了”两个选项之和达到 72.58%。“仓廪实而知礼节”，但这组数据却表明人们的道德水平并没有与经济发展的水平和速度同步增长，相反出现“物的世界的增值同人的世界的贬值成正比”① 现象，引发这种现象的原因值得深思。

① 《马克思恩格斯文集》第 1 卷，人民出版社 2009 年版，第 156 页。

耻感伦理倒退引发的后果不容乐观。从社会转型下耻感伦理降低所导致的严重后果看，在“社会秩序混乱，最终会导致社会解体”“缺少人情味，人变得更加冷漠”“这只是个人行为，不会对社会有严重的影响”三个选项中，其数据显示分别是25.2%、55%、19.8%。这表明公共伦理场中人际关系冷漠逐渐成为最突出问题。

耻感伦理整体性评价不高。从社会转型下耻感伦理状况的总体性评价看，“好”“一般”“不太好”“很不好”“说不出来”等五个选项数据分别是4.4%、39.3%、37.1%、11.6%、7.6%。其实，“不太好”“很不好”“说不出来”是属于同一层面的不同表达，三者之和为56.3%。可见，过半的人们对耻感伦理的总体性评价不高，认为问题比较严重。

影响耻感伦理现状的因素是多元的。从“对当前影响耻感伦理现状的因素作一排序”（最多选5个选项）看，认为“道德教育失误”占54.36%，“社会体制不完善”占56.10%，“经济发展相对滞后”占30.27%，“社会价值观多元化”占39.78%，“个体道德意识淡薄”占53.09%，“市场经济影响”占28.68%，“人性自私”占28.84%，“媒体的误导和放大效应”占16.32%，“其他因素”占2.54%。数据显示，位列前五位的因素分别是“社会体制不完善”“道德教育失误”“个体道德意识淡薄”“经济发展相对滞后”“社会价值观多元化”。可见，人们对影响耻感伦理现状的因素主要来自政治、经济和文化三个层面。

2. 政府官员腐败问题

奉公守法、廉洁自律应是政府官员的美德。然而，公众对政府官员的廉洁自律缺乏基本的信任，评价不高。从对当前政府官员腐败现状的判断看，认为“官员整体是好的，腐败的只是一小部分”占35.5%，“大部分腐败，小部分是好的”占38.5%，“腐败的和不腐败的各占一半”占13%，“说不上来”占13%。数据显示只有35.5%的人评价较为积极，对政府官员充满信心。“说不上来”是一种暧昧态度，其潜意识也不认可目前的状况。而“大部分腐败，小部分是好的”“腐败的和不腐败的各占一半”二者之和为51.5%，即超过半数的人对政府官员的廉洁自律非常不满意。樊浩主持的课题调研，认为当前公共伦理场中

52.9%的人视干部腐败为最突出的问题,[①] 这一数据与本调研数据接近。这表明公众对政府官员廉洁评价不高，且认为这是一种可耻的现象。

然而，当政府官员的腐败出自于亲人或朋友圈时，态度则发生明显的改变。只有38%的人认为是“耻辱”，相反40.9%的人认为是“可惜了”，21.1%的人认为是“没有什么大不了的事情”。选择“可惜了”是碍于亲情与友情的缘故态度模棱两可，而选择“没有什么大不了的事情”显然是是非不分。这里，不管是认为“可惜了”，还是“没有什么大不了的事情”，折射了“亲亲相隐”现象，表明在耻感伦理的认知上是非不分。

3. 企业与个人诚信问题

市场经济条件下，诚信不仅仅是一条基本定律，而且还是一项基本道德要求。企业的诚信不仅与其利益相关联，而且还与人们的日常生活密切相连。所以，社会转型下的人们比以往任何一个时期都关注企业的诚信问题。在如何评判企业诚信缺失现象时，只有20.1%的人认为“很正常，因为企业为了追求利润只能牺牲诚信”，而认为是“不对，企业没有诚信就没有未来”的则达到67.5%，同时还有12.4%的人认为在这个问题上“说不清楚”。可见，绝大多数人在企业诚信问题上秉持正确的耻感观。

诚信考试是衡量个人耻感伦理的重要标签。从对考试有机会作弊而且又不会被抓住的情况下其态度和行为的选择看，选择作弊的只占33.4%，选择不作弊的则有66.6%。而因作弊被抓，认为“羞愧”的占62.8%，“算我倒霉”的占24.9%，“没有什么大不了的事情”的占12.4%。这组数据与前一组数据基本吻合。当然意愿和行为之间还是存在一定的差距的，但意愿毕竟反映伦理选择与趋势，这说明在诚信考试问题上大多数人耻感意识鲜明。

4. 公共场所中个人耻感伦理选择

公共安全和秩序是一切公共活动的前提与基础。本次调查设计了一组题目，旨在通过人们维护公共秩序的态度和行为的选择考察其耻感伦

---

① 樊浩，等:《中国伦理道德报告》，中国社会科学出版社2012年版，第14页。

理状况。

题目一："当你在路上遇到陌生人需要帮助时，是否会有多一事不如少一事的想法?"选择"经常会有"占18.4%，选择"偶尔会有"占60.5%，选择"从没有过"占21.1%。

题目二："对于那些见死不救的，你的态度是?"选择"强烈谴责"占36.3%，选择"表示理解"占36.3%，选择"那是他们的事情，与我无关"占18.4%，选择"说不上来"占9%。

题目三："如果你在街上看见有人摔倒需要马上送医院救治，你会怎么做?"选择"马上送医院"占24.9%，选择"装作没有看见"占15.4%，选择"打120或报警，让他们来救"占49.4%，选择"不知道该怎么办"占10.3%。

题目四："在公共场合看到有人偷东西，你会怎么做?"选择"大声吆喝，不怕对方报复"占13.5%，选择"小声提醒被偷对象"占41%，选择"有意无意妨碍小偷偷东西"占13.3%，选择"报警"占21.4%，选择"装作看不见"占10.8%。

题目五："过马路因闯红灯被抓，你的态度和行为是?"选择"会感到难为情，把罚款交了"占57.8%，选择"会感到难为情，但绝不交罚款"占12%，选择"没什么大不了的事情，把罚款交了"占24.2%，选择"没什么大不了的事情，绝不交罚款"占4.6%，选择"会与交警进行争辩，绝不交罚款"占1.3%。

题目六："对当前道德沦丧事件频发的现象，你对社会良知的存留还有多少信心?"选择"非常有信心"占14.7%，"有点信心"占31.1%，"开始失望"占37.9%，"事不关己高高挂起"占8.2%，"毫无信心"占0.5%，"持观望态度"占7.6%。在此，"非常有信心"和"有点信心"达45.8%，失望的和没有信心的却占54.2%。

从题目一、题目三、题目五的数据显示看，人们还是心存正义感和耻感意识的，但是题目二和题目四的数据显示却不乐观，这说明人们在公共场所中耻感伦理选择存在着困惑，其原因非常复杂。这一方面，与平日里新闻媒体报道的"社会道德冷漠"的事实不太吻合，但另一方面，也说明了人们在秉持正义感行动的各种顾虑。这可以从题目三选择"装作没有看见""打120或报警，让他们来救""不知道该怎么办"的原因看，有38.8%的人“怕给自己添麻烦”，42.7%的人“怕让别人讹诈”，18.5%的人“怕因帮助人让人说闲话”。因为新闻媒体经常报道做好事遭人讹诈或惹麻烦上身，其背后的无奈实在是令人扼腕和不寒而栗，而这可以从题目五的数据中得以显现。而题目六所反映出来的状况看，人们对社会良知的存留信心是值得商榷的。

5. 底线伦理与金钱关系

底线伦理与金钱的关系，其实是义利关系。从“当前在金钱利益与道德底线之间，你觉得金钱利益能否逾越道德底线”题目的数据看，有12%的人选择“能，金钱利益高于一切”，80.7%的人选择“不能，道德底线不能逾越”，9.2%的人选择“事不关己，无所谓”。这里“事不关己，无所谓”其实就是“能，金钱利益高于一切”的另外一种表现。至少从数据显示，绝大多数的人是能够正确处理好底线伦理与金钱之间的关系，在义利问题上存有耻感意识。然而，当底线伦理与金钱关系涉及亲情，选择亲情还是金钱时，持“不能，道德底线不能逾越”观点的这批人的态度却有明显的变化。65.1%的人选择“亲情”，而10.5%的人选择“金钱利益”，还有24.4%的人做出“无法选择”。

6. 新闻媒体与公共道德恶性事件报道

虽然公共道德恶性事件是社会公德生态环境的极端现象，但是给人的印象却非常深刻。在“新闻媒体资源对社会恶性事件的持续报道和不断传播对社会道德水平会产生什么影响”的题目中，只有8.4%的人认为“没有影响”，38.5%的人认为“有影响，但影响不大”，而53.1%的人认为“影响很大，加深了社会对整个社会道德环境恶劣的判断”。从整个社会看，公共道德恶性事件的发生毕竟是小概率事件，但是经过新闻媒体的连篇累牍的持续报道和关注造成社会公德生态环境恶劣的现象。无论新闻媒体出于何种目的，其负面效应却是不言而喻的。

无论是对耻感伦理的总体性评价，抑或是某个问题的看法都不容乐观，社会转型下的耻感伦理正遭遇一场危机。尽管调研数据不能反映社会全貌，但也折射出当下问题所在，这促使我们从问题表象的背后去探究其本原。社会转型下耻感伦理面临怎样的境遇？其实质是什么？造成这些问题的社会根源又是什么？而对这些问题的应答需要通过形而上的审视才能得以厘清。

二　社会转型下耻感伦理现代境遇的表现

当下中国社会正处于一个发展最快、变化也最快的时期，这个时期是一个从传统型社会向现代型社会、从农业社会向工业社会和信息社会、从封闭性社会向开放性社会的变迁与发展的社会转型时期。社会转型加快了经济发展、社会进步以及现代化的进程，在带来一系列深刻的社会变革的同时，也引发了一系列新的问题，尤其是伦理道德问题。反映社会发展变化的价值观相应地出现新的内容和新的特征，具体表现在人们对经济、政治、文化、社会、生态等方面都有了新的目标和要求。

人们在享受经济快速发展所带来的丰富的物质生活的同时，又不无忧虑地对伦理道德，尤其是耻感伦理的现代境遇感到不满与困惑。耻感伦理指的是人们在社会实践过程中面对耻感现象所涉及的应然性的道德准则与价值诉求。其内容涵涉非常广泛，是由心理意识、情感体验、原则规范与行为活动等所构成的价值体系。从词义看，境遇是处境和状态的意思，表示特定环境中的人们在面临利益冲突而必须作出恰当选择时的一种处境。耻感伦理的现代境遇指的是人们在所秉持的一系列应然性的道德准则和价值诉求与实然的耻感现象之间产生冲突而应作出抉择时的一种矛盾处境和状态，简而言之，就是现代人的生存方式与状况的耻感处境。

当下的耻感伦理问题发生在社会转型这个大背景下，刻有社会转型的鲜明印记。正视这一点，是认识耻感伦理境遇的必要前提。耻感伦理问题构成了社会转型剪影的一个片断，而耻感伦理的特殊性以及对社会生活的渗透性，使这个剪影的片断成为聚焦社会转型的镜像与风向标，一定程度上，也成为测量社会转型的标尺，所以，分析和评估耻感伦理的现代境遇必须基于社会转型的维度。而历史事实也一再证明，社会为实现转型和发展所进行的变革越广泛、越彻底、越迅速，其所要否定和抛弃的传统的事物、观念和道德也就越多。当下中国社会转型引发了社会精神层面的深刻变革，人们的思想观念、道德素养等都发生了明显的变化。从这个意义上说，社会转型是道德嬗变的前提。社会转型不是要否定一切旧的事物、观念和道德，转型过程中诸多传统的事物、观念和道德依然存在并继续发挥着一定的、有效的、积极作用。但应看到，随着社会转型进程的逐渐推进，一些与经济发展和社会进步不相匹配的旧事物、旧观念、旧道德仍存留在人们的头脑中，并与来自外部的事物、观念和道德相交融而严重阻碍经济发展与社会进步。所以，当我们客观地审视社会转型下耻感伦理现状时，不能否认，也回避不了这些问题，也不能对社会风气不正、伦理道德失范、见利忘义、贪污腐败、良知泯灭等耻感现象视而不见。

（一）政治生活领域的权力腐败、官德堕落

通常意义上讲，腐败指的是行为主体为其特殊利益而滥用职权或偏离公共职责的权力变异现象，发生于公共部门和私人部门这两个领域。尽管私人部门的腐败俯拾皆是，但人们更加关注和痛恨的还是公共部门的腐败。因为公共部门腐败的主要行为者是公职人员，他们运用公共权力谋取私利，使得国家政治生活发生病态变化。

腐败既是一个历史性问题，更是一个现实性问题。凡是存在公共权力的地方，就有产生腐败的可能，作为一种扩张性的力量，权力具有极易腐败的特质。"'权力'基本上是指一个行为者或机构影响其他行为者或机构的态度和行为的能力。"① 而"一切有权力的人都容易滥用权力，这是万古不易的一条经验"。② 如果处理不好权力与腐败的关系，大到政党小至官员最终都难逃覆灭的厄运。权为民所赋，就应为民所用、为民所谋，然而，耻感伦理缺失导致官德堕落，以致权为己所用、为己所谋。

在社会转型期，由于新旧体制转型造成了某种程度上的控制失灵，权力约束出现诸多真空地带，一些权力所有者与社会进行不良的互动，与之同时，资本为了壮大力量，千方百计地开始诱惑、介入、腐蚀权力。在二者作用下，权力腐败开始蔓延，并逐步演化为整个国家最为痛恨和最为担忧的政治之癌。如果说 20 世纪 80 年代，权力腐败主要发生

---

① 邓正来主编：《布莱克维尔政治学百科全书》，中国政法大学出版社 1992 年版，第 595 页。

② ［法］孟德斯鸠：《论法的精神》上册，张雁深译，商务印书馆 1982 年版，第 154 页。

于经济领域的话，那么从 90 年代后期开始，已经扩大到党政机关、司法机关和社会各个领域与行业。当下权力腐败到了高发期和群发期，并呈现逐渐扩大的趋势。一般意义上，清廉指数（Corruption Perceptions Index）被视为衡量一个国家腐败程度的指标。这是由世界著名非政府组织“透明国际”建立的排行榜，具体反映一个国家政府官员的廉洁程度和受贿状况。以企业家、风险分析家、一般民众为调查对象，据其经验和感觉对各国进行 10 到 0 的评分，得分越高，表示腐败程度越低。清廉指数采用 10 分制，10 分为最高分，表示最廉洁；0 分表示最腐败；8.0—10.0 之间表示比较廉洁；5.0—8.0 之间为轻微腐败；2.5—5.0 之间说明腐败比较严重；0—2.5 之间则为极端腐败。[①] 这是现今通行衡量腐败程度的国际标准。世界约有 10% 的国家权力腐败水平最低，而中国却不在其列。2009 年、2010 年、2011 年、2012 年、2013 年，中国内地的清廉指数分别为 3.6、3.5、3.6、3.9、4.0。虽然中国的清廉指数连续 3 年上升，但仍处于腐败比较严重的区间。

据新华社合肥 2014 年 10 月 4 日专电，拆迁涉及 300 多村民，却有 500 多人参加分房；“房叔”骗房有流水线：户口有人办、账目有人算、拆迁办批准、手续很齐全……备受社会关注的“合肥房叔”腐败案日前经审理基本查清：十余人套取 140 余套安置房，社居委、户籍民警、拆迁办竟是背后联手“圈”房的“铁三角”。[②] 一个小小的村（居）委会书记，连“七品芝麻官”也算不上，却在短短的几年时间里，竟然能套取及协助他人套取安置房 140 多套，还违规倒卖 970 亩村集体土地。其贪心之不足、胃口之大实在令人惊叹。

十八大之后首个被中央纪委立案调查并宣布“双开”的省部级官员，国家发改委原副主任、国家能源局原局长刘铁男涉贿 3558 万元。根据媒体报道，刘铁男案是一起突出的官商勾结、官员家属牵扯其中的腐败案件。刘铁男及其妻儿、情妇徐某以及“裙带商人”倪日涛均牵涉其中，所涉案情复杂，甚至触及海外并购。仅一起未成功的骗贷，就

① 参见百度百科“全球清廉指数”条目（http://baike.baidu.com/view/3001363.htm?fr=aladdin）。

② 《“腐败铁三角”联合骗房 140 余套》（http://news.163.com/14/1005/08/A7PFOJI400014AED.html）。

险些使两家中国银行和若干家国有企业蒙受十多亿元人民币的损失。[①]原中央政治局常委、中央政法委员会书记周永康因严重违纪问题于2014年7月29日由中共中央纪律检查委员会对其立案审查。

周永康、徐才厚、苏荣、许宗衡、张春江、刘志军、李春城、刘铁男等腐败分子，一些政府官员腐败案件屡屡发生，以权谋私、贪污腐化，情节严重，性质恶劣。从十八大至2015年4月底，共有103名被称为“大老虎”的副部级或军级及以上官员落马受审，平均8.5天就有一名落马，而且这一数据还在不断被刷新。其中，副国级共3人，中央委员、中央候补委员共14人。另外，超过18万名党员干部被处分。

腐败的一个重要特征就是公共权力的非公共使用，实质上就是以权谋私。手中有权，才可能有谋私的“资本”，其核心就是权钱交易。自从人类社会出现了政权，腐败就在不同程度上成为权力者的伴生物。尤其是，当社会处于两种体制的交替之时，腐败现象发生的可能性也就相对较大。然而，在某些场合下，有些腐败行为并不违法，对应于“非法腐败”，这种“合法腐败”（Legal Corruption）的危害也不容小觑。因为从伦理道德和对公共财富造成的损害角度看，一些政府官员的行为属于腐败行为，然而，实际生活中却缺乏对这类腐败行为的具体法律与裁定标准。结果这些腐败行为便得以游离于法律管辖区域之外，而得以大行其道。如，变相的出国考察、风景名胜区的会议、退休官员被高薪聘请担任企业独立董事、官员亲属利用关系从中牟利……“合法腐败”成为当今中国存在最广泛、危害最严重、风险却最小的腐败形式。

一时间，“房叔”“表哥”等成为腐败代名词，“艳照门”“嫖娼门”等成为腐败生活的写照……一些政府官员理想信念淡化，无耻无畏，“趣味低级，生活腐化”“滥用权力，法为私器”“官气熏天，横行霸道”“贪婪疯狂，欲壑难填”“胆大妄为，不择手段”“信念丧失，求神拜佛”“欺上瞒下，谎报虚夸”。[②]这些现象折射的是政治生活中官德的缺失，而不断被民众所诟病的政府官员道德素质低下问题，除了民主

---

① 《刘铁男涉嫌受贿案今开审：涉案金额特别巨大》（http://www.chinanews.com/fz/2014/09-24/6622414.shtml）。

② 周伟、李兴文、伍晓阳、戴劲松：《官德缺失七大怪现状》，《精神文明导刊》2011年第1期。

和法制监督不健全的原因之处，官员自身以权力谋取私利是内在的因素。官员出问题往往不是能力不够，而是不能做到道德自律，无论是玩忽职守还是以权谋私，都与官德缺失相关。官员手中掌握人民赋予的权力，一旦无视法律和道德的要求，恣意妄为、唯利是图，对社会道德建设的负面冲击非常之大。有迹象显示，权力腐败、官德堕落正在撕裂中国社会，毁坏执政党的公信力和政权基础，败坏社会风气。这不仅是造成当下贫富两极分化的重要原因，而且也是人们感觉社会不公的重要源头，使很多人丧失“通过努力可以改变个人命运”的信心。如果任其发展而泛滥，将导致社会民众不满，从而引发社会危机，从这个层面看，耻感伦理遭遇空前的困境。

（二）经济生活领域的利益至上、诚信危机

任何一种经济制度都有相应的道德观念和法制基础。在社会转型期，经济制度的变化超越了政治制度的变迁，而伦理道德的变化又超越经济发展。造成这种状况的原因乃是长期以来受计划经济体制的影响，经济生活领域中的制度安排渗透着权力因素，产权关系不明，不合经济规律，失去本应有的公正性。有失公正的经济制度，在执行过程中往往被某些权力拥有的个人或群体干预，经济生活领域的耻感现象屡禁不止。“中国正在进行一场缺乏伦理规范的市场游戏，经济伦理观念也正陷入一种严重混乱脱序的状态。”① 市场经济的游戏规则来自道德秩序的确立，而道德秩序是由职业道德和经济信用构成的，二者构成了企业对市场的行为准则。换句话说，市场经济在本质上就是法制经济和以诚信为基础的信用经济。然而，社会转型下，却呈现出另外一种乱象：金钱至上、诚信缺失，利益至上主义的伦理道德标准取代了奉献型伦理道德观念，在市场经济的活动中，经济主体从个人所处的利益关系出发，违反、背离社会主义市场经济公平竞争、自愿诚信的基本道德原则，制造劣质商品欺骗消费者，侵犯他人的经济利益，进行虚假广告宣传，影响消费者的心理与行为，从中获取不法利润。

---

① 何清涟：《现代化的陷阱——当代中国的经济社会问题》，今日中国出版社 1998 年版，第 168—169 页。

追求个体利益的最大化乃是资本的天性，资本不仅在根基上具有反人道的本性，而且具有内在的违法冲动。马克思在《资本论》中曾作过极其生动的引证：“一旦有适当的利润，资本就胆大起来，如果有10%的利润，它就保证到处被使用；有20%的利润，它就活跃起来；有50%的利润，它就铤而走险；为了100%的利润，它就敢践踏一切人间法律；有300%的利润，它就敢犯任何罪行，甚至冒绞首架的危险。”① 为了获得利润而不择手段，资本的疯狂、残忍都与利润有密切的关系。社会转型下的一些企业和个人，不惜制假售假，以次充好，牟取暴利，甚至以牺牲企业和个人的信誉为代价，违约欺诈、弄虚作假，追求短期利润和非法利润。

“2011年，侦破食品安全类犯罪案件5200余起，抓获涉案人员7000余人，286人被判有期徒刑、无期徒刑或死缓。”② 虽然惩处力度甚大，但仍敢冒天下之大不韪。因为违法犯罪成本过低，“法不足畏”，往往使一些人逐利而往、知法犯法。如，对不法企业的经济处罚，2011年以前上限为“货值金额十倍以下”或“十万元以下”罚款。2010年查处一起案件时，违法企业主叫嚣：“最多判我三年就出来了。”同年另一起“窝案”中，有超过20%的涉案人员属于再犯。在他们的眼里，没有圣贤的教诲，没有起码的伦理道德底线，没有法律约束，有的只是金钱与利润，只要能赚钱，什么都可以做，这些企业和个人，“无耻之耻，无耻矣”（《孟子·尽心上》）。

2012年初，有两组数据引起人们的广泛关注。一组是调查数据，有80.4%的人对食品没有“安全感”；一组是检测数据，国家质检总局发布我国食品检测合格率超过90%。这两则看似矛盾的数据，却反映了当前人们对食品安全的主观感受与实然之间存在相当大的距离，虽然总体稳定、逐步向好，但问题却不容忽视。

在经济生活领域，人们对食品安全、药品安全、日用品安全尤为关注，因为这涉及其切身利益，关乎还能吃什么和用什么的问题。一些企

① 《马克思恩格斯全集》第23卷，人民出版社1972年版，第829页注释。

② 《民以食为天　食以安为先——食品安全如何保障》（http://theory.people.com.cn/n/2013/0305/c49156-20680737.html）。

业被频频曝光，食品安全事件频发，三聚氰胺、苏丹红、福尔马林等成为熟知的化学名词，黑心棉、地沟油、瘦肉精、毒奶粉、毒胶囊、皮革奶、化学火锅等进入到人们的日常生活，商业欺诈现象屡禁不止，假冒伪劣产品层出不穷，利益至上主义使耻感伦理遭遇诚信危机。

在各种媒体上曾出现过用大蒜等民间土法来甄别“地沟油”的方法，姑且不谈这种方法是否科学可行，但由此引发的对食用油安全问题却值得注意。本是城市下水道里悄悄流淌的垃圾——“地沟油”，现已流入寻常百姓家。许多油品从业者把从餐馆饭店等回收已经使用过的废弃油进行重新加工处理，将地沟油当食用油。“地沟油”含有微生物、铅、苯比等物质，尤其苯比长期暴露有致癌风险。2010年，据中国专家估计，这种食用油占全中国市场的1/10，当中包括街边摊档和高级餐馆，用于制造各式食物，如油条、羊肉串、水煮鱼、麻辣火锅等等，消费者根本不知道烹煮这些食物的食用油有毒。

“毒奶粉”“地沟油”等问题，反映了社会耻感伦理的缺失。难道说，“毒奶粉”“地沟油”的危害其生产者和销售者都不知道吗？答案是肯定知道的，“地沟油”不能当食用油吃，正如毒药不能当补品吃，工业酒精不能当白酒喝，正如汽油不能当饮料喝。对于这些常识，生产者和销售者不是不知道。然而，在金钱和利润的驱使下，他们利益至上、贪得无厌、欲壑难填，或许其中一些个别人为生计所困，缺乏遵守道德的自制力和内在动力，成为物质至上主义道德观的拥趸。如果底线下滑，以至没有底线，为了利益，一切伦理道德禁忌将荡然无存，就无事不可为，无恶不可作。

社会转型下耻感伦理的沦丧而导致的不道德经济行为，既破坏了市场价值规律和基本道德原则，又损害消费者和其他经营者的合法利益，使受害者产生不满情绪和相对剥夺感，并最终有可能将这些情绪转移至对政府和社会的不满，从而引发社会危机。

（三）思想道德领域的是非混淆、荣耻颠倒

经济发展的水平和社会进步的程度与人们的耻感伦理和行为模式紧密相关。在社会转型期，传统的耻感伦理与行为模式被普遍地怀疑和否定，逐渐失去了对社会成员的影响与约束，而新的耻感伦理与行为模式

还尚未生成，难以被社会成员所普遍地接受，更不能产生有效的影响与约束，以至于“无耻”现象频现。关于是非混淆、荣耻颠倒的现象可以从当下流行词汇中窥一斑而见全豹。

盘点2013年网络热词，“土豪”一词当选其列。在2013年9月的一个多月时间里，“土豪”在新浪微博中被提及5600余万次，并以排山倒海之势出现在各大媒体的新闻报道和人们茶余饭后的闲谈中。流行的不一定是好的，也未必都能传于后世。然而，任何一种依然在世的语言，都不会闭门造车，谢绝交流，否则，就不会有今天的语言与文字。这里要说的不是流行问题的本身，而是流行背后所折射出的人们价值观、道德观的变迁。

“土豪”一词本指旧时农村中有钱有势、横行乡里的地主、恶霸，往往与“劣绅”并用。这个原本带有明确历史意涵和贬义色彩的词汇，经过“网络造词运动”的重新发酵，如同病毒一样迅速传播。2013年9月 iphone5s 香槟金（即俗称的“土豪金”）发布后，网络上流行一个青年与禅师“土豪我们做朋友吧”的段子。

一青年问禅师：“我很富有但不快乐。我该怎么办？”

禅师回答：“何谓‘富有’？”

青年说：“我在银行有上百万存款，北京市中心有三套房子。不算富有吗？”

禅师没有说话，向他伸出一只手。

青年恍然大悟：“大师，您是让我懂得感恩和回报吗？”

“不……土豪，我们可以做朋友吗？”禅师说。

于是，我为“土豪”写首诗等荒诞无稽活动在网络蔓延开来。如同打了鸡血一样，“土豪”这个本已进入历史坟墓中的词汇突然又一次被灵魂附体地复活了，并且衍生出“土豪金”一词。“土豪”不仅成为全球奢侈品行业的支柱，而且成为暴发户的代名词，赋予新的内涵：财大气粗、无脑消费、有钱无品、热衷奢华、喜欢炫耀。虽然“土豪”因一味追求“金”“大”“贵”而遭到鄙视、嘲笑、抨击，但人们却从内心深处而向往之。北京一村干部在国家会议中心大宴会厅花费160万元，为儿子连摆3天婚宴；江苏南通一“土豪”用500万元现金拼成羊肉卷的形状，当作迎娶新娘的聘礼；四川一小伙花费20万元租用价值2000万直升机迎娶新娘；安徽马鞍山一丈母娘在女婿改口后，给了对方一辆价值400万元的宾利汽车作为礼物，惊呆在场的所有嘉宾，这个女婿更是激动得“扑通”一声当众跪下；山西煤老板邢利斌耗资7000万嫁女，朱军、周涛、范玮琪、韩红、冯巩等一线主持人、歌星、演员等参加，现场堪比春晚；投资300亿元的万达影视产业园在青岛举行了一场超豪华的启动仪式，莱昂纳多·迪卡普里奥、妮可·基德曼、凯瑟琳·泽塔·琼斯、章子怡、李连杰、梁朝伟等一班嘉宾巨星云集捧场，事后被网友戏称为“土豪会”。

“土豪”一词的流行并非是一场毫无意义的网络狂欢，而是生动地映射出一些新富群体的“暴发户心态”，折射出一些人价值与信仰的迷失、物质财富与精神素养之间的断裂与“落差”，勾勒出当今中国的时代表情与社会发展进程中的不同生活侧面。

“大V”是指在新浪、腾讯、网易等微博平台上获得个人认证，拥有众多粉丝的“公众人物”的微博用户。网民将这种经过个人认证并拥有众多粉丝的微博用户称为“大V”。通常只有“粉丝”达到50万以上的才能被称为网络“大V”。“V”是指贵宾账户（VIP，全称Very Important Person），账户会在名字前面显示一个V字图标，是经过微博实名认证的高级账户，后来就成了尊称。“大V”多是有一定知名度的学者和名人，其微博账号总有大批粉丝追踪，并因此成为爆料者的求助对象。

可以说，“大V”与新媒体的出现有着密切的关联。他们拥有了大批忠实的粉丝和拥趸。他们的一举手、一投足，所说的每一句话，转发的每一条信息，都会一石激起千层浪，在这个虚拟的环境中引发轩然大波。有人说这些“大V”其实已经是半个媒体——他们时时引导着互联网上的言论和话题。不得不看到的是，这些在网络世界中呼风唤雨的名人，在传播信息时，却极容易在不经意间变成谣言的推手，在无形中扰乱了社会公共秩序。

相对于其他互联网产品，微博自诞生那天起，就以燎原之势蔓延在虚拟世界，成为人们针砭时弊、传递信息、制造热点、左右舆论、引领潮流、娱乐自己的重要平台。在一个又一个网络热点事件中，都能看到微博推波助澜的身影，一些重大网络事件，微博更是最主要的起源地和加速器。不可否认，微博这一高科技产品，在带给人们丰盛信息大餐的同时，其“双刃剑”作用也日益凸显。只要经常浏览互联网，就能看到一些假消息、假言论通过微博大行其道；一些冒充名人发言的山寨微博混淆是非；一些低俗信息和擦边球内容也借助微博平台满天飞，污染着网络空气，影响着人们的身心健康。

也曾几何时，做一个“大V”，曾是一件令人艳羡的事。可眼下，随着长期造谣生事的“秦火火”“立二拆四”、周禄宝、傅学胜、薛蛮子、刘虎、王功权等“大V”被依法刑拘，舆论充满了对“大V”的口诛笔伐之声，看看这些新闻标题：《谨防大V变大谣》《大V莫当谣言扩音器》《网络推手的大V生意》《微博大V×××被拘》，就知道“大V”们已经噤若寒蝉，如过街老鼠人人喊打。

微博“大V”薛蛮子在被刑拘后讲述其心路历程：成为“大V”后充分体会到了“网上转发力”的惊人之处。他说，自己从一个退休老头，突然变成一个比影视明星还受关注的网络名人和意见领袖，在网上不管说什么都有很多人追捧转发，迅速成为一种舆论；对一些地方提出批评意见后，地方政府担心网上负面影响，反应速度很快，“早上发了条微博，他们一天就解决了”。他说：“每天早上打开微博都有上千条求我的信息，求关注、求转发。我随手回复或转发，感觉就像皇上批阅奏章一样。转××省人民政府阅，一个私信发过去就解决问题。”“习惯了享受这种感觉，自然而然形成‘站着说话不腰疼’的习惯，发布信息相当随意。”“以前没法律规范，网上造谣也没成本，加个‘求辟谣’就行了。”薛蛮子的案例说明了言论自由不能凌驾于法律之上，否则就会突破法律底线和道德底线。

这些鲜活的案例充分说明当前人们思想领域里出现是非不分、荣耻颠倒的现象。如果这种风气得到蔓延，并且成为一种时尚，那么，对于中国的伦理道德来说无疑是一种灾难，不劳而获、潜规则的风气将会更加盛行，会打击那些力图通过自我奋斗赢取人生的人们的勇气与信心，对于传统道德来说无异于雪上加霜。

综观思想道德领域的耻感乱象，游手好闲当“啃老族”，车展成

“肉展”，笑贫不笑娼，炫富、干爹、土豪金、外围女成为媒体网络的流行词，个人的私生活被无底线地放大。是非混淆、荣耻颠倒，使社会责任感淡薄、利他主义被冷落，使社会公德水平下降、见义勇为美德失落，使以不该耻者为耻、以耻者为不耻，把“危害祖国成了‘斗士’，背离人民成了‘本事’，愚昧无知成了‘时尚’，好逸恶劳成了‘潇洒’，损人利己成了‘能耐’，见利忘义成了‘聪明’，违法乱纪成了‘勇敢’，骄奢淫逸成了‘荣耀’”。①

（四）社会生活领域的世俗功利、冷漠隔阂

社会转型下人们赖以支撑的真善美价值追求的意义世界不断地被功利主义、拜金主义、物质主义思想所消解，人与人的关系趋向世俗功利与冷漠隔阂。

社会转型前，在“政治挂帅”大前提下，“先公后私”“公而忘私”成为人们思想与行动的准则，在处理人际关系时，必须以集体利益、他人利益作为出发点，置于集体和他人利益下的个人，其利益被无限地缩小以至湮灭。然而，在社会转型期，市场经济的趋利性存在着诱导人们追逐个人的一切利益，抛弃原有的价值观、道德观，从一个极端走向另一个极端，以致人际交往呈现庸俗化、江湖化、功利化、虚假化，亲情淡漠、友情功利，职场厚黑学盛行，缺乏诚心、爱心和公心。

人际关系庸俗化、江湖化、功利化、虚假化现象乃是市侩习气、功利思想的表现。值得警惕的是，这种现象不仅存在于普通民众的日常生活中，而且也渗透到党内。虽然 70 多年过去了，但是毛泽东当年在《反对自由主义》中批评过的一些错误倾向，现今在一些党员干部中表现得仍较为突出：一些人对上级抬着、哄着，阿谀奉承，百般讨好，说话肉麻；对班子的矛盾问题藏着、掖着，同事之间、班子成员之间相互吹捧、相互巴结；有的甚至上级讨好下级，对部属无原则地顺着、护着，即使听到不良反应、发现问题也听之任之，不敢批评指出，不能善意地提醒，导致一些干部在违纪的错误路上越滑越深。党内风气不正逐

① 本报评论员：《社会主义荣辱观：一条泾渭分明的是非界限——三论树立社会主义荣辱观》，《人民日报》2006 年 3 月 24 日第 1 版。

渐影响到社会生活领域，朴实的同志关系变成了吹吹拍拍、称兄道弟，甚至有的上下级之间称呼“老板”与“马仔”、“大猫”与“小猫”。

人际关系庸俗化、江湖化、功利化、虚假化现象的背后隐藏着职场厚黑学盛行。前几年一部反映国共两党斗争的谍战片《潜伏》热播后，对之解读也开始热闹起来。一篇网文《〈潜伏〉在办公室——“余则成”教你职场生存》被各大门户网站隆重推荐，受到了众多网友的追捧。作者断言“《潜伏》并不是间谍片，而是一部不可多得的职场教程”，并归纳了“余则成20条”。其中，“办公室里只有两种人，主角和龙套”；“每个人都要有大志，就算要毁灭世界也可以”；“高你半级的人，往往是最危险的，同级的是天然敌人”；“别被理想忽悠，理想是需要的，但不是别人的理想，而是你自己的”；“你是上司的人，上司却不一定是你的人，这层意思一定要明白”；“每个人都站在恶的那一面，因为各人有各人的善”等等这些言论读起来让人不寒而栗。文中宣扬在职场上要像在谍战战场上那样心狠手辣，无所不用其极，这样才能成功。有人从《潜伏》中看出职场厚黑学，这并不奇怪，奇怪的是居然有那么多人追捧，这才是令人担忧的。

职场厚黑学的盛行折射了职业操守的集体败坏。职业操守普遍趋向败坏，看似虚无影射却又自在人心的事情。当其成为一种行业现象，成为或明或暗的行业运作规则时，反过来又加重了社会生活领域的世俗功利与冷漠隔阂。《中国青年报》在1995年3月刊登的一篇“行业风气问卷调查数据”表明，公众最为痛恨的八种行业不正之风是：用公款大吃大喝；不给好处不办事，给了好处乱办事；乱收费；利用特权索要财物；乱罚款；乱摊派；党政机关及其工作人员无偿占用下属单位和企业的钱物。社会公众痛恨这类人“连起码的职业道德都不讲，还破坏这一职业的声誉”。在现实生活中，会经常听到或亲眼看见：暗示红包的医生、敷衍了事的教师、庸碌无为的官员、假唱假踢的明星、假新闻、吹黑哨，等等，耻感伦理失范已成为不争的事实。在2009年，中国青年报社会调查中心以如何看待高校引进学术不端行为检测系统为肇始，通过题客调查网，对全国12575名公众进行了一项调查，附带完成了一次对社会职业尊重度的摸底调查。哪些职业失去操守的现象最严重？依次为：医生（74.2%）、公安干警（57.8%）、教师（51.5%）、法律工作者（48.4%）、公务员（47.8%）、新闻工作者（37.6%）、会计师（30.7%）、学者（20.3%）、社会工作者（10.9%）。哪些职业失去操守的现象最可怕？调查中公众的排序与对“失去操守最严重职业”的判断完全一致：医生（82.4%）、公安干警（69.4%）、教师（64.6%）、法律工作者（59.4%）、公务员（46.5%）、新闻工作者（43.8%）、会计师（33.7%）、学者（21.5%）、社会工作者（13.3%）。[①] 时隔14年后，职业道德不仅没有进步，反而进一步恶化，这不能不让人深思。不收红包、教书育人、秉公执法、不做假账等等，本是职业操守的应有之义，但却被屡屡突破底线，耻感伦理荡然无存。

近年来，“职业底线”成为社会热词。底线是最低标准，是最起码要遵循的规则，是逾越之后需付出巨大代价的最后屏障。这一屏障通常是依靠耻感伦理的维系而长期比较稳定。但如今，社会生活领域里的世俗功利、冷漠隔阂，导致职业操守无存，职业底线下滑，“黑心食品”频出、医生收回扣、会计做假账等无耻之行径大行其道。

社会生活领域的世俗功利、冷漠隔阂，还表现为公序良俗的抛弃。公序即公共秩序，指的是国家社会的存在及其发展所必需的一般秩序；良俗即善良风俗，指的是国家社会的存在及其发展所必需的一般道德。所谓公序良俗，是指民事主体的行为应当遵守公共秩序，符合善良风俗，不得违反国家的公共秩序和社会的一般道德。这里可以从彭宇案中吸取深刻教训。2006年11月20日，南京老太太徐寿兰在公交车站摔倒，刚下车的彭宇上前搀扶，并联系其家人且送其至医院诊治。但随后，老太太咬定是彭宇将其撞到并向其索赔。南京市鼓楼区法院法官王浩在双方证据都不充足的情况下，没有坚持“谁主张、谁举证”原则，而是根据所谓“常理”和“社会情理”对彭宇的过失进行了可能性分析，判决彭宇赔偿老太太损失的40%。彭宇不服判决。尽管双方在二审中达成和解，彭宇赔偿了4.5万元。虽然后来他出来证明确实撞倒了徐老太，但是其负面效应是许多当事者始料不及的。特别是判案法官的“如果你没有撞，那么你为什么去扶她”一句话，违背了公序良俗，严

① 《82.4%公众认为医生失去职业操守最可怕》（http://zqb.cyol.com/content/2009-04/28/content_2642546.htm）。

重地冲击了道德底线，让社会道德受到严重危害。舆论对“彭宇案”已解读为“判决不公”、“彭宇是做好事反遭诬陷赔偿”，所以引申出来“老人倒地不能扶”“好人做不得”等看法。彭宇案后，有公众认为“判决结果让国人的道德观倒退了50年”。中国传统文化一以贯之地注重“德行教化”的作用，为公序良俗原则提供了良好的思想基础。虽然社会转型下不乏“最美妈妈”“最美司机”“最美教师”“最美警察”等各类之“最美”，但是也存在诸如佛山“小悦悦”事件等“最丑”伦理道德事件，在“最美”与“最丑”并行、比较乃至“PK”下，人们看到更多的“最丑”，因为“最丑”现象背后是公序良俗频频的被抛弃。为什么“最丑”当行而无耻感？有调查数据显示，[①] 在街上看见有人摔倒需要马上送医院进行救治时，24.9%的人选择马上送医院，而75.1%的人则选择回避，回避的原因中有38.8%是怕给自己添麻烦，42.7%是怕被讹诈，18.5%是怕因帮助人说闲话。根据中国青年报社会调查中心的调查数据显示，[②] 在13.9万余人的受访者中，87.4%的受访者认为“扶老人”道德焦虑在当前是普遍存在的，84.9%的受访者坦言自己常会纠结于“要不要扶起摔倒的老人”的道德焦虑之中。该报告还宣称，如果遇到老人倒地，对“公众的第一反应”这一选题的答案显示，55.6%的人选择直接走开，23.4%的人选择留下证据或找到评价后再扶，12.6%的人选择拨打110等待，仅有5.4%的人会选择毫不犹豫主动扶起来。这两组数据虽不同，但却从一个侧面诠释了佛山“小悦悦”事件中18个路人选择回避的缘由，也彰显了当下中国社会的道德窘境。

人际关系的庸俗化、江湖化、功利化、虚假化源于利益的过度强调，更源于公平正义和基本伦理秩序的被否定。新修订的《老年人权益保障法》，从2013年7月1日起实施，其最受关注的内容是明确规定了与老年人分开居住的家庭成员，应当经常看望或者问候老年人，否则将构成违法。该法的通过是为了维护60岁以上老年人的合法权益，并传

① 数据引自本课题组2013年7—8月间在浙江、安徽、吉林、广西等地发放问卷调查统计结果。

② 参见倘凌越、向楠《84.9%公众坦言扶不扶老人很纠结》，《中国青年报》2013年12月10日第7版。

承中国传统的孝道。“百善孝为先”，不孝乃人之大耻，孝道的入法乃折射了社会转型下人们的无奈。一个完整的文明社会，不仅需要完备的法制，更需要高尚的纲常和伦理秩序。社会转型下功利化世界观之滥觞，正常的人际关系、公序良俗被抛弃，社会道德底线被僭越，可以是佛山“小悦悦”等事件一再发生的最直接、也最深层的因素。

（五）生态文明领域的无度索取、恣意破坏

人们在改造客观物质世界过程中，不断克服、消解其所带来的负面效应，积极改善、优化人与自然的关系，旨在建设有序的生态运行机制和良好的生态环境所取得的物质、精神、制度方面成果，而这种成果的总和就是生态文明。生态文明的建设必须遵循人、自然、社会和谐发展的客观规律，必须遵循人与自然、人与人、人与社会和谐共生、良性循环、全面发展、持续繁荣的基本宗旨。然而，随着人类科技的发展，人类中心主义思想占据社会的主导地位，人类活动的不断膨胀，人口、资源、环境与经济的不协调的发展，使本应和谐的人与自然的关系变得空前紧张。

当前中国的人与自然关系处于严重失衡的状态。胡锦涛指出：“城乡区域发展不平衡、经济社会发展不协调、经济发展与人口资源环境不适应等问题更加突出地摆在我们面前。”① 温家宝在2008年召开的全国环境保护大会上指出：我国环境形势依然十分严峻。长期积累的环境问题尚未解决，新的环境问题又在不断产生，一些地区环境污染和生态恶化已经到了相当严重的程度。进入21世纪的中国，第一天就遭遇了沙尘暴。2002年，沙尘暴又是历史上强度最大的。据报道，20世纪50年代中国共发生了沙尘暴5次，60年代8次，70年代13次，80年代14次，90年代23次，而2000年一年就发生了12次。现在，一些地区可以说是黄沙漫天，黄土遍地，河流浑浊，空气污染，水土流失，江湖干涸，森林锐减，草原退化，而且，一切还在恶化之中——中国的沙漠化正以每年2460平方公里的速度在扩展，相当于每年一个中等大的县被

① 《科学发展观重要论述摘编》，中央文献出版社、党建读物出版社2009年版，第45页。

沙漠化，年直接经济损失 540 亿元以上。目前，因水土流失，每年冲走肥土 50 亿吨，相当于全国的耕地每年平均削去 1 厘米厚的土层，由此每年造成化肥流失 4000 万吨，接近全国的化肥产量。流经城市的河段普遍遭到污染，90% 不符合饮用水源标准，75% 的湖泊水域富营养化，1/5 的城市空气污染严重，1/3 的国土面积受到酸雨影响。全国水土流失面积 356 万平方公里，沙化土地面积 174 万平方公里，90% 以上的天然草原退化，生物多样性减少。主要污染物排放量超过环境承载能力，水、大气、土壤等污染日益严重，固体废物、汽车尾气、持久性有机物等污染持续增加。美国经济学家罗伯特·艾尔斯指出："在中国这样的发展中国家，经济增长与环境损害的关系非常消极。"①

深究造成这种状况的主要原因在于体制的弊端和政府的失职，把以经济建设为中心思想异化为片面追求 GDP 增长的政绩观。人与自然、人与人、人与社会的关系失调，粗放式利用自然资源，索取无度，导致资源和能源的大量消耗和浪费，中国成为世界上资源和能源消耗大国，恶性的生态事件频发。

沙尘暴与阴霾本身是自然天气现象，一般多在春秋季节出现。然而，近年来由于沙尘暴与阴霾天气现象出现频率越来越高，导致空气质量逐渐恶化。这两种极端天气现象逐渐引起人们的关注与熟知。春季，本该是感受花红柳绿、燕舞莺歌，却总是躲不开沙尘暴的"洗礼"。秋季，本该是层林尽染、万物收获，却总是离不开阴霾的"相伴"。这两种极端恶劣天气现象形成的原因其中既有气象原因，也有人为因素。从人为因素看，沙尘暴的频发主要是与人口膨胀导致的过度开发自然资源、过量砍伐森林、过度开垦土地、人类生产活动堆积物等相关。近年发生的沙尘暴中，沙质草地和旱作耕地是主要沙源。从自然成因上看，人类无法消除沙尘暴。但从人类自身活动来看，乱砍滥伐和对土地、水资源的不合理利用而加速沙尘暴发生的负面作用是可以消减的，可以在一定程度上消减沙尘暴发生的频率和强度。而阴霾主要是与工业发展，机动车辆的增多，污染物排放和城市悬浮物大量增加有关。

---

① ［美］罗伯特·艾尔斯：《转折点：增长范式的终结》，戴星翼、黄文芳译，上海译文出版社 2001 年版，第 236 页。

面对“十面霾伏”的凄惶之感、“自强不吸”的呼吸之痛，必须反思传统的经济增长方式，必须实现经济增长与环境保护的良性互动。一些地方政府为了发展，不仅牺牲代际平衡，而且牺牲代内平衡，盲目开发，导致湿地资源大量破坏，自然湖泊甚至全面干涸，汽车业无节制发展造成交通拥堵、排放失控。为了眼前利益，不计后果大肆破坏环境，任意掠取资源，秉持“天不怕，地不怕，历史也不怕，百姓还不怕，什么都不怕”的心态，面对自然，生命缺乏敬畏之心，面对道德，法律和社会舆论缺乏敬畏之感，无畏无耻地向自然无度索取，最终毁灭的是人类自己的本身。

由于公众缺乏基本的生态伦理意识，漠视自然和生命，乱捕滥杀珍稀动物，无节制的索取，恣意妄为破坏生态环境，使得青山绿水不在，蓝天白云成为奢求，雾霾沙尘暴成为常态，植被破坏，水土流失，洪水泥石流频发。

三 社会转型下耻感伦理现代境遇的实质

（一）社会转型与耻感伦理的困惑

伦理道德作为调整人与人、人与社会关系的行为规范，是人们在社会生产和生活中相互关系的直接反映，与社会转型与变迁的关联甚密。历史上每一次社会转型与变迁，伦理道德总是最先受到冲击和发生变化的一个领域。当下中国社会伦理道德的观念与行为正经历着社会转型的动荡，实现新陈代谢，社会伦理道德秩序也正经历着社会转型的动荡形成新的形制。正确认识社会转型所触发的伦理道德观念的动荡对耻感伦理的塑造所产生的影响，不仅十分重要，而且非常迫切。

在社会转型期，原有的伦理道德体系逐渐转向以社会主义市场经济为基础的新伦理道德体系。由于价值取向的多样化等原因，社会对新的伦理道德体系有一个冲突、回应、相融，乃至逐渐整合的过程。这是一个螺旋过程，不可能一蹴而就，只能渐行渐近。在这一时期，耻感伦理较易出现无序现象，表现为“是”与“应当”的冲突与背离，即“事实”的浮现与“应当”的失落。那么，如何看待与评判这种冲突乃至背离？首先，其数量到底有多大，对人们的影响如何，社会的绝大多数人是否认可？其次，是否所有“耻感”现象都是“事实”意义上的真的“耻”，抑或是“应当”意义上的耻感伦理中有不符合现实生活的成分，因而才是真的“耻”。这都是追寻社会转型下耻感伦理现代境遇的实质绕不开的问题。

从某种程度上看，社会转型期出现的诸如“见死不救”“以权谋私”“司法腐败”“学术腐败”“制售假冒伪劣产品”“贩卖妇女儿童”“嫖娼卖淫”等之类的道德失范甚至违法现象与行为，使紊乱失序的耻感处境超出常态，而成为具有一定代表性的非常态现象。那么，耻感伦理现代境遇所呈现出来的这种非常态现象的实质是什么？

曾有一种广泛流行的观点认为是道德滑坡甚至道德危机。持这种观点的人认为，从全球视野的道德趋势来看，随着社会市场化、功利化、世俗化，社会道德价值的失落是一个全球性的趋势。这是因为道德具有超功利性，以利他性为本质的特征，而追逐经济利益的最大化是市场经济的固有本性。在社会转型期，道德在社会生活中越来越居于重要地位，社会主流道德与非主流道德处于急剧对抗、冲突的状态。调查数据显示，① 城市居民认为中国的社会整体道德水平呈下降趋势，对20世纪70年代、80年代、90年代以及当下这四个时期道德水平的评价分值分别为8.0分、7.53分、7.04分、6.31分，其中不同年代总分值为10分。社会转型期虽然经济建设取得了举世瞩目的成就，但道德状况却每况愈下，社会的道德生态环境日趋恶化，呈现出道德状况混乱、理想价值失落、伦理道德失范、世风日下、人心不古的“浊世图景”。毋庸置疑，社会生活中确实存在严重的伦理道德问题，即出现一定程度的“滑坡”。有些人对于道德的“滑坡”估计很高，也有些人甚至抱有非常悲观的态度。其实，关于“世风日下”“道德沦丧”之类的“滑坡”，更多的是来自个人的直观感觉与“炒热”的信息环境。至于能否说“耻”的人或事在社会生活中占绝大多数？能否说“耻”的行为方式得到社会绝大多数人的认同？至少到目前为止，无论哪一个机构，哪一位学

① 汝信等主编：《2012年中国社会形势分析与预测》，社会科学文献出版社2012年版，第137页。

者，公开的或私下所展开的关于社会道德状况调查的数据都不能支持这一论断。就拿上述调查的数据看，当下最差，但也有6.31分。6.31分绝不能称得上是道德滑坡甚至道德危机。也就是说，这并不是一种真的事实，更多的是主观臆测与直观感觉。造成这种错觉的原因乃是认识上的方法论出现了问题，这主要表现为以下两个方面。

一是表象化地看问题。确实，持道德滑坡与道德危机论者所指出的一些现象都是社会转型下存在的既有事实，这是不容否认的。然而，现象毕竟是现象，现象不等于本质，个别的、片面的现象就更不能表征本质。持这种论断的人或许只看到了道德风尚不好的一面，却未能深入地去剖析这种现象生成的必然性，尤其是缺乏对自我所秉持的价值观、道德观的反思。或许没有意识到自己是在用一种业已过时了的价值观、道德观来衡量、评判和要求社会转型下的道德状况，或者说，用一元社会的价值标准来衡量评判多元社会的价值观、道德观，得出“世风日下，人心不古”的论调也就在所难免了。这种看待问题的方法其实就是传统文化中今不如昔的倒退论，如鲁迅小说《风波》里九斤老太嘴里常念叨的“一代不如一代”。

二是片面性地看问题。可以说，社会转型下道德状况是错综复杂、充满着矛盾的，而这种矛盾又直接导致了众多的不确定性。持道德滑坡与道德危机论者只看到了道德生活中消极、混乱的一面，而对积极，尤其是对正在生长着的新的道德因素却视而不见，或见而不识，对社会转型下道德状况作出悲观的评判也就不足为奇了。造成这种片面性的原因是来自于思想方法论上的形而上学，只见树木不见森林，只抓一点不及其余，不能全面、整体地认识社会道德现象及其性质；是来自于思想观念上的形而上学，用静止的、守旧的传统思想观念来衡量社会转型下的道德状况。

当然这么说，并不是意味着社会转型期不存在耻的人与事。实事求是地讲，必须看到社会转型下不同的道德观和多元的价值观交织碰撞出的是一幅紊乱失序与井然有序并存、痛心忧虑与感动希冀相伴的复杂图景。一个社会，在任何时期和阶段都存在善与恶、新与旧、进步与落后、希望与困惑的相互并存、相互交错、相互冲突、相互抵消。尽管人们对当今社会伦理道德的评价，似乎否定多于肯定、失望大于希望，尽管人们对伦理道德发展的图景充满着困惑与疑虑，但是道德滑坡或道德危机只是“恶”的表征，是复杂图景的局部现象，不能以此来概括耻感伦理现代境遇的实质。

社会转型下耻感伦理的现代境遇是面对善恶冲突而必须作出道德选择的处境，这种耻感处境实乃道德困境。道德困境说到底就是道德选择，“因为道德困境是行为者在做道德选择时才有可能会遇到的一种特殊情境”,① 用麦金太尔的话来说是“面临的那种两者取一的抉择”。② 道德选择的实质是选择善，在善与恶、善与非善、善与善之间，必须择一而弃他时所面临道德选择的困境，而社会转型下耻感伦理面临的困境更多的是在善与恶、善与非善之间选择的困境。对于这种选择，一个有向善意志的人，理应不会存在理智判断上的困惑和情感纠结上的不适。也就是说，基于道德准则维度是不存在困惑和情感上的不适的，毕竟是非黑白、美丑善恶是一目了然的事情。这种困惑和情感上的不适乃是基于道德信念的维度。换而言之，不是在“我们应当遵守什么样的道德”这一道德规范体系的具体内容问题上面临的困惑与情感上的不适，而是在“我们为什么一定要遵守道德”这一人们履行道德义务的基本信念的更为根本的问题上所面临的困惑与情感上的不适。社会转型下，由于“道德‘权威性’的下降，以及由此引起的道德自律性或道德约束力的弱化”,③ 使得道德信念缺失和价值标准异化。

履行道德义务是无可厚非、天经地义的。社会转型所触发的思想道德观念动荡导致人们在履行道德义务时，其道德行为的选择和道德标准的评判常常会出现混乱与困惑。只要是人们遵守的最基本的道德信念没有产生动摇，那么，混乱与困惑只能是暂时的。如果人们对所遵守的最基本的道德信念产生了动摇，那么，道德自律性或道德约束力在人们的行为中和在社会秩序的构建中就会失去应有的权威性，就会被道德义务的冷漠与麻木取而代之。④ 这不仅是因为道德自律性或道德约束力的不断弱化，使人们在行为中的道德要求与利益要求相比照越来越降至次要的、甚至是可有可

① 韩东屏：《论道德困境》，《哲学动态》2011 年第 11 期。

② ［美］A. 麦金太尔：《道德困境》，莫伟民译，敬业校，《哲学译丛》1992 年第 2 期。

③ 闫孟伟：《道德信念、道德权威性与人的自由》，《教学与研究》2002 年第 11 期。

④ 同上。

无的地位，以致大量的、明知故犯的、非道德的、耻的人或事成为常态；而且还是因为道德批判力的不断下降与缺乏，使社会舆论对于非道德的、耻的人和事既因缺乏道德评判的公正性而表现出众口不一的混乱，也因道德信念的动摇而表现出隔靴搔痒的漠然态度，甚至对非道德的、耻的人和事呈现出一种“暧昧”“宽容”，甚至“理解”。

当下的社会转型并不必然是以道德的滑坡、危机和堕落为代价的，即便社会主义框架内的新旧道德更替，也会引起道德发生相应的新旧更替，也会有这种新旧更替所带来的种种阵痛。所以，社会转型下耻感伦理现代境遇的实质与其说是道德滑坡或道德危机，毋宁说是道德困境下传统道德标准的失效所引发的道德信念缺失和价值标准异化。

（二）社会转型下历史与伦理的二律背反

无疑，社会转型期人们总是困扰于各种各样的悖论问题，可以说，这也已成为一种“新”常态。“朝菌不知晦朔，蟪蛄不知春秋。”（《庄子·逍遥游》）转型也是社会进步，而社会进步就不可避免地存在着新旧伦理道德、价值观念碰撞、回应、交融所带来的困扰。应该看到，这种碰撞、回应、交融的困扰不可能，也不会成为这个时代的主题曲，只能是以插曲形式表现在社会转型这个特定时期。而社会转型下耻感伦理的困惑就是众多悖论困扰中的一个。

社会转型下耻感伦理困惑于怎样的悖论困扰呢？回答是历史与伦理的二律背反。李泽厚先生在《历史本体论》等著作中曾提出过一个重要的理论观点：历史与伦理之间存在二律背反现象，即社会前进而道德倒退。意思是说，社会历史的进步倾向代表历史的一面，历史中个体的幸福则代表伦理的一面，历史事实表明，在某一历史时段这两者之间常常发生矛盾，时常出现“有德者未必有福，而享幸福者实多恶徒”的情况。德福之间的不一致无疑凸显出了历史的残酷性，即历史的发展与社会的进步经常要以牺牲个人的幸福作为代价。虽说李泽厚先生认为历史与伦理的二律背反是一种较为短暂、局部的情态，特别是针对社会转型时期某些状态而言的，但是它的的确确地困扰着社会转型期的人们，困扰着人们对社会转型下耻感伦理所呈现诸现象的评价与考量。

其实，任何时候人们对于历史上的抑或是其所处时代的转型与变迁下的社会现象或历史事件，都会作出自己的评价，这些评价既可以完全相同，也可以完全相反。若从历史尺度加以审视的话，或许可能是进步的，但若以道德尺度加以评判的话，或许可能是退步的。应该承认，以经济发展、生产力进步为代表的社会历史和以道德水平为代表的伦理道德之间的演进，基于宏观发展趋势的考量，二者是一致的。但是，也并不必然地沿着同一轨迹运行，相反，常以非线性方式演进。即，以经济发展、生产力进步为代表的社会历史有时甚至会伴随着伦理道德水平的下降，表现为社会历史进步需要以伦理道德的堕落、牺牲为代价，主要表现为社会历史的发展与伦理道德的进步二者不可兼得；人类的发展总是以个体的牺牲为前提的。虽然社会历史的发展总的来说推动了伦理道德进步，但它也往往被认定是导致伦理道德堕落的罪魁，社会历史似乎注定就充当双面人“雅努斯”的角色。所以如此，这可以归结于社会历史与伦理道德的考量与评判之分野。社会历史的评价属于实然的、经验可能性的范围，关注“是否”的问题。伦理道德的评价属于应然性的范围，关注“应否”的问题，体现了价值的预设。

社会历史与伦理道德二者之间的演进是否真的存在不可避免的二律背反呢？换而言之，社会历史的发展与进步是否一定就要吞下因道德困境下传统道德范式的失效所引发的道德信念缺失和价值标准异化的苦果呢？如果说在社会转型的初期这或许还能成为一个“问题”的话，那么，到了现在已经不再成为一个“问题”。因为在社会转型的初期，各种问题尚未暴露或只是刚刚露出端倪，人们总是凭借良好的主观愿望希冀于这不是一个真的事实，只是一个理论上的认识误区，所以，那时尽管存有争执，但还是会做出否定性的结论。然而，当下各种事实已经确凿无疑地摆在那里，就不容辩解与否认。这时关于社会历史与伦理道德的二律背反已不再是有没有的问题，而是“是否”层面下的事实，问题的关键是在于如何去认识。

对社会历史与伦理道德的二律背反的认识，还是应该从社会存在与社会意识的关系层面去把握和分析。唯物史观认为，社会存在决定社会意识，人们的思想观念归根到底是由社会存在决定的，“意识在任何时候都只能是被意识到了的存在，而人们的存在就是他们的现实生活过程”，“不是意识决定生活，而是生活决定意识。”① 马克思恩格斯在论述社会存在与伦理道德的关系时反复强调以下两个方面：

一是社会历史归根结底是伦理道德的基础和源泉。恩格斯指出：“人们自觉地或不自觉地，归根到底总是从他们阶级地位所依据的实际关系中——从他们进行生产和交换的经济关系中，获得自己的伦理观念。”② 可见，道德标准的根源在于社会存在。

二是伦理道德的进步性归根结底是由社会历史的必然性所决定的。恩格斯指出：“历史上所有其他的偶然现象和表面的偶然现象都是如此。我们所研究的领域越是远离经济，越是接近于纯粹抽象的意识形态，我们就越是发现它在自己的发展中表现为偶然现象，它的曲线就越是曲折。如果你画出曲线的中轴线，您就会发觉，所考察的时期越长，所考察的范围越广，这个轴线就越是接近经济发展的轴线，就越是同后者平行而进。”③ 人们从现象层面观察到的经常是社会历史的发展与伦理道德的进步呈反方向运动，或者说，社会历史与伦理道德的二律背反。从表面上看，这已被近代以来资本主义的经济和道德关系的状况所证实的二律背反，似乎是对社会存在决定社会意识原理的反动，而实际上恰恰是对社会存在与社会意识关系的复杂性和辩证性的肯定与揭橥，是肯定了社会历史对伦理道德的作用与影响。

总体上看，人们的伦理道德总是随着社会历史的发展不断进步的，也就是说，从人类社会发展的整个历程看，伦理道德进步的轴线与社会历史发展的轴线越来越接近。但也应该看到，“历史不是单纯依照道德感情向前发展的”。④ 恩格斯深刻地洞察到：“任何进步同时也是相对的退步，因为在这种进步中，一些人的幸福和发展是通过另一些人的痛苦和受压抑而实现的。”⑤ 伦理道德的进步尤其是表征了这种进步与退步相交织、善与恶相斗争的辩证法。所以，社会历史的发展总是不得以弱

---

① 《马克思恩格斯文集》第1卷，人民出版社2009年版，第525页。

② 《马克思恩格斯文集》第9卷，人民出版社2009年版，第99页。

③ 《马克思恩格斯选集》第4卷，人民出版社2012年版，第650页。

④ ［美］柯文：《在中国发现历史——中国中心观在美国的兴起》，林同奇译，中华书局1989年版，第89页。

⑤ 《马克思恩格斯选集》第4卷，人民出版社2012年版，第76页。

化以至牺牲道德为代价的。恩格斯在《路德维希·费尔巴哈和德国古典哲学的终结》一书中，援引黑格尔《法哲学原理》中的观点并对其作出肯定评价，承认“恶是历史发展的动力的表现形式”。[①] 以历史尺度考量之，道德上不能容忍的“恶”，却是历史得以完成自身的一个不可或缺的内在环节，但它在历史上不可避免地表现为同道德的尖锐对立。

有学者说得好：“由于种种原因，道德领域的问题之多超乎寻常，无序混乱的现象不少，失德、败德的行为接二连三，其严峻性和严重性前所未有，但道德进步的趋势是明确的，整个社会的道德本质和主流是向真、向善、向美的，艰辛曲折多一些，消极负面多一些，但道德是在螺旋性地上升，道德的进步没有停止，这才是我们面对的真实的道德世界。”[②] 社会历史与伦理道德的二律背反尽管在历史上曾出现，但不能因此而抹杀社会历史与伦理道德二者的正相关关系，毕竟社会历史的发展或迟或早地会推动伦理道德进步的；也不能因此把某些伦理规范和道德品质的丧失等同于整个社会道德水平的下降和堕落；更不能因此把某一时期、某一阶级、某一阶层、某些人的道德水平下降等同于人类社会历史上任何时期和社会整体的道德水平的下降。换而言之，不能把社会历史与伦理道德的二律背反现象普遍化、绝对化、无限化，因为它只是存在于人类社会的某一特定历史时期或阶段。对于社会转型下历史与伦理的二律背反所表现出来的耻感伦理的困境，也不应绝对化、悲观化、消极化，这只是社会转型期的特殊现象。从宏观发展趋势看，耻感伦理是波浪式地向前发展的，不会总是无止境地下滑，总会有一个触底反弹的时期与阶段，终究会摆脱这种困境，对之应充满希望，要相信总归会随着社会历史的发展而不断进步。

四 社会转型下耻感伦理现代境遇的社会成因

任何时期，耻感伦理境遇都面临来自主客观两方面因素的影响。唯

---

① 《马克思恩格斯选集》第 4 卷，人民出版社 2012 年版，第 244 页。

② 张晓林：《用全面、历史、发展的眼光看道德问题》，《文汇报》2013 年 7 月 1 日第 10 版。

物辩证法认为，内因是变化的根据，外因是变化的条件，外因通过内因起作用。内因的主观因素十分重要，这也就是为什么在大体相同的社会环境中，处于同样的制度与体制之下，同样经受着市场经济大潮的冲击，同样面对着形形色色的各种诱惑，人与人之间的耻感境界、耻感观念与耻感表现却大相径庭。“物必先腐而后虫生”道出了深刻的哲理，一个机体要能健康长存下去，就必须及时审视自身，防范和清除腐败。事物也好，人也好，差就差在内因。一些官员的腐败堕落，是因为他们理想信念的滑坡缺失；一些企业与商人的诚信缺失，是因他们唯利是图；一些社会成员的公德失范，是因为他们自我意识的作祟等等，这进一步印证了内因的决定作用。然而，不同的人、不同的群体的主观因素——内因虽然各不相同，但是面对的客观因素——外因却是大抵相同的，这也是为什么社会转型下耻感伦理的现代境遇会显得尤为突出和尖锐。所以，在关注主观因素的同时，也必须考量客观因素——社会根源的重要性。

“现代化过程中腐败现象的广泛存在，核心原因是社会结构的不完善，缺少有效的制约监督机制，缺少健康的、制度化了的政治生活——只有在这种情况下，社会出现新生的政治、经济力量，政府职能与权威的扩大，才能助长腐败。不能简单地以某些人的道德堕落来解释较为普遍的社会腐败现象。当社会腐败成风之时，更应当追寻腐败得以形成的客观条件与基础，必须通过人们的精神寻求在精神背后存在着的决定精神的因素。”① 那么，社会转型下耻感伦理现代境遇的客观条件抑或社会根源是什么？决定耻感伦理现代境遇的精神因素又是什么？马克思恩格斯指出：“思想、观念、意识的生产最初是直接与人们的物质活动，与人们的物质交往，与现实生活的语言交织在一起的。人们想象、思想、精神交往在这里还是人们物质行动的直接产物……意识在任何时候都只能是被意识到了的存在，而人们的存在就是他们现实生活过程。”② 无疑，这种“现实的生活过程”不仅是思想道德意识形态生成的根源，

① 高兆明：《制度伦理研究——一种宪政正义的理解》，商务印书馆 2011 年版，第 392 页。

② 《马克思恩格斯文集》第 1 卷，人民出版社 2009 年版，第 524—525 页。

而且也是耻感伦理现代境遇的社会根源。必须从“现实生活的过程”的深刻变化中去寻找和剖析社会转型下耻感伦理现代境遇的社会根源。

（一）市场经济的负面效应与异化效应

从体制层面看，经济领域里的社会转型指的是从计划经济体制向市场经济体制转型，这是当代最具基础性、革命性的社会变革。在这场社会变革中，整个经济生活和社会生活都发生了前所未有的变化，与之相应，人们的伦理道德观念也都随之发生了变化。

作为一种新的经济运行方式，市场经济带来了人们的伦理道德观念与行为方式的更新。因为市场经济本身是一种以利益驱动为重要调节手段的机制，市场经济的发展激活和增强了人们的利益意识，利益主体追求合理利益成为普遍现象，人们自觉或不自觉地肯定和维护通过合法与合理手段获取的个人利益和更高水平的消费、享受的观念和行为，思想道德更加趋向务实。所以，人们的伦理道德观念与行为方式的更新，必然会冲击计划经济体制下业已形成的一些伦理道德观念与行为方式。这种冲击是新伦理道德观念对旧伦理道德观念的冲击，是一种正负能量的对决和较量，虽然其间也会给人们带来些许的惶惑、焦虑与阵痛，但毕竟与之伴随的是伦理道德观念的新生。

然而，由于市场经济体制的不完善和市场经济本身固有的局限性与缺陷，会对社会正常、合理的价值观、道德观产生冲击。虽然这也是必然的，但却不能简单地称之为正面的、积极的。从深刻的意义和运行的基本动力上看，市场经济毕竟是一种“求利经济”，有着违背抑或不顾社会道德观念和价值观念体系的倾向与可能，有着不可根除的负面效应与异化效应，而这种效应又不可避免地对社会的伦理道德观念产生影响。

市场经济负面效应诱发了个人本位主义、利己主义、拜金主义、功利主义等思想和行为。当市场经济在中国获得合法地位之后，人们在经济活动中追求个体物质利益也随之取得了伦理上的合理性认可。在市场经济条件下，越来越多的社会成员参与了经济活动，人们越来越多关注自己的经济利益。而市场经济的一个基本原则就是强调利益导向、效率优先。它对经济的发展起到巨大驱动力时，其负面效应也是显而易见的：首先，市场机制对人们行为的调节都是通过利益杠杆实现的，在此过程中，人们总是希冀能够用最小的成本获取最大的效益，若背离这个要求，那么，在激烈的市场竞争中就会面临失败的危险。其次，市场经济的导向是法制规范保障下的自由竞争和相互交换的契约关系，其基本的价值取向是追求个人私利的最大化，其元理论是个人本位主义。市场经济的实质与社会主义道德体系和中国传统伦理的人文主义思想存在着内在的文化与价值冲突。市场经济中，每个人都是一个有着自身利益的独立体，市场经济使个体之间的利益充分地显现出来，强化了“经济人”的本性。为了追求自身利益或效用的最大化，强调个人的绝对自由，否定社会力量对个人的任何干预，主张经济的自由放任，认为国家是“必要的恶”，主张“最好的政府就是管理最少的政府”，政府的角色就应该成为市场“守夜人”，以保护公民不受他人的侵犯为借口，置法律与道德于不顾，唯利是图、偷税漏税、走私贩私。再次，市场交易和利益都是通过货币、金钱得以体现和表达的。作为一般等价物，“货币，因为它具有购买一切东西的特性，因为它具有占有一切对象的特性，所以是最突出的对象。货币的特性的普遍性是货币的本质的万能；因此，它被当成万能之物。”① 本作为手段的货币、金钱被当作目的来对待，人就由目的变成了工具、手段，成了追逐货币、金钱的奴隶。当货币、金钱成为人的目的时，一切能够获取货币、金钱的手段，无论这些手段是否会践踏社会的伦理道德和法律，都会被肆无忌惮地使用。最后，追求私利的最大化和极端的功利主义把市场经济固有的利益中心原则无限放大和扭曲，把人们的需求引向了片面的物质利益，而忽略了精神上的追求。“市场经济使人格逐渐原子化、物化和货币化，倾向于人与人之间赤裸裸的金钱关系和交换关系”。② 一些人误认为“满足我的需要就是真理”，只要有利可图、得到实惠就行。为了满足个人的膨胀私利，善恶观念被抛弃，荣耻现象被颠倒，国家公权力被侵蚀，理想信念、主义真理、道德情操都可以漠然置之。

市场经济异化效应诱发了权钱交易、权力寻租现象。中国向市场经

---

① 《马克思恩格斯文集》第1卷，人民出版社2009年版，第242页。

② 陈红太：《警惕市场经济负面效应被放大》，《前沿》2010年第9期。

济体制的转型是在政府主导下进行的，长期以来不能很好地处理政府与市场的关系，不能有效地发挥政府作用，既存在政府干预过度问题，也存在“市场失灵”问题。“经济体制改革是全面深化改革的重点，核心问题是处理政府和市场的关系，使市场在资源配置中起决定性作用和更好发挥政府作用。”① 这一论述从另一个侧面表明，社会主义市场经济体制改革尚未完成，特别是政府职能转变不到位，成为目前经济社会领域诸多矛盾和问题的体制性根源。分析这些年贪污腐败易发多发的时段、领域和人群，一个基本规律是贪腐现象严重的地方，往往是权力与市场的结合部，是新旧体制转轨的结合部。在市场经济条件下，围绕配置资源的权力展开的寻租博弈，是当前中国腐败现象的基本特征，而寻租，最直接的表象就是权钱交易。不同所有制企业所形成的不同市场主体，在生产、交换、分配、消费全流程展开激烈的竞争。在完善的市场经济体制下，各种体制机制较为健全，利益主体不必依靠政府，主要通过市场获得资源，政府权力被压缩到很小的空间，大幅度地减少了不必要的行政干预可能，市场竞争得以公正、透明，从而使权力寻租现象大大减少。然而，转型中的市场经济体制还存在着诸多的不健全、不完善，给权力与市场之间留下诸多空隙，权力可以通过这些空隙进入市场，金钱也可以通过这些空隙获得权力。政府主导下的“审批经济”致使在一些时段、一些领域、一些人群中，权钱交易和权力寻租现象尤为突出。党的十八大以来的“打老虎、拍苍蝇”的运动中，纷纷落马的官员的许多问题就是权钱交易、权力寻租。可见，市场经济的这种异化效应导致围绕配置资源的权力出现权钱交易的寻租博弈现象，是造成权力腐败、官德堕落现象的主要原因。

（二）改革碎片化下制度的漏洞效应

改革是一场深刻而全面的社会变革。既包括经济体制又包括政治体制、文化体制、社会体制、生态体制，既涉及生产力又涉及生产关系，既关涉经济基础又关涉上层建筑，既涵盖体制层面又涵盖物质层面和精神层面。如果从政策的重新选择、体制的重新构建所带来的社会生活和

---

① 《中共中央关于全面深化改革若干重大问题的决定》，人民出版社 2013 年版，第 5 页。

人们观念变化的深刻性和广泛性来说，改革无疑是一场伟大而深刻的革命。然而，这样一场前无古人的社会革命，是没有可以直接效法的样板房的。

改革初始阶段，由于经验不足以及缺乏顶层设计，或对问题需要进一步通过实践来认识，只能采取“摸着石头过河”的方式。“摸着石头过河”就是从实践中寻找规律，边实践边总结，积累经验后再逐步推开，出现问题及时应对，发现错误马上纠正，不断从实践中取得规律性认识。可以说，那时的时代特点与要求决定了“摸着石头过河”方式的必要性，并且也因此取得诸多成效，具有积极的意义。话说回来，由于那时的改革尚处于浅水区，“摸着石头过河”方式所导致的风险也不大，尚处于可控的范围之内，也使“摸着石头过河”方式具有可行性。然而，也应看到“摸着石头过河”方式的代价毕竟是极其沉重的：一是有人乘机浑水摸鱼。后来改革的实践也证实了这一点。一些有权的人和善于投机的人，抓住机会，逮住了河里的大鱼，而大多数人要么没有逮住鱼，要么逮住的都是小鱼虾米；二是造成“河水”污染严重。污染了人的道德之“河”，人们的道德世界走向堕落。污染了自然之“河”，为了捞鱼，自然成了人们任意破坏的对象。所以，改革初期的“摸着石头过河”方式，难免会因改革的局部化设计和单方面推进出现严重的“碎片化”现象。

改革是新体制代替旧体制。新体制不可能一蹴而就，旧体制也不可能瞬间消失，在此消彼长的过程中，新体制的建立和完善不仅受制于旧体制的掣肘，而且还受制于自我成长的时间与经验积累的约束，这意味着不可避免地出现制度的漏洞效应。经济学有一种观点认为，如果某种制度的安排是偏离均衡状态，那么，一定会存在某种可以钻的漏洞，并可以带来与之相关的利润。所以，制度的漏洞效应指的是由于制度设计不完善、执行监管不严密等原因，使制度出现缝隙而让人有机可乘。例如，在一些国企改制过程中，一些人因为制度存在漏洞，通过股份制改造，化公为私，一夜暴富。人民论坛问卷调查显示，[①] 68% 的受调查者

① 参见人民论坛问卷调查中心（王慧执笔）《中国转型期“漏洞”状况调查》，《新华月报》2012 年 1 月（下）。

认为中国现代化进程中漏洞“非常多”，20% 的受调查者认为“比较多”，7% 的受调查者认为“比较少”，仅有 4% 的受调查者认为“很少”，制度漏洞最大的危害在于“加剧社会不公，形成既得利益集团、撕裂社会”。

那么，为什么人们对社会转型下制度的漏洞效应有如此强烈的感受？一方面，社会转型不可避免地带来社会结构的变迁、经济结构的变化与利益关系的调整、重组。由于新体制、新规范、新举措没有及时建立和跟进，产生一系列规范、技术程序和行为观念上的漏洞效应。另一方面，诸多关涉人们切身利益的问题没有及时通过改革获得推进和及时解决。从每年“两会”人们关注的问题焦点调查看，排在前 10 位的不外乎是“腐败”“教育”“医疗”等“老面孔”。当人们看到身边的人频繁地利用制度的“漏洞”暴富起来，就会感到缺乏安全感和信任感。任何改革都不可避免存在一定的制度漏洞，一定程度上，耻感伦理的现代境遇也与改革相伴生的制度漏洞相关联。

一个完善的制度应当是民主自由、充满活力、富有创造的制度，应当是不会造成两极分化、和谐有序的制度。然而，改革的碎片化加剧了制度的漏洞效应，造成权钱交易、权力寻租，城乡差距拉大、两极分化严重，一些政策被利益集团所绑架，机会主义者成为赢家、循规蹈矩者成为输家。关于“涉及公权力的以下热点领域，哪些‘漏洞’较多？”的问题上，排列在前三位的分别是“国企改制”（占比 65%）、“土地审批”（占比 59%）、“工程建设”（占比 52%）。这三大领域成为腐败的重灾区：国企领域的“资本腐败”丝毫不逊色于官场的权力腐败，土地开发的巨额利润吸引“利益攸关方”，工程建设资本密集极易暗箱操作。北京大学夏学銮教授认为，漏洞出现的环节，都是腐败高发的领域。正是一些制度漏洞，直接诱发了腐败犯罪的发生，或者说，权力制衡领域的漏洞是最危险的漏洞。①

制度仰赖公平、正义和法律。然而，制度的漏洞效应却导致公平正义缺失，救人反遭诬陷敲诈或刑拘，使得道德失去了应有的感召力、法

---

① 参见人民论坛问卷调查中心（王慧执笔）《中国转型期“漏洞”状况调查》，《新华月报》2012 年 1 月（下）。

律失去了应有的公信力。英国哲学家培根在《论司法》中曾说过：“一次不公的判断比多次不平的举动为祸犹烈。因为这些不平的举动不过弄脏了水流，而不公的判断则把水源败坏了。”① 这其中的道理相当深刻，如果法律缺乏公信力，社会公正就会受到普遍质疑，社会和谐稳定就难以保障。有人认为，彭宇案让国人的道德观倒退了50年。虽然此类观点过于片面极端，但是应看到其强大的负能量与负向的导引作用。这之后，我们看到更多的是“武汉88岁老人摔倒无人敢扶窒息身亡，离家不到100米”之类的新闻报道。其实，每一个人的内心都有一种向善的愿望与力量，总是有一种上前援助需要救助人的冲动。然而，救人被讹却成为救助他人的绊脚石。表面上看，救人被讹似乎只是被救助人道德层面出了问题，实际上已经超越了道德层面，背后折射了制度的漏洞与缺失，已涉嫌违法甚至犯罪。正是因为制度漏洞效应，使人们遇到需要救助时，不再有人伸手相助，而争当麻木的看客。也正是这样的涟漪，才使社会风气变得麻木和冷漠，致使社会出现了危而不敢扶、难而不敢帮的现象。长此以往，人们常常感到无能为力、耻感麻木，只能以消极负面情绪应对，甚至见不贤效之而不内省，不可避免地加重了耻感伦理问题。

（三）西方文化思潮下道德观念的模糊效应和道德教育的混沌效应

历史和现实表明，中国社会的转型不是在一个孤立封闭的环境下进行的，而是在全球化浪潮背景下逐渐展开的，中国的文化环境和道德生态环境越来越呈现出多元复杂的特征。对此，英国学者汤姆林森认为，全球化不过是现代社会的一种经验主义状况，既可以称之为“复杂的联结”，也可以看成是“时空的压缩”。但无论如何，文化对全球化是至关重要的，因为在一个复杂联结的社会里，文化把千百万人的无数微不足道的日常行为，与远方的、互不相识的他者的命运……连接在了一起。所有的这些个体行为，都是在地方世俗生命世界的富有文化意义的语境中进行的。② 全球化进程在带来文化之间的交流、交锋与交融的同

① ［英］弗·培根：《培根论说文集》，水天同译，商务印书馆1983年版，第193页。

② ［英］汤姆林森：《全球化与文化》，郭英剑译，南京大学出版社2002年版，第35页。

时，也使得西方文化在世界范围内的扩张。

西方文化以垄断性的优势迅速瓦解着非西方、本土化的文化与传统。其价值观念、生活方式借助全球性的大众媒介和各种消费渠道渗透到社会生活的各个领域，直接引发人们伦理观念的裂变。毋庸置疑，西方文化给中国带来了科学、民主、法治、公平、正义和现代技术、管理理念，激发了作为改革精神活力的主体性和创造性。然而，也应该看到，“当一种新的冲击或者连续性的冲击进入人们的生活，人们内心的扩张性和求知欲变得功利主义，现代文化就是这样一种恶魔一样的摧毁物。”① 西方文化中的极端个人主义、无政府主义、享乐主义等一些腐朽观念和行为也一同袭入国门，就像“恶魔一样的摧毁物”，造成道德观念的模糊效应。而当这些观念和行为与传统文化中的落后和愚昧的一面相结合之后，便诱发了社会风气的腐败和沦丧。一些人盲目地崇拜西方的生活态度和价值理念，功利主义、拜金主义、享乐主义、利己主义占领了头脑，传统美德、社会责任被抛之脑后，变得是非不辨、荣辱不分。调查数据显示，当亲人或朋友因腐败问题而受到惩处时，38%的认为耻辱，21.1%的选择没有什么大不了的，而40.9%的选择可惜了。② 这里，选择“可惜了”的现象值得深思。首先并不认为是耻辱，“可惜了”的原因只是因为与自己有各种各样的交集，一定意义上就是持没有什么大不了的态度。这组数据，从一个侧面说明了一些人对腐败问题认知的“臭豆腐”现象，闻起来臭，吃起来香，谈论起腐败来义愤填膺，一但有机会却巴不得自己也能腐败一下，可以说是只反大腐败，不反小腐败。以网络文化世界为例，相对于现实生活中存在一定的伦理规则和道德底线而言，网络文化世界是百无禁忌，甚至是没有伦理底线的。由于虚拟世界具有的自由性、快捷性、交互性、开放性、海量性、即时性、隐匿性等特点，以及缺乏相应法律制约的监管和道德评价，网络文化世界盛行无政府主义的暴力，本应是一场严肃的讨论却因声嘶力竭地挖苦而堕落为毫无羞耻之心的秽语狂欢。黄色图片和信息、挑逗人原始

① ［德］奥斯瓦尔德·斯宾格勒：《西方的没落》第1卷，吴琼译，上海三联书店2006年版，第157页。

② 数据引自本课题组2013年7—8月间在浙江、安徽、吉林、广西等地发放的问卷调查统计结果。

本能的垃圾文字、扭曲人道德人格的暴力游戏随处可见。由于网络意识形态具有非对称性和强大的渗透性，西方文化思潮通过发达的网络技术手段和强势的文化输出对社会转型下人们的世界观、人生观、价值观、道德观构成极大挑战。网络的开放性、多元性和交互性，在为人们提供了获取信息和言论表达的新途径，一定程度上成为化解社会矛盾、疏导社会不良情绪的减压阀，但其开放、多元、交互的信息传播方式加大了社会转型下道德观念的控制难度，人们在海量的信息面前也可能不再被动接受主流媒体的灌输和教育，不再简单追随主流意识形态，导致对主流意识形态认同的弱化。长此以往，人们的价值观、道德观就会由清晰而模糊、由正确而错误，而致是非不分、荣耻颠倒。

道德教育本身也存在混沌效应。由于现实的道德状况处在急剧变化之中，道德教育模式无论在内容上还是在形式上都未能及时加以调整改进，致使道德显得苍白无力，教育效果远远不能抵挡西方文化思潮的冲击。在道德教育过程中，教育者因为道德嬗变、道德观念模糊而未能理直气壮地进行道德教育，受教育者则更多地受到现实的道德状况的影响，而不愿认同脱离现实的道德说教。社会转型下道德教育内容应该是多层次的、多方面的，而不是单一的、片面的。相反，道德教育在内容上重高层次道德、轻基础性道德，在方法上重宣传培养、轻教育养成，在形式上重高大全、轻接地气。道德观念的模糊效应和道德教育的混沌效应，使社会伦理道德的底线逐渐下降。

（四）新媒体的放大效应

耻感伦理的现代境遇也与新媒体的蓬勃兴起密切关联。新媒体（New media）概念是1967年由美国哥伦比亚广播电视网（CBS）技术研究所所长戈尔德马克（P. Goldmark）率先提出的。对于新媒体时代的界定，众说纷纭，至今没有定论。一些传播学期刊上设有“新媒体”专栏，但所刊载文章的研究对象也不尽相同，有数字电视、移动电视、手机媒体、IPTV等，还有一些刊物把博客、播客等也列入新媒体专栏。相对于书信、电话、报刊、广播和电视等传统媒体，新媒体是依托于数字技术、互联网络、移动通信技术等新技术，以数字杂志、数字报纸、数字广播、数字电视、数字电影、手机短信、移动电视、网络、桌面视窗、触摸媒体等形式向受众提供信息服务的新媒体形态。

新媒体以极其丰富的信息资源、便捷的交流方式成为人们日常生活的重要组成。2012 年 9 月 27 日，中国社会科学院发布了国内唯一的新媒体蓝皮书《中国新媒体发展报告（2012）》。报告指出，2011 年以来，中国新媒体的成长进入到一个极为特殊的阶段，对社会发展的作用日益“中心化”。[①] 中国互联网络信息中心（CNNIC）发布的第 33 次《中国互联网发展状况统计报告》显示，截至 2013 年 12 月，中国网民规模达 6.18 亿，全年共计新增网民 5358 万人，互联网普及率已达到 45.8%，大幅超过全球 39% 的网民普及率和发展中国家 27% 的网络普及率。2013 年，中国手机网民规模达到 5 亿，较 2012 年底增加 8009 万人，年增长率为 19.1%，网民中使用手机上网的人群占比由 2012 年底的 74.5% 提升至 81.0%，手机继续保持第一大上网终端的地位。而新网民较高的手机上网比例也说明了手机在网民增长中的促进作用。2013 年中国新增网民中使用手机上网的比例高达 73.3%，远高于其他设备上网的网民比例，手机依然是中国网民增长的主要驱动力。2014 年 7 月 22 日，新华社新媒体中心对外发布了《中国新兴媒体融合发展报告（2013—2014）》。[②] 报告称，中国拥有全世界数量最庞大的新兴媒体用户，网民已经超过 6 亿，工信部数据显示手机用户已超过 12 亿。报告指出，用户及其需求是新兴媒体中最基础的要素，衡量新兴媒体发展水平最宏观的标准是互联网和手机用户。

面对发展如此迅速的新媒体，有人把当今社会称作为“媒介化的社会”。这一说法一方面表述出传媒业近年来的强劲发展态势，意味着新媒体技术的应用影响着人们在现实世界里的生活与选择，拓宽了人类活动的疆域，改变了人的连接方式与社会关系的组织方式，促进人与人、人与社会融合。另一方面则传递出人们对媒介信息产生了前所未有的依赖，从地上到空中，从室内到室外，新媒体源源不断地传播的信息结成了一个无形的天罗地网，网住了社会，网住了每一个人。“传媒充斥在

① 《社科院发新媒体蓝皮书　中国新媒体用户全球第一》（http://news.sohu.com/20120928/n354129868.shtml）。

② 《中国手机新媒体用户超过 12 亿》（http://news.xinhuanet.com/tech/2014-07/22/c_1111742302.htm#rd）。

我们生活的每个角落，大众传媒已经成为当今世界的‘文化中心’。”①这意味着新媒体的传播已经成为重要的途径，人们也越来越依靠传媒来认知社会和世界，新媒体名副其实地成为人们了解社会的窗口和观察世界的眼睛。可见，新媒体不仅进一步变革着大众传播格局，而且快速向政治、经济、文化等诸多领域渗透，成为一种高度社会化的媒介。

其实，“媒介化的社会”说到底仍然是一个网络社会。就其本质而言，网络社会是现实社会中的人以互联网为纽带，通过信息交换而形成的虚拟社会。网络社会打破了传统的人与人之间联系方式的时空限制，人与人通过互联网组织和连接。“从现实的角度来看，‘网络社会’是现实社会人们‘交互作用’的结构、环境和空间的发展和拓展；从虚拟的角度看，网络社会‘依存’于现实社会，是一种‘真实’。”②2013年《社会心态蓝皮书》认为，中国社会情绪的总体基调是正向为主，即积极进取、理性包容、成熟开放是当前我国社会情绪的主流；但存在的一些不利于个人健康和社会和谐的负向情绪不容乐观。网络社会下的这种社会心态是当前社会现实的反映，而当下中国正处在三期叠加时期，社会问题日益增多，人们的生活压力加大，由此积累了很多的社会矛盾。

虽然互联网、新媒体技术在传播主流意识形态方面发挥了十分重要的积极作用，但是任何事物都有其两面性。互联网、新媒体也会成为各种负面社会心态和社会情绪的放大器和集散地，一些社会成员出于逆反心理、发泄心理、表现心理，更倾向于传播负面的观点和情绪，有时会产生“蝴蝶效应”和“放大效应”，诱发现实生活中的群体性事件，影响社会和谐稳定；互联网、新媒体也引发了赌博、色情、欺诈、诽谤、侵权、病毒等问题，进一步加剧社会冲突，使各种社会伦理问题接踵而至，耻感伦理问题便是其中之一。一些受众形容新媒体的报道是坏事取代佳话成为“好”消息，丑闻取代美谈成为“好”新闻，明星取代了模范，美女挤走了学者，绯闻顶替了国是，犯罪代替了创业，低价遮蔽

① ［美］塞伦·麦克莱：《传媒社会学》，曾静平译，中国传媒大学出版社2005年版，第1页。

② 戚攻：《“虚拟社会”与社会学》，《社会》2001年第2期。

了崇高，娱乐覆盖了新闻。“假丑恶新闻”成为传播的主角，“性腥星”成为追逐的热点，奇闻怪事成为不可或缺的组成部分。这意味着媒体从业者的耻感意识丧失，媒体伦理失范而逐渐滑向庸俗化、低价化。

同时，还应看到，由于新媒体具有海量信息承载、碎片化信息传播、虚拟化信息传播环境等特征，导致新媒体时代是一个人人都可以成为信息的生产者与传播者的时代。一个孤立的耻感事件，或者一例败德的突发事件，常常会引起莫名的亢奋、躁动以及持续、深度的追踪报道，经过新媒体的叠加传播，被无限地放大，于是道德“滑坡”“危机”“堕落”的舆论也随之铺天盖地般传播开去，进一步造成社会伦理道德水平状况恶劣的失真现象，引发了耻感伦理观念的裂变，小悦悦案、药家鑫案、彭宇案等就是鲜活的例证。而那些在默默无闻的场合、做着默默无闻的善事的平凡的道德模范们的事迹，却难以成为新媒体关注报道的对象。可以说，新媒体技术与伦理的悖论从来没有像今天这样如此凸显并困扰着人类。

耻感伦理随着社会存在的改变而变化。“人们的观念、观点和概念，一句话，人们的意识，随着人们的生活条件，人们的社会关系，人们的社会存在的改变而改变。”① 社会转型带来了人们不同价值观、道德观的碰撞和新价值观、道德观的萌发，可以说，社会转型是社会道德进步的必要环节。对于耻感伦理所遭遇的困境不应抱有悲观的心态，这是伴随社会转型的一种特定现象。历史的事实与经验充分表明，当一个国家和社会处于转型时，常常会出现道德信念的缺失和价值标准的异化，其实，某种程度上这也是社会转型的代价与必然。建立在传统社会基础之上的道德信念和价值标准，在面向现代文明转型时不可避免地会出现价值的断裂。社会转型并不必然导致道德滑坡与价值断裂，它同时也是一个道德信念和价值标准的重建过程，因为道德和价值具有内在的连贯性，是随社会进步而发展的。就人类整体而言，社会道德是不断进步的，历史与伦理的二律背反只存在于社会转型这个特定时期，应抱着积极的态度建设耻感伦理。

① 《马克思恩格斯文集》第2卷，人民出版社2009年版，第50页。

第四章

社会转型下耻感伦理的思想基础与主要内容

在文化多元化和价值取向多样化的今天，耻感伦理的现代境遇所呈现出来的道德图景非常不容乐观。科学合理地确立社会转型下耻感伦理的思想基础与建构耻感伦理的内容，是提出富有针对性、实效性的建设性举措的前提与基础，同时，这也是最为复杂与最为艰难的事情。

一 社会转型下耻感伦理的思想基础

耻感伦理不仅表现为规范人们行为的准则体系，而且还表现为人们践行准则体系所形成的德性品格与价值取向。无论是作为准则体系，抑或是作为德性品格与价值取向，只有代表、反映或彰显占统治地位的社会意识形态与伦理道德观念，才能成为指导和规范人们行为的思想力量与价值准则。也就是说，耻感伦理必定要以占统治地位的意识形态与伦理纲常为思想基础。

那么，何谓思想基础？简而言之，就是主体思维活动的出发点与立足点。在阶级社会里，思想基础具有鲜明的阶级性，无论哪一种思想基础都体现了其所代表的阶级、阶层或利益集团的意识形态。

中国的传统文化既不同于注重人与自然之间关系的古希腊文化传统，也不同于注重人与神之间关系的古印度文化传统。在中国传统文化体系中，既有反映人与自然关系的“自然之道”内容，也有反映人与神关系的“终极关系”内容，但更多的是注重现实社会中的人与人之间的关系，指向的是人之所以为人的“做人之道”。这种文化体系的意义在于塑造和树立个体自我的精神人格与道德人格，在于通过运思与传习方式，寻找个体在社会中的位置，并以一种平和、淡定的心态应对与应战在环境与命运中出现的种种变化和挑战。从春秋战国时期的诸子百家之学，到秦大一统的法家之学，再到西汉初期的黄老之学，最后到汉武帝时期“罢黜百家，独尊儒术”，以孔孟为代表的儒家学说成为社会的统治思想。从此，儒家经学成为传统社会的“国学”，标志着以“三纲五常”为思想基础的核心价值体系的确立。无疑，作为中国传统文化体系中的重要内容，传统耻感伦理是以“三纲五常”为思想基础的。

在西汉之后的两千多年社会里，“三纲五常”成为一种超稳定结构的超稳定理论，为历代封建统治阶级所维护和提倡。为了维护封建阶级统治和等级秩序的神圣性、合法性与合理性，“三纲五常”要求人们必须遵从“天、地、君、亲、师”等一整套伦理纲常秩序。从这个意义上说，耻感伦理只有以“三纲五常”为思想基础，才能与传统社会的伦理道德盘根错节在一起，起到维护社会秩序、规范人际关系的作用。尽管在建立社会秩序、规范人们行为道德、构建人际关系准则、树立理想信仰等方面，“三纲五常”起到社会的“压舱石”作用，但毕竟诸如维系专制统治、压抑人性欲求、倡导男尊女卑、主张等级制度等副作用是显然易见的，必然要与封建专制的伦理道德一起被现代社会所摒弃和扬弃。传统耻感伦理面临着现代转型，而转型的前提则是思想基础的转型。以代表封建专制主义的最高道德原则和观念的“三纲五常”自然不能成为社会转型下耻感伦理的思想基础。

社会转型下耻感伦理是以社会主义核心价值体系为思想基础的。价值观从来都不是孤立地、单个地存在着，而是按照一定的逻辑和意义联结在一起，按一定的结构层次或系统而存在的，单一的价值观只有处在整个价值系统中才能显示出其作用和意义。价值体系是一个整体性的系统，包含着诸如指导思想、理想信念、价值取向、价值评价等丰富的内容和诸多的要素。社会主义核心价值体系全面体现了社会主义意识形态，彰显了社会主义制度的内在价值取向，反映了全体社会成员的核心利益和共同愿望，是社会主义制度的内在精神和生命之魂。在内容层次上，社会主义核心价值体系涵盖了当代中国共同价值观的主要内容，是由马克思主义指导思想、中国特色社会主义共同理想、以爱国主义为核心的民族精神和以改革创新为核心的时代精神、社会主义荣辱观等内容构成的。其中，马克思主义指导思想是灵魂，中国特色社会主义共同理想是主题，以爱国主义为核心的民族精神和以改革创新为核心的时代精神是精髓，社会主义荣辱观是基础。在理论逻辑上，社会主义核心价值体系从思想指导、思想主题、思想精髓、思想要求等方面规制了社会转型下耻感伦理的思想基础。

（一）社会主义核心价值体系为耻感伦理提供了思想指导

社会主义核心价值体系是社会主义意识形态的本质体现。核心价值体系不仅反映社会意识的本质，决定社会意识的性质和方向，而且还涵盖社会发展的指导思想、价值取向和行为准则，影响社会成员的思想观念、思维方式与行为选择，归根结底是社会的共同思想道德和信念基础。一个国家、民族、社会，在长期的社会实践活动中，必然会形成一定的价值体系，其中居核心地位、起主导和统摄作用的属于核心价值体系。“核心价值体系和核心价值观，是决定文化性质和方向的最深层要素，是一个国家的重要稳定器。”[①] “社会主义核心价值体系和核心价值观内在一致，都体现了社会主义意识形态的本质要求，体现了社会主义制度在思想和精神层面的质的规定性，凝结着社会主义先进文化的精髓，是中国特色社会主义道路、理论体系和制度的价值表达。”[②] 历史与现实一再表明，任何社会都存在各种各样的价值体系，任何社会都有与经济基础和上层建筑相适应的、能形成广泛共识的、凝聚社会全体成员意志和力量的核心价值体系。社会转型下耻感伦理理应体现社会主义意识形态的本质要求，理应以社会主义核心价值体系这个为全体中国人共同认同的“最大公约数”为思想基础。

社会主义核心价值体系是兴国之魂，马克思主义指导思想则是兴国之魂之灵魂。一个社会在构建核心价值体系、凝练核心价值观时，必然选择与自身的价值取向和价值诉求相一致和匹配的理论作为指导思想。

---

① 中共中央宣传部：《习近平总书记系列重要讲话读本》，学习出版社、人民出版社2014年版，第92页。

② 同上书，第93页。

社会主义社会之所以选择马克思主义为指导思想，是因为其理论立足于实现和维护最广大人民的根本利益。“过去的一切运动都是少数人的，或者为少数人谋利益的运动。无产阶级的运动是绝大多数人的，为绝大多数人谋利益的独立的运动。”① 马克思主义与非马克思主义价值观的区别就在于它是站在人民的立场上，把促进经济发展、推动社会进步、维护人民的根本利益作为价值诉求与是非标准。只有以马克思主义价值观来认识和指导中国特色社会主义，才能形成中国特色社会主义核心价值体系。建设社会主义核心价值体系离不开马克思主义的指导，这是因为马克思主义不仅是社会主义核心价值体系的理论前提，而且也是贯穿于社会主义核心价值体系的灵魂。

马克思主义是经过实践证明了的科学真理，坚持马克思主义的思想指导，就是把形形色色的各种社会思潮与价值取向引导到正确的轨道上来。社会转型是经济、政治、文化、社会、生态的整体发展与全面变迁，是一种战略性的、影响社会全局的大变革。在社会转型这个特殊时期，各种社会思潮、价值观念存在着激烈的冲突、碰撞与交锋，社会意识形态领域呈现出复杂性、多变性的倾向与趋势。任何社会的任何时期，起主导作用的经济基础的一元化决定了起主导作用的意识形态必然也是一元化的。因为“统治阶级的思想在每一时代都是占统治地位的思想。这就是说，一个阶级是社会上占统治地位的物质力量，同时也是社会上占统治地位的精神力量”。② 列宁曾就此进一步阐释：“问题只能是这样：或者是资产阶级的思想体系，或者是社会主义的思想体系。这里中间的东西是没有的（因为人类没有创造过任何‘第三种’思想体系，而且在为阶级矛盾所分裂的社会中，任何时候也不可能有非阶级的或超阶级的思想体系）。”③ 这意味着，一个社会的稳定与发展，既需要雄厚的经济基础、坚强的政治领导、完备的制度体系，也需要把握和掌控主流的意识形态，使全体社会成员在思想观念和文化上具有认同感、归属感。任何企图改变和影响经济基础及社会制度的思想，必定会被视为异端邪说

① 《马克思恩格斯文集》第2卷，人民出版社2009年版，第42页。

② 《马克思恩格斯文集》第1卷，人民出版社2009年版，第550页。

③ 《列宁专题文集》（论无产阶级政党），人民出版社2009年版，第85页。

而受到排斥和封杀，既不可能占据主导地位，也不可能成为主流意识形态。这就是说，思想的统一是行动一致的前提，不管社会形态多么不同，社会思潮多么复杂，一个社会始终都应有一个共同的思想基础，即指导思想的一元化，而马克思主义就是这样一种思想指导。坚持和巩固马克思主义在意识形态领域里的指导地位，用一元化的指导思想引领、整合多样化的社会思潮，是国家和社会沿着正确方向前进的根本思想保证。

所以，必须确立马克思主义为指导的一元化地位，以马克思主义来建立社会意识形态的统一性、合法性、合理性。也只有这样，才能使社会转型下耻感伦理应对意识形态领域里的新自由主义、普世价值论、文化保守主义等思潮新挑战时，通过坚持社会主义核心价值体系为思想指导的“政治正确”的前提下确保其“伦理道德正确”。

（二）社会主义核心价值体系为耻感伦理规定了思想主题

耻感伦理的研究理应寻求的是对耻感的理念、标准、规制以及建设等根本性问题的探讨，而不仅仅是对现有的耻感现象进行一番事实性的描述。耻感伦理自然包含“实然”层面，但这绝非现代伦理学关注的主要视域，现代伦理学已转向应然性的价值问题。“‘应当’是一个反映伦理学最本质特征的核心范畴，它意指一种道德的可欲性和非现实性”。[①] 在讨论和分析耻感伦理时，必须关注伦理的审视，也就是说对主体的行为是否合乎善恶的一种伦理审视。而伦理的审视是一个应然性的价值问题，对耻感伦理问题的研究理应寻求的是价值探讨，不能仅停留在耻感现象与事实的简单发现和单纯描述上，需要透过社会的耻感现象去揭橥耻感伦理问题的本质，发现问题背后隐藏的“所以然”，并提出“所当然”，为耻感伦理的研究提供理路。[②] 同理，探讨耻感伦理的思想主题，必须通过对应然性的道德规范的建构来凸显其伦理属性，而应然性的道德规范则是以理想信念方式呈现出来的。

任何一种价值体系或价值观，都内涵了理想信念的元素。理想是一个人、一个政党、一个社会，乃至一个国家的重要精神支柱和奋斗目标。也

① 戴木才：《政治伦理学的现代视域》，《哲学动态》2004 年第 1 期。

② 参见章越松《耻感伦理的涵义、属性与问题域》，《伦理学研究》2014 年第 1 期。

就是说，理想为人生提供安身立命之所，为政党确立奋斗宗旨之本，为社会奠定国泰民安之基，为国家树立精神支柱之根。胡锦涛指出："理想信念，是一个政党治国理政的旗帜，是一个民族奋力前行的向导。"① 无论从思想政治层面，抑或从伦理道德层面，中国特色社会主义共同理想作为社会主义核心价值体系的目标层次内容，是中华民族团结奋斗的强大动力，是实现中国梦的必由之路，是社会主义核心价值体系的主题。

从词义看，主题是文本所要表现的中心思想或呈现的主要题材。耻感伦理的思想主题不仅应包括个人层面的，而且还应包括国家、社会层面的。从逻辑关系上看，国家、社会层面决定了个人层面，个人层面是以国家、社会层面为归依的。从国家、社会层面看，以社会主义核心价值体系为思想基础的耻感伦理，必须以中国特色社会主义共同理想为思想主题，因为其本身就是社会主义核心价值体系的目标层次内容，是政党的主张、国家的意志，是社会的要求、人民的意愿。

共同理想反映的是在一定历史时期全体社会成员的共同向往与追求。历史表明，人类社会的实践总是围绕一定的目标和理想追求展开的。社会转型期，尤其是在新世纪新阶段，全面建成小康社会，把中国建设成为富强、民主、文明、和谐的社会主义现代化国家，实现中华民族的伟大复兴，建设中国特色社会主义共同理想。这不仅是人民的美好追求与宏伟愿景，而且也是人民的共同理想，更是中华民族的"中国梦"。然而，随着改革逐渐步入"深水区"，体制的转变、利益关系的复杂化和社会矛盾的新变化，人们的耻感观念和标准与以往相比也有了新变化，要使人们在利益关系的得失、现实矛盾的分析处置中分清主次大小，使人们在各种社会问题面前树立正确的是非观、荣辱观、耻感观，必须要有一个共同的奋斗目标和发展方向。在发展前途与命运、根本利益与愿望、价值标准与选择上，只有绝大多数人取得共识，一个风清气正社会的形成才有可能。建设中国特色社会主义，实现中华民族的伟大复兴和"中国梦"，不仅是全体人民的共同目标，而且也是社会各阶层根本利益和要求的"最大公约数"。从这个意义上说，社会主义核

---

① 中共中央文献研究室编：《十六大以来重要文献选编》（中），中央文献出版社 2008 年版，第 636 页。

心价值体系为耻感伦理规定了思想主题。

（三）社会主义核心价值体系为耻感伦理奠定了思想精髓

精髓，即精气真髓，比喻事物的精华和精要部分。从哲学层面看，精髓就是事物的最本质特征。一个理论的精髓，就是这个理论得以确立、构建的根本出发点和基础，是贯穿这个理论的始终和所有方面的活的灵魂，是理论的精华和宗旨之所在。把握住了耻感伦理的思想精髓，也就把握住了耻感伦理最本质的东西。

任何一种伦理道德都不可能是凭空形成的，必定是在继承以往积累的思想材料的基础上得以生成和发展的。在摒弃传统糟粕汲取精华的基础上，耻感伦理依据时代发展的要求加以补充、完善和发展，是从传统文化土壤中生长出来的伦理规范、道德要求与价值准则。所以，耻感伦理不仅符合民族的心理与追求，反映民族的特质与品格，而且是适应社会发展和时代进步的要求，适应经济全球化的历史大趋势和改革开放以来国内经济、政治、社会、文化等巨大变化的多样化局面。也就是说，耻感伦理的思想精髓，不仅深深地植根于民族优秀传统文化的丰厚沃土，而且也符合时代进步潮流，既具有民族精神，又具有时代精神。

任何精神都包含了特定的价值取向。以爱国主义为核心的民族精神和以改革创新为核心的时代精神，是中华民族生生不息、薪火相传的精神支撑，是当代中国人民不断创造崭新功绩的力量源泉，集中体现了社会主义核心价值体系的精髓与诉求。民族精神和时代精神不仅仅是现时代的客观描述，更是着眼于未来发展对当下现实的“应当”——价值取向与价值引领的一种回应。一个时代提倡什么，反对什么，都能通过民族精神和时代精神在耻感伦理中得到体现。同时，民族精神和时代精神还是一个国家与社会赖以生存和发展的精神支撑。“一个民族、一个国家，如果没有自己的精神支柱，就等于没有灵魂，就会失去凝聚力和生命力。”① 一个没有精神支柱的国家和民族，就不可能自立于世界民族

① 中共中央政策研究室编辑：《江泽民论社会主义精神文明建设》，中央文献出版社1999年版，第145页。

之林，也不可能站在时代发展的前列。“民族精神是我们民族的生命力、凝聚力和创造力的不竭源泉。”①

民族精神是在博大精深的民族文化中形成。在上下五千年的文明历史长河中，中华民族形成了以爱国主义为核心的团结统一、爱好和平、勤劳勇敢、自强不息的伟大精神。作为一种强大的精神力量，以爱国主义为核心的民族精神激发全体人民知耻而后勇，共同奋斗，不断增强民族的凝聚力、向心力、创造力。

时代精神是在蓬勃发展的时代文化中形成。以改革创新为核心的时代精神，是在新的历史条件下被全体人民普遍认同和接受的思想观念、价值取向和行为方式，已经深深融入民族意识、民族品格、民族气质之中，成为实现社会主义共同理想的精神力量。时代精神是民族精神在新时期的具体体现，同样为民族精神的发展提供了有力支撑，注入活力。

以爱国主义为核心的民族精神和以改革创新为核心的时代精神，是社会主义核心价值体系的精髓。这是由民族精神和时代精神在社会主义核心价值体系中的地位与功能所决定的，因为民族精神和时代精神表征了应当具备什么样的精神风貌问题，而这个问题也恰恰是耻感伦理所要解决和回答的问题。从这个意义上说，社会主义核心价值体系为耻感伦理奠定了思想精髓。

（四）社会主义核心价值体系为耻感伦理明确了思想要求

耻感伦理的思想要求呈现出普遍性与特殊性相统一的特征。这里的普遍性是指耻感伦理内容的客观性与标准的一致性。自从人类迈入文明大门以来，在是非、善恶、美丑、荣辱等问题上，总有业已确定的内容要求与道德准则。这些内容要求与道德准则不会因随着时间推移和社会变迁而改变。比如，关于生死观问题的认识上，孟子就强调义重于生，当义和生不能两全时，应该舍生取义，这种为正义而牺牲生命的生死观对后世产生非常深远的影响。许多志士仁人把“舍生取义”奉为行为的道德准则。无论是文天祥的“人生自古谁无死，留取丹心照汗青”，

① 中共中央文献研究室编：《十六大以来重要文献选编》（上），中央文献出版社 2008 年版，第 394 页。

还是夏明翰的“砍头不要紧，只要主义真”，都体现了对“舍生取义”精神的一脉相承。这表明了在生死观的问题上，耻感伦理思想要求的普遍性是一以贯之的。

从哲学意义看，普遍性总是通过特殊性而存在的。具有普遍性的耻感伦理的思想要求在现实性上，总是以特殊、具体的样式而存在。在是非、善恶、美丑、荣辱等问题上，这种特殊性会随着时间推移和社会变迁而改变。“廉耻的范畴千差万别，矛盾重重，每个时代都有各自的廉耻范畴。”① 在传统文化中，遵守贞操是对女性的基本伦理道德要求，以守贞为荣，以失贞为耻。然而，女子再嫁是否失贞？以宋代为时间节点，前后的标准和要求存在着较大差异。西汉朱买臣妻离婚再嫁，是个人人皆知的故事，朱买臣发达后，曾优厚地对待前妻夫妇。汉乐府诗《孔雀东南飞》中，焦仲卿妻刘兰芝被婆母休回娘家后，也无人嫌弃，反而是太守、县令一再遣媒议婚。东汉时期，寡妇或弃妇再嫁更被视若为常，如蔡文姬嫁三次，当时并未被他人轻贱。然而，到了宋朝中期以后，情况就不同了。在统治者的支持和倡导下，程、朱理学兴起，在“饿死事小，失节事大”“存天理，灭人欲”思想钳制下，极力地提倡女子守节，强调寡妇不能再嫁。《近思录》曾有一段记载：

> 问：“孀妇于理似不可取，如何？”伊川曰：“然。凡取，以配身也。若取失节者以配身，是己失节也。”又问：“或有孤孀贫穷无托者，可再嫁否？”曰：“只是后世怕寒饿死，故有是说。然饿死事极小，失节事极大。”

从伦理道德的角度看，男人娶寡妇为妻，是一种失节行为，而寡居的女子改嫁，也是失节行为。一个人即使贫困致死，也不能失去品节。朱熹提出“存天理，灭人欲”之“人欲”是指一切违背“三纲五常”的动机与行为，自然包括女子再嫁失贞。经过宋、元、明三代对贞操观的极端倡导，进入清朝，贞操观的耻感含义变得十分褊狭了，非但夫死

---

① ［法］让·克洛德·布罗涅：《廉耻观的历史》，李玉民译，中信出版社2005年版，第305页。

守节成了天理，未嫁夫死，也要尽节，偶为男子调戏也要寻死。女子的生命紧紧维系在贞操上，稍有变故，就要以死全节。

社会转型期，社会主义核心价值体系所蕴含的社会主义荣辱观为耻感伦理明确了思想要求。“在我们的社会主义社会里，是非、善恶、美丑的界限绝对不能混淆，坚持什么、反对什么，倡导什么、抑制什么，都必须旗帜鲜明。”① 社会主义荣辱观指的是以热爱祖国为荣、以危害祖国为耻，以服务人民为荣、以背离人民为耻，以崇尚科学为荣、以愚昧无知为耻，以辛勤劳动为荣、以好逸恶劳为耻，以团结互助为荣、以损人利己为耻，以诚实守信为荣、以见利忘义为耻，以遵纪守法为荣、以违法乱纪为耻，以艰苦奋斗为荣、以骄奢淫逸为耻。从内容看，“八荣八耻”荣辱观体现了社会转型时期下耻感伦理思想要求的普遍性与特殊性的统一。这里，对祖国之忠、人民之责、科学之智、劳动之勤、互助之惠、诚实之信、法纪之守、艰苦之奋，不仅呈现出历史性、普遍性之价值，而且还彰显了现实性、特殊性之精神。所以，坚持耻感伦理思想要求的普遍性与特殊性，就是坚持以荣辱观为基础的社会主义核心价值体系所标识的时代精神与当代价值。

二 社会转型下耻感伦理的含量厘定

（一）含量层次的厘定

耻所指称的有关恶的一类社会现象，这类社会现象不合乎甚至违背了社会以善所指称的那些肯定性价值标准。正是在这个意义上，耻从否定性的方面规定了善，同时本身又是要被否定的事物。对于耻的现象而言，其本身并无值得称颂肯定的地方。而耻感则不同，它是人们根据内心拥有的善恶价值标准来评估自己或他人的行为与现象时所生成的否定性情感体验。在此，耻感以否定性方式把握善，是形成于对善、自我以及二者差距的一种自觉意识。当人们意识到自身世俗活动中的恶并与善形成差距觉得无颜以对时，就会羞耻难当，是为耻感。耻观，即善恶评

① 胡锦涛：《牢固树立社会主义荣辱观》，《求是》2006年第9期。

价标准，乃是耻感的前在，耻感就是以善恶评判标准对实然的耻感现象进行应然的评价。

耻感内含了事实与价值——实然与应然两个层面。在人们的知识谱系中，事实与价值存在根本性的区别，事实属于已经存在或发生的事情，价值属于人赋予事物或事件的好坏意义与评价。事实问题是实然性问题，价值问题是应然性问题。前者探究对象是什么、有什么、为什么，后者探寻对象是好或坏、善或恶、据此追问人应当如何以及不应如何。关于以“对象是什么、有什么、为什么”的追问，只能用已有的相关事实作出回答，这是描述伦理学的任务。对“对象是好或坏、善或恶”以及“人应当如何”的提问，最终只能通过确立一定的价值标准来评判，这是规范伦理学的任务。耻感伦理是对耻感现象的认识，而这种认识的前提与基础是基于描述伦理学向度的事实性现象。描述伦理学是指一种对于个体或团体伦理观的经验研究，旨在揭示人们的想法，注重于表达人们的价值观，即人们对于某种行为在伦理方面的是非对错看法，不会对于人们的行为或想法给出任何判决。以伦理学课堂上讨论广东佛山小悦悦事件为例，教师介绍小悦悦事件，学生充分发表自己的见解，然后教师分析这些见解，并不作任何具体的道德评判，这就是描述伦理学。如果教师在分析完学生见解之后，再充分表达自己的见解与观点，那么就是规范伦理学。可见，描述伦理学既不是研究行为的善恶及其标准，也不制定行为的准则和规范，而是依据其特有的学科研究方法对道德现象作纯粹客观的经验描述和分析。它是以社会道德事实及其规律为研究对象，以展现社会道德实际和揭示社会道德发展的科学规律为任务。①

伦理学所思考和研究的是诸如善与恶、美与丑、是与非、正义与罪行等道德观念方面的系统性问题，涉及的研究领域主要有元伦理学、规范伦理学、应用伦理学、描述伦理学。其中，元伦理学探讨的是“什么是善与恶”；规范伦理学探讨的是“人们应怎样行为与遵守什么规则”；应用伦理学是通过把伦理理论应用于实际生活状况，探讨的是专门领域里的“善与恶”“怎样行为与遵守什么规则”；而描述伦理学则探讨的

① 参见江雪莲《描述伦理学及其理论价值》，《学术研究》1996 年第 3 期。

是人们认为“什么行为是对的和错的”。这四种伦理学分别反映了对伦理学研究客体——道德现象的不同研究方法和视域，都是现代伦理学研究不可或缺的组成。由于耻感伦理研究的是耻感现象——事实，即道德上的“是”，所以，需要对人们行为的对与错、善与恶等道德现象进行耻感甄别，这就必须借助于描述伦理学方法。描述伦理学种类繁多，一般经常涉及的学科有道德社会学、道德心理学、道德文化人类学等。但是，无论哪一个学科，都是在对道德的经验实证研究基础上，为价值层面——道德上的“应当”提供规范分析的研究材料。就耻感伦理而言，道德社会学运用社会调查、访谈、座谈、事件分析等社会学研究方法，通过对个人或社会群体与道德之间的互动作用过程的考察，研究个人或社会群体表现于社会生活各个领域的耻感现象及其特征，具体包括个人或社会群体对待一定价值与利益乃至对耻感伦理规范体系本身的态度与观念；道德心理学运用心理学的原理与方法，通过对耻感意识的心理学规律、耻感行为的心理机制、个体和社会耻感心理的发展与运行规律的考察，揭示个体或社会群体的耻感行为习惯形成和发展的心理学规律；道德文化人类学是运用田野调查等方法，从生活方式、风尚习俗、文物、宗教、文化等方面研究耻感伦理发展的文化人类学规律。描述伦理学则是从纯客观的角度，对耻感伦理的事实性现象，以经验描述和分析的方法，通过获取大量的耻感事实材料、数据等，再现耻感伦理的社会本性、心理学规律和文化人类学特征。它充分反映了耻感伦理与人类社会生活的深刻契合性，以及人类耻感伦理生活本身的丰富多样性，为寻找耻感伦理中应然性的道德问题提供经验、材料与指导。

然而，伦理学毕竟是从理论层面建构的一种指导人们行为的规范体系，并且对其进行严格的评判。所以，对耻感伦理含量的厘定不能只停留在描述伦理学向度的事实性现象，即不能仅仅停留在道德上的“是”层面，必须寻求耻感伦理中应然性的道德问题，即必须应该深入到道德上的“应当”层面。也就是说，必须从实然与应然两个层面着手，即基于描述伦理学向度的事实性现象与基于规范伦理学向度的应然性道德问题。如果说描述伦理学是对耻感现象进行材料的提取、汇集、整理的话，那么，规范伦理学则是对这些业已获取的大量耻感现象的客观性材料进行分类、筛选，从形而上的层面进行理论抽象与逻辑分析。因为规范伦理学是一种侧重于研究道德规范体系的学说，通过探讨现实生活中的善与恶、正当与不正当、应该与不应该之间的界限和标准，论证道德的价值，制定道德的规范，以指导和约束人们的生活实践。它是以阐释和论证一定的道德原则及规范为己任的。在此，需要对基于描述伦理学向度所涉及的耻感现象材料进行分析、整理，提炼出应然性的伦理规范和道德要求，而这些提炼出来的具体规范与要求就是耻感伦理的德目。

（二）含量视域的厘定

基于学理与内在逻辑层面，耻感伦理的内容提炼与归纳应从价值层面，即道德上的“应当”层面着手。提炼与归纳只有通过对伦理道德生活中的耻感现象予以形而上的审视，才能发现耻感伦理道德生活的当然之则。而这种伦理道德生活的当然之则所构成的耻感伦理实际上是一个体系，具有层次性，涵盖诸多含量。从定位看，耻感伦理属于一种价值观体系；从要素的内在关系看，价值取向是耻感伦理的基本内核，反映这些基本内核的一个个具体的德目——彰显了人类普遍意义上的价值共识，构成了耻感伦理的主要内容。在伦理学视域下，耻感伦理既是底线伦理，也是德性伦理，还是公域伦理和私域伦理，可以从这些视域中，厘定出耻感伦理含量的具体德目。

社会转型期，既存在传统意识与现代观念的冲突，也存在东西方价值观念的冲突，还存在价值观念的构成内含着矛盾的冲突。可以说，这种价值观的冲突表现在行为、思想、观念等层面，甚至触及理想、信念和信仰的坚守。多元化的社会当然产生了多元化价值观念。社会转型期，价值冲突必然普遍地存在，呈现出复杂性、社会性和历史性的特点。虽然一定的价值观念冲突，有助于提高人的认识能力、提升人的价值判断、促进人的主体地位的确立，但也会对社会发展产生负面效应，在一定程度上会带来思想混乱与行为失范。社会转型下耻感伦理问题凸显的根源就在于价值观的一元化与多样化的矛盾和冲突，即价值观的错位与冲突。在此，必须正确定位价值观的一元化与多样化，以此为基础，理顺不同价值观间的相互关系，促进不同价值观间的协调运行与和谐发展。在肯定价值观的多样化存在合理的同时，积极建立一种基于广泛的社会共识基础之上的价值观一元化，使不同利益诉求之上的价值观的多样化在价值观一元化的指导下和谐共存与良性发展。这里，价值观一元化，从底线伦理视域看，就是羞耻、荣誉、荣辱、守法、诚信、爱国、敬业等，因为这些德目的缺失会造成底线伦理的震颤；从德性伦理视域看，就是良心、自律、自尊、责任、弘毅、正义、友善、廉洁等，因为在一个组织良好的社会中，要实现经济发展和社会进步，仅有底线伦理是远远不够的，还需要德性的引领。德性具有一定的价值导向，是引领社会发展的风向标，是推动社会进步的不竭动力。

从底线伦理与德性伦理视域聚焦现实社会的要求，守法、诚信、弘毅、正义、良心、羞耻、荣誉、荣辱、自律、自尊、爱国、敬业、责任、廉洁、简朴等德目均是维系社会秩序稳定和良性运转的要素，都应该归入到耻感伦理的含量体系之中，使之成为人的应有道德品质——做人的标准。

自古迄今，人类的生活可以分为公域与私域。在传统社会里，以皇权国家为公域，以家庭社会为私域。如果从权力的管辖看，私域始终都是处于公域的控制与规范之内，就此而言，传统社会是没有私域的。“普天之下，莫非王土；率土之滨，莫非王臣”就是一种生动的写照。如果从人们生活的辐射范围看，在以血缘地缘为纽带的传统社会里，个人的公共生活与私人生活高度统合于家族生活之中，社会共同体——“家”构成了人们的生活世界，个体脱离了“家”的共同体不仅在物质上难以生存，而且在精神价值上也难以立足。从这个意义上说，传统社会又是没有公域的，因为私域不仅是个人生活的内容，而且也是社会生活的全部，所有的社会道德都只在私人联系中发生意义。人们把具有亲情的家庭人伦关系向外推衍到社会关系，通过修身齐家实现治国平天下的理想目标，家庭伦理成为社会伦理的基础。全社会只有一种伦理道德，没有公域伦理和私域伦理之分，在一定程度上都属于私域伦理的范畴。工业社会催生了公域与私域的真正相分，市场化的社会生存方式成为解构社会公域与私域一体化的力量，公私两域的分化才得以显现，公共生活和日常的私人生活成为现代社会生活中的两种常态。需指出的是，私域伦理和公域伦理不是分属于传统社会和现代社会的两种伦理主张，也不是在公私划分之外的两套价值体系，而是在现代社会内部公私相分的前提下所独有的一对社会伦理主张与要求。

在此，私域伦理要求个人空间及其特殊感受得以保留，私人生活不得干涉，私有财产不受侵害，个人自由不被剥夺。在私域共同体中，人们的交往以感情为基础，彼此密切，应遵循羞耻、荣誉、荣辱、良心、自主、自立、节制、审慎、感恩、仁爱、慷慨、诚信、责任、友善、廉洁、简朴等德性。公域伦理要求在每一个人的私域之外，还存在公共空间、公共财产、公共利益。在公域共同体中，人们彼此的身份平等，共同从事公共事务，应遵循平等、尊重、合作、信任、宽容、弘毅、正义、守法、爱国、敬业等德性。这些德目的价值取向表明，人们所应秉承的私域伦理与公域伦理的要求不是相互对立的，相反却具有相同的理论旨趣与价值诉求。只是这两种伦理要求关涉领域不同、方向不同，私人领域中要求人的行为应该合理利己，其应然的价值取向是经济活动的绩效、社会生活的自由与个人的发展。公共领域中要求人的行为应该无私利他，其应然的价值取向是追求公共利益、实现公平正义、建立和谐稳定的公共秩序。就耻感伦理而言，无论无私利他与合理利己如何冲突、排斥，二者都必须符合耻感伦理的要求，遵循耻感伦理的规则，因为耻感伦理既是底线伦理，也是德性伦理。

从公域伦理层面看，耻感伦理是处理公共领域中社会关系所应遵循的基本的、起码的道德要求，是社会的文明尺度，爱国、敬业、守法、弘毅、正义等德目应是耻感伦理的内在要求；从私域伦理层面看，是处理私人领域里人伦关系抑或人之为人所应遵循的基本的、起码的道德要求，是人的德性标识，诚信、友善、责任、廉洁等德目则应是耻感伦理的内在要求。

三　社会转型下耻感伦理的主要内容

作为一个逻辑严密的系统结构，无论从何种维度、何种层面把握和构建耻感伦理内容，都必须秉持整体性与层次性相结合的原则，注重各个要素的关联性。任何一个事物、一件事情、一种现象都有一个整体性的架构问题，对于耻感伦理也不例外，它是由一系列要素即德目相互联系、相互结合而构成的系统的、复杂的含量体系。这既是由社会物质生活条件决定的，也是伦理道德本身发展的需要。

德目就是德性项目、道德条目、思想品德教育的科目。耻感伦理的德目有爱国、敬业、守法、弘毅、正义、羞耻、荣誉、荣辱、良心、自律、自尊、自主、自立、诚信、友善、责任、廉洁、简朴、节制、审慎、感恩、仁爱、慷慨、平等、尊重、合作、宽容等。在耻感伦理含量体系中，这些德目之间的排列不是杂乱无章的，而是根据对道德经验的概括和对个体品德的应然规定有一个主次轻重的先后顺序。如果进行分门别类的话，那么，从主体载体看可分为个体德目、群体德目，从时间发展看可分为传统德目、现代德目，从涉及领域看可分为私域德目、公域德目，等等。

耻感伦理毕竟是人的一种心理情感体验，这种自我反思、自我意识的情感活动存在于人与人的关系之间。所以，建构耻感伦理含量体系可以从道德心理机制和所涉关系的类别层面进行分类排列。从道德心理机制层面看，耻感伦理是由羞耻、荣誉、荣辱、良心、自律、自尊、自主、自立、悔恨、审慎、节制等德目构成。从所涉关系的类别看，人的活动关系不外乎公共领域的社会关系与私人领域的人际关系，而人们在处理社会关系与人际关系时，耻感伦理的指向是不同的。从所涉公共领域的社会关系看，主要有爱国、敬业、守法、弘毅、正义、合作、平等、尊重等；从所涉私人领域的人际关系看，主要有诚信、友善、仁爱、责任、廉洁、宽容、简朴、感恩、慷慨等。无论哪一个层面，撇开其中含义相近的德目，那些居主导地位、起支配作用、统摄其他德目的部分就是核心德目。如果把每一层面的含量体系视作一个同心圆的话，那么，核心德目就是圆心，其他层次的德目则根据与其紧密相关度由内而外作梯次排列。核心德目最为稳定，德目的变化由内而外渐次影响，这些核心德目构成了耻感伦理的主要内容。

（一）道德心理机制层面的核心德目

道德心理机制层面的核心德目主要是羞耻、荣誉、良心、自尊、自律。其中，羞耻与荣誉是合理内核，良心是基本内核，自尊是健康人格的表征，自律是修养方式与境界。

1. 羞耻与荣誉

无论是在“耻感文化”的中国，抑或是在“罪感文化”的西方，耻感都被视为人之所以成为人的根据，是标识人之本性存在的自我意识。而成人的关键在于要有知羞耻和荣誉之心。因为羞耻与荣誉是个体文明生活之善端，是道德主体规范自己言行和追求德性的内在心理基础与心理动因。

关于羞耻，孟子提出“无羞恶之心，非人也”（《孟子·尽心上》）。亚里士多德认为，羞耻“似乎是一种感情而不是一种品质。至少是，它一般被定义为对耻辱的恐惧。它实际上类似于对危险的恐惧。因为，人们在感到耻辱时就脸红，在感到恐惧时就脸色苍白。这两者在一定程度上都表现为身体的藉此变化。这种身体的变化似乎是感情的特点，而不是品质的特点”。[①] 舍勒则认为：“人在世界生物的宏伟的梯形建构中的独特地位和位置，即他在上帝与动物之间的位置，如此鲜明和直接地表现在羞感之中。”[②] 罗尔斯从正义论的层面认为：“羞耻包含着一种对我们的人格和那些我们赖以肯定我们自己的自我价值感的人们的尤其亲密的相互关系。同时，羞耻常常是一种道德情感，常常需要借助于正当原则对它作出说明。”[③] 这些论述从发生学意义表明了作为人类特有心理体验的自我意识，羞耻源于道德心理机制。

羞耻是行为主体因为个人言行的过失而产生的一种自责心理，这种自责心理是因为违背内心的善恶、荣辱、是非标准而感到不光彩、不体面或因为受到周围人的谴责。可见，羞耻是以耻观为根据作出的道德评价，是耻观的表征。耻观是以善恶观为基础的，是社会和个人根据一定的善恶观形成的对“什么是羞耻和荣誉”等问题的看法。耻观与善恶观并不完全等同。善恶观的外延要远远大于耻观，耻观是善恶观的体现，耻观的正确与否取决于善恶观的正确与否。基于羞耻范畴形成的羞耻感，在本质上是个人对自身道德行为感到羞耻的心理感受与体验，是人趋荣避耻、为善去恶的重要心理机制，对于成为一个具有耻感意识的

① ［古希腊］亚里士多德：《尼各马可伦理学》，廖申白译注，商务印书馆2003年版，第124页。

② ［德］马克斯·舍勒：《价值的颠覆》，刘小枫编校，罗悌伦、林克、曹卫译，生活·读书·新知三联书店1997年版，第164页。

③ ［美］约翰·罗尔斯：《正义论》，何怀宏、何包钢、廖申白译，中国社会科学出版社1988年版，第445页。

人来说具有重要意义。羞耻感的成分非常复杂，内含自卑感、敏感的自我意识、愤怒、被压抑感以及恐惧感等。应该说，这些成分都是以耻观为基础而产生的主观感受和心理体验。所以，耻观的正确与否直接决定了羞耻感的道德与否。羞耻感本身也具有相对的独立性，是耻观发生作用的心理机制。一个人如果耻观是正确的，但却不能将其转化为道德心理感受与体验，那么，这种耻观就不能对个人的道德行为发挥作用。只有正确认识羞耻，羞耻感才能充分发挥作用。人的羞耻感不是与生俱来的，而是通过后天的学习与道德修养形成的。通过学习，确立了正确的耻观，再通过道德修养，将耻观内化为羞耻感。所以，羞耻不仅有助于激励人们以“善”作为自身存在的标准，自觉、持续性地鼓励人们趋荣避耻，抑制耻的行为发生，而且还有助于个人在社会中安身立命。

作为耻感伦理的合理内核，羞耻是核心德目之核心，其他德目都是以此为基础而衍生展开的。在羞耻词义谱系中，与之相近的词汇很多，比如愧疚、屈辱、荣辱等，这些词汇常常与羞耻一起往往被界定为耻感。有学者从行为关系、行为性质、相关者与反应等维度对此进行了区分。① 其实，无论哪一种，羞耻都是不愉快的心理情感体验，只不过难受和不愉快的程度有别而已。人们在本能上都有克服这种负面心理情感体验的需要。当然，无耻之徒就另当别论，因为他们没有羞耻之心，也就没有克服的需要，可以将之视为严重的人格缺陷。对于无耻之徒，由于种种原因，其良心被贪欲遮蔽，成为一个没有羞耻之心的人，即便是做了公认的坏事，无论是做羞耻之事的过程中，抑或过程后，在受到严厉的谴责时，他都会毫无愧色无罪恶感。

据媒体报道，被称为四川恶霸的刘汉在被执行死刑前说了“只要能跟亲人们生活在一起，能时时照顾他们，哪怕摆个小摊子，做点小生意，我也愿意”“一定要善待亲人和朋友，要遵纪守法”两句话。从表象看，似乎“人之将死，其言也善”，似乎是一种超乎法学范畴的“人之初，性本善”，似乎尚存有一丝羞耻之心。然而，如果仔细深究一下，就会发现他的感慨之语只限于其亲人，对于他曾经伤害过的人没有一丝一毫的悔过之语。他自认为造成他今天结局的是由于“野心太大了”。

① 陈少明：《关于羞耻的现象学分析》，《哲学研究》2006 年第 12 期。

难道野心大会死人？会被国家法律判以极刑？在这些美化自己的包装话语里，还是能够感到沉迷于以黑社会方式缔造个人商业王国野心的丑陋一面，还是能够看到一个黑社会头目对权力经济张着血盆大口的贪婪欲望，也还是能够断定他终究是一个因没有羞耻之心而有严重人格缺陷的无耻之徒。

讲到羞耻，那就离不开荣誉。荣誉是指光荣、美誉、骄傲。荀子所言的“用国者，得百姓之力者富，得百姓之死者强，得百姓之誉者荣”（《荀子·王霸》）里的“荣”便是此意。从伦理学视野考察，有三种意义上的荣誉：[①] 一是作为本体意义上的荣誉。如，“荣辱之大分，安危利害之常体：先义而后利者荣，先利而后义者辱；荣者常通，辱者常穷；通者常制人，穷者常制于人：是荣辱之大分也”（《荀子·荣辱》）；二是作为价值取向的荣誉。如，“贤主之举也，岂必旗偾将毙而乃知胜败哉？察其理而得失荣辱定矣”（《吕氏春秋·恃居览》）；三是作为美德的荣誉。如，“得道以持之，则大安也，大荣也，积美之源也”（《荀子·王霸》）。荣誉的对立面，即否定性的表达就是耻辱、羞辱。尽管耻辱、羞辱与羞耻存在细微的差别，但一般笼统地也可以互相替代与指代，因为都具有否定性的价值评价特质。由于羞耻是对善的否定性评价和把握，是对恶的否定；荣誉是对善的肯定性评价和把握，是对善的肯定。对善的肯定本身就涵盖了对恶的否定，对恶的否定也包含了对善的肯定。所以，羞耻与荣誉二者不可分割，当人们讨论羞耻时，其背后实际隐含着荣誉。同样，当人们谈论荣誉时，其背后也隐含着羞耻。二者是一个硬币的两面，一个物体的两极，仅就耻感伦理的内容而言，它们是矛盾的两个方面，即羞耻居矛盾的主要方面，荣誉是矛盾的次要方面，共同表达了对于主体思想和行为的价值评判。虽然羞耻感与荣誉感都是人们以耻观和荣辱观为评价标准所产生的心理情感体验，但是从羞耻与荣誉所表达的价值旨归看，二者含义却截然不同。在此，荣誉感是一种正向的心理情感体验，因为人们在为社会作出贡献受到他人和社会的肯定后会自然而然地生成一种骄傲愉悦的情感，其自我存在价值得到了证明和实现。“在现实生活中，荣誉感的满足往往是以个体为社会或

---

① 参见高兆明等《荣辱论》，人民出版社 2010 年版，第 2—3 页。

他人尽义务为前提的，为社会尽义务、做贡献是荣誉感产生的基本要求。因此，荣誉感的真正价值在于其道德意义，在于对个人荣誉与他人荣誉、集体荣誉之间关系的正确处理。”① 一个人荣誉感愈强，羞耻感也就愈强烈，反之亦然，羞耻感与荣誉感互为前提和基础。一个恬不知耻的人，既不可能把握善，也不可能把握恶，既不可能体验到为善的荣耀，当然也不可能感受到作恶的羞耻。所以，当讲到羞耻感时，肯定离不开荣誉感，从这个意义上说，把羞耻与荣誉两个德目并列在一起，共同作为耻感伦理含量体系的合理内核。

羞耻事关做人的底线。孔子认为，君子人格是“不忧不惧”的，原因在于“内省不疚”。原宪问耻，孔子回答：“邦有道，谷；邦无道，谷，耻也”（《论语·宪问》）。谷是古代官员的俸禄，不管邦国是否有道，只要终日饱食，无所用心，均是贪禄可耻的。在孟子看来，羞耻之心的有无已经不仅仅关涉君子人格的问题了，而是关涉人与非人之红线。“人之所以异于禽兽者几希，庶民去之，君子存之。”（《孟子·离娄下》）“无恻隐之心，非人也；无羞恶之心，非人也；无辞让之心，非人也；无是非之心，非人也。”（《孟子·公孙丑上》）没有羞耻之心，就会成为寡廉鲜耻之人，做事没有自我的约束，就会为所欲为，那么，这就与禽兽无异。

一个没有羞耻与荣誉之心的人，不会有良心的内心之善，不会知耻、明耻、远耻，不懂得荣辱、自律、自尊、自爱、自立、正义、责任、廉洁、简朴，更不会爱国、敬业、守法、诚信、友爱。不知荣耻者，无畏、无法、无天、无拘、无束，不能称之为人。也就是说，在知荣誉明羞耻的执善而行的成人、为人实践过程中，羞耻与荣誉呈现出了在耻感伦理含量体系中的根基性地位。

2. 良心

如果说羞耻与荣誉是耻感伦理合理内核的话，那么，良心就是其基本内核。羞耻、荣誉与良心有着密切的关系，善与义务的主观性环节即为良心，羞耻、荣誉属于道德人格与良心的范畴。“这一主观性当它达

① 杨峻岭、任凤彩：《对几个与耻感相近、相关概念的厘定与辨析》，《河北学刊》2010年第2期。

到了在自身中被反思着的普遍性时，就是它内部的绝对自我确信，是特殊性的设定者，规定者和决定者，也就是他的良心。”[①] 一定意义上，羞耻与荣誉都是通过良心发生作用，良心在一定程度上也表现为羞耻感和荣誉感。也就是说，羞耻感与荣誉感是良心的羞耻与荣誉的道德情感体验，羞耻感、荣誉感是良心的羞耻感、荣誉感，是良心的标识。羞耻、荣誉与良心构成了驱动耻感伦理的双核。

在汉语中，良心的意思为“对是非的内心的正确认识，特别是跟自己的行为有关的”。[②] 在英文中，良心（conscience）一词源于拉丁文 conscire，本意为“知道”。而 conscience 的字面含义是人对自己思想和行为对错的认识。[③] 可见，在中英文中，良心的字面含义都与人有辨别对错能力有关，是仅限于道德领域里的一种认知。

良心，即合乎道德的善良之心，也称之为良知、善心。这种合乎道德的善良之心乃是人所具有的自我道德调控作用的道德情感。羞耻道德情感体验来自于良心，所以心理学常把良心描述为人类感到羞耻懊悔和感到行使正义的根源。当一个人犯下了违背其道德价值观的行为，良心就会令他人感到羞耻懊悔。相反，当某人做了符合道德规范的行为时，良心就会促成他去行使正义。这表明，羞耻道德情感体验的关键不是外在的人耻、人荣，而是内在的良心与真理的自耻、自荣问题。“从伦理学的意义上看，良心是人们在道德实践中形成的义务感、责任感以及荣辱感有机统一的复杂情感，它能对行为及其动机做出道德评价，同时也对人的认识、情感、意志、行为具有道德调控作用”。[④] 良心是人们对他人和社会履行义务的道德责任感和自我评价能力，是个人意识中各种道德心理因素的有机结合。在道德主体的自律活动中，良心担负着最为重要的职责，表现出最复杂的活动机制。

在中外伦理思想史上，对于良心的认知众说纷纭。“虽存乎人者，

---

① ［德］黑格尔：《法哲学原理》，范扬、张企泰译，商务印书馆 1961 年版，第 139 页。

② 参见《现代汉语词典》“良心”，商务印书馆 2002 年修订第 3 版增补本（大字本），第 788 页。

③ 参见《牛津高阶英汉双解词典》（第六版）“conscience”，商务印书馆、牛津大学出版社 2004 年版，第 352 页。

④ 江畅：《德性论》，人民出版社 2011 年版，第 60 页。

岂无仁义之心哉？其所以放其良心者，亦犹斧斤之于木也。”（《孟子·告子上》）孟子以木来比喻良心，劝导人们不要放弃良心。他认为“认识自己”，即“反求诸己”的确切含义就是体会良知、悟证良心。朱熹就此解释为：“良心者，本然之善心，即所谓仁义之心也”（《四书集注·孟子·告子章句上》卷六）。可见，孟子所说的良心就是“仁义之心”，其主要内容则是“恻隐之心”“羞恶之心”“恭敬之心”“是非之心”（《孟子·告子上》）。他认为良心人人皆而有之，应该“尽其心”，扩而充之。宋明理学家大多以“十六字心传”即“人心惟危，道心惟微，惟精惟一，允执厥中”而论良心。朱熹将良心称作“天理良心”，视为宰制人心的“道心”。王阳明将良心看作澄澄朗朗的“本心”。① 古希腊时期，良心在苏格拉底那里是“灵异”，在柏拉图那里是感觉以外的某种神的观念世界，而在亚里士多德那里则是“道德的明智、审慎”。中世纪时期，基督教教父和经院学者认为良心就是上帝写在人心中的法，是一种超越个人意识共识的神谕。近代以来，康德认为良心是作为理性存在的人本来就具有的，是天赋的、绝对的，等于善良意志、义务意识、内心法则。“有两件事物我是愈思考愈神奇，心中也愈充满敬畏，那就是我头顶上的星空与我内心的道德准则”。② 这里的内心道德准则其实就指的是良心，即是先天具有的、发自内心的命令。康德的观点与孟子的“恻隐之心”“羞恶之心”“辞让之心”“是非之心”的“四端”之说非常相似。黑格尔认为：“良心是希求自在自为的善和义务这种自我规定。”③

马克思主义伦理学从义务论层面认识良心，肯定了良心的存在，将它作为社会范畴进行考察，揭示了良心的来源与实质。认为良心是由一定的社会关系和社会生活条件所决定，是人们在社会生活实践中通过一定社会或阶级的义务和道德要求的深刻体验和认识而逐渐形成的。从本质上看，良心是社会的客观道德义务的反映，是经过道德规范从他律向

---

① 王阳明的“本心”即“道心”，本心杂以“人伪”为人心，他以本心之得失来分道心、人心，“道心”是他的良知或心的别称。如，“这心体即所谓道心，体明即是道明，更无二”（《传习录》卷上），“道心者，良知之谓也”（《传习录》卷中）。

② 转引于高亮之《爱的哲学》，浙江大学出版社 2011 年版，第 129—130 页。

③ ［德］黑格尔：《法哲学原理》，范扬、张企泰译，商务印书馆 1961 年版，第 141 页。

自律转化后，在道德主体的内心深处以自律准则的形式积淀下来的人的道德自制能力。

良心与德性关系密切。一般认为，良心与德性是个人道德的两个基本方面，要成为一个有道德的人，良心与德性二者不可或缺。良心是道德情感，是一种调控机制，涉及人的行为方面，包括行为本身和行为的意图与动机。德性是道德品质，是一种心理定式，涉及知情意行方面，是人格的一个基本维度。所以，良心是涉及如何做事的问题，要求做好事、正当事和有道德的事；德性是涉及如何做人的问题，要求做好人、优秀的人和有道德的人。良心与德性二者相互依存、相互补充、相互促进，均以扬善弃恶、趋荣避耻为价值取向。

良心是社会道德要求转化为个人道德情感的结果。在改造道德义务与责任的过程中，人们总是自觉或不自觉地把道德义务与责任转化为内心的义务感和责任感，在善恶观和耻观作用下形成羞耻感。良心通过义务感、责任感、羞耻感对人的道德行为起着调控作用。在道德行为实践前，良心起到选择作用。康德所说的“人为自己立法”，很大程度上是指作为道德信念的良心为自己立法；在道德行为实践过程中，作为善的保证，良心起到监督、激励、调整、控制作用，使人及时警觉，主动清除行为动机中的杂念，纠正不恰当的手段或行为方式；在道德行为实践后，作为道德审判者与奖惩者，良心起到评价作用，让行善之人内心宁静与愉悦，让作恶者悔恨、不安、自责，甚至陷入极度的内心痛苦而难以言说。

无疑，良心对于社会耻感伦理生活具有重大意义。耻感是良心的特殊存在方式，人们对于荣辱、美丑、是非的耻感体验，驱使着趋荣避耻、扬善抑恶，在物欲横流中秉持良心的理想诉求。良心也是做人的底线，一个良心泯灭的人，会善恶不分、荣辱不辨、羞耻不顾，会干尽一切丧尽天良之事。

3. 自尊

与羞耻一样，自尊是人之为人的根据，不同之处在于它是“个性的精神核心，是一个灵魂中的伟大杠杆”，是“人们赖以自立的强大的内在力量”。① 在耻感伦理的含量体系中，自尊与羞耻关系极为密切，其

① 吕俊华：《自尊论》，上海文化出版社 1988 年版，第 103 页。

生成机制极为类似，都是建立在一定自我认识、自我评价基础上指向自我的心理情感体验。

自尊，也称为“自尊心”“自尊感”，是个体以人的类本质，即以自由的、有意识的活动为标准对其社会角色进行自我评价活动的结果。罗尔斯在论述自尊、美德和羞耻时认为，自尊具有两个方面的内容：一是“包括一个人对他自己的价值的感觉，以及他的善概念，他的生活计划值得努力去实现这样一个确定的信念”。二是“包含着对自己实现自己的意图的能力的自信”。① 自尊往往与以肯定性的评价结论相联系，是基于自我评价产生和形成的一种自重、自爱，具有正向价值的心理情感体验，一经形成就会成为有自尊的人处理与他人、社会关系的基本标准。

波普和麦克黑尔认为，自尊是由知觉的自我（perceived self）和理想的自我（ideal self）两个维度构成的。当知觉的自我和理想的自我相一致时，自尊是积极的；当知觉的自我与理想的自我不一致时，自尊就是消极的。② 自尊有强弱之分，过强则成虚荣心，过弱则变成自卑。自尊常常表现为自信、自爱、自负、自卑、偏执狂。自信、自爱是自尊强的积极表现，自负、自卑、偏执狂是自尊强的消极表现。

马斯洛把自尊区分为内在自尊与外在自尊。“第一，对于实力、成就、适当、优势、胜任，面对世界时的自信、独立和自由等欲望；第二，对于名誉或威信（来自他人对自己的尊敬或尊重）的欲望，对于地位、声望、荣誉、支配、公认、注意、重要性、高贵或赞赏的欲望。”③ 这里，前者属于内在自尊，后者属于外在自尊。“社会所有的人都是一种对于他们的稳定的、不变的，通常较高评价的需要或欲望，有一种对于自尊、自重和来自他人的尊重有需要或欲望。”④ 孟子所说的“富贵不能淫，贫贱不能移，威武不能屈，此之谓大丈夫”（《孟子·滕

① ［美］约翰·罗尔斯：《正义论》，何怀宏、何包钢、廖申白译，中国社会科学出版社1988年版，第442页。

② Pope A, McAaleS, Craighead E. Self - esteem enhancement with children and adolescent; Pergamum Press, 1988. pp. 2—21.

③ ［美］马斯洛：《动机与人格》，许金声等译，华夏出版社1987年版，第51—52页。

④ 同上书，第51页。

文公下》）中的“大丈夫”的标准，也可以视作为是否有自尊心的标准。

从定义、结构划分、标准设定看，自尊与羞耻的关系一目了然。羞耻感意味着对自身的存在和自我价值的否定，不仅是自尊的一种表现形式，而且也是自尊形成的一个重要因素。心理学理论认为，羞耻产生于“自我”和“自我理想”之间的差异带来的紧张与压力，即当知觉的自我与理想的自我不一致时，就会产生羞耻感。这就是说，羞耻感是一种消极的自尊。也正是这个意义上，罗尔斯“把羞耻规定为当某人经受了对他的自尊的一种伤害或对于他的自尊的一次打击时所产生的那种情感”。[①] 如果所丧失的是一种引以为自豪的善，那么羞耻就是极其令人痛苦的。

作为耻感伦理的德目，羞耻与自尊二者不仅是互动关系，而且也是互为表征关系。与一个良心缺失的人不可能有羞耻感，一个羞耻感缺失的人同样是没有良心的人一样，一个羞耻感缺失的人不可能有自尊心，一个自尊心缺失的人也同样没有羞耻感。就是说，丧失了羞耻感的人对自我价值的评价一定是错位的，他的知觉自我与理想自我也一定是扭曲与畸形的。换而言之，“富贵不能淫，贫贱不能移，威武不能屈”，只能是具有羞耻感、光明磊落的大丈夫的自尊心标准，绝不可能成为没有羞耻感、阴暗卑鄙的小人的自尊心标准。自尊是一个人的道德的基础，如果失去了自尊，那么，其道德就会土崩瓦解。自尊来自于知耻，而羞耻感又源于自尊情操，羞耻感能够使人产生挫败感、无助感，从而可以屡败屡战，激发奋进的勇气与意志。人只有羞耻感，才能有所为和有所不为，古人非常重视羞耻感，即“知耻近乎勇”（《礼记·中庸》）。“耻辱者勇之决也。……盖西伯拘而演《周易》；仲尼厄而作《春秋》；屈原放逐，乃赋《离骚》；左丘失明，厥有《国语》；孙子膑脚，《兵法》修列；不韦迁蜀，世传《吕览》；韩非囚秦，《说难》、《孤愤》。《诗》三百篇，大氐贤圣发愤之所为作也。”（《汉书·司马迁传》）司马迁本人又何曾不是因受宫刑屈辱而作《史记》，从而成就了“史家之

① ［美］约翰·罗尔斯：《正义论》，何怀宏、何包钢、廖申白译，中国社会科学出版社1988年版，第445页。

绝唱，无韵之《离骚》”。可见，大业的成就与羞耻莫不相关。“耻辱本身已经是一种革命”，“耻辱就是一种内向的愤怒”，“如果整个国家真正感到了耻辱，那它就会像一只蜷伏下来的狮子，准备向前扑去。”①这是对知耻后勇的最好诠释。从这个意义上说，羞耻感是自尊心的表征，羞耻感越强烈，自尊心也就越强烈。

对于一个真正意义上的社会人来说，自尊是必不可少的需要和心理情感体验，也是构成健全人格的重要内容，在维系社会正常运转，处理人与人、人与社会关系上，发挥重要作用。

4. 自律

只要考察一下现实的耻感伦理生活实践，就可以发现自律的一个基本前提是行为主体的意志是自由的，他具有自由选择的能力与权利。“自律的行为是根据我们作为自由平等的理性存在物将会同意的、我们现在应当这样去理解的原则而做出的行为。”② 自律总是个人出于明确的理性意志而自觉自愿的行为。就字面而言，自律是遵循法纪、自我约束的意思。中西方文化的差异性导致对自律内涵的理解不同。

作为伦理学的一个重要概念，自律（autonomy）其实是源于西方，在古希腊语中，自律是由 autos（自己的）和 nomos（规律、法则）两个词组成的，是人自己制定法则的意思。从词源的探源看，自律强调不受外在的干预而对自己的行为进行自我约束、自我选择，其对立面是他律，他律是要受到外在力量的约束与控制。

在西方伦理史上，康德是第一个将自律引入道德领域，并系统地阐述道德自律概念的。康德认为，在道德法则面前，人只有服从的义务，但为了克服道德法则的义务与人的道德主体性之间可能发生的矛盾，引入了“意志自律”的概念。康德的自律强调的是道德标准是人内在的尺度，是作为发乎内心的自觉自愿遵循的原则，在此，“意志自律”是一种服从理性的自律。“道德法则不表示别的，只表示纯粹实践理性的自律，也即表示自由的自律，这种自律本身就是一切准则的形式方面的

① 《马克思恩格斯全集》第 1 卷，人民出版社 1956 年版，第 407 页。

② ［美］约翰·罗尔斯：《正义论》，何怀宏、何包钢、廖申白译，中国社会科学出版社 1988 年版，第 519 页。

条件，一切准则唯有在这个条件下才能符合最高实践法则”。[①] 意志能够自己为自己立法，而不受其他意志的干预，而且必须自己为自己立法。就此，康德提出了“意志自律”原则，“每个有理性东西的意志的观念都是普遍立法意志的观念。”[②] 他解释按照这一原则，“一切和意志自身普遍立法不一致的准则都要被抛弃，从而，意志并不去简单地服从规律或法律，他之所以服从，由于他自身也是个立法者，正由于这规律，法律是他自己制订的，所以他才必须服从。”[③] 康德告诉人们，任何人都拥有同样的能力来认识什么是道德并根据道德行事，无需借助于外力。人之所以能够摆脱外力的控制就在于人具有处决的权力。因为人所服从的普遍有效的道德法则来自于人自己的意志。人自身就是立法者，人的意志为自己确立道德法则，正是人的尊严、人的主体地位的体现。马克思充分肯定了康德的自律概念对道德的宗教基础的消解，“道德的基础是人类精神的自律，而宗教的基础则是人类精神的他律。”[④] 马克思与康德的不同之处在于不是把道德仅仅视作自律的，而是从社会的客观角度上分析了道德的他律性。虽然康德之后关于自律概念的内涵逐渐从理性的道德自律转向个人的自律，但仍然可以看到西方伦理学意义上自律是以个体形式存在的权利主体的人的自由、自主属性。这一层面的自律指的是主体在对社会道德规范要求的认知、认同基础上，将其内化为心中的道德法则，并据此自觉自愿地实践道德原则而形成的一种稳定持久的道德品质。这是基于动机与行为意义上的自律，属于较高层次的自律。

对于人的理解，中国传统文化不同于西方的“以权利为中心的个体”，而是“以角色为中心的个人”，[⑤] 人是以社会依附形式而存在的，

---

① ［德］康德：《实践理性批判》，关文运译，商务印书馆1960年版，第34页。

② ［德］伊曼努尔·康德：《道德形而上学原理》，苗力田译，上海世纪出版集团2005年版，第51页。

③ 同上。

④ 《马克思恩格斯全集》第1卷，人民出版社1956年版，第15页。

⑤ 美国学者亨利·罗思文（Henry Rosemont）认为西方学说建立在个人主义权利基础之上，“以权利为中心的个体”（individual）不同于儒家“以角色为中心的个人”（person）。所以，在中国传统文化中从来未曾出现过西方意义上的独立个体。

较少拥有自由、自主属性。因此，自律内涵不同于西方，更多的是自我约束、严于律己之意。无论是孔子的“修己以敬”“修己以安人”“修己以安百姓”，还是《中庸》的“慎独”“中和”“率性”；无论是孟子的“存心”“养气”、“穷则独善其身”与“达则兼善天下”，还是荀子的“化性起伪”；无论是“二程”的“敬”，还是朱熹的“革尽人欲，复尽天理”；无论陆九渊的“复其本心”“存心去欲”，还是王阳明的“扫除廓清”“居敬主一”，均体现了克己、律己、自我约束的自律意识。在传统文化语境下，自律体现了个人对自身言行秉持一定态度时所产生的心理情感体验。这一层面的自律是指主体对不符合道德规范要求的行为进行自我约束与控制。这仅仅是基于行为意义上的自律，而非主体完全认知、认同道德规范要求的真正内涵而由衷地追求善，相比较西方文化意义上的自律含义属于低层次的自律。这一层次的自律还需要借助于他律的力量。

其实，不论哪一层面的自律其含义都是以耻感为基础的。“知耻之心是道德自律思想中的一个重要思想内容，知耻之心是道德自觉的一个重要的思想基础。”① 一个人能否抵制恶的欲望、言行，自觉践行社会道德，实现道德上的自律，受制于耻感伦理的发展程度与水平。一个耻感伦理缺失的人，没有羞耻心，做了别人引以为羞耻的事情，就做不到道德自律。一个存有耻感伦理的人，当耻感伦理发展尚处于较低程度和水平时，一般情况下，其内在的羞耻之心不足以让他自觉地放弃不符合道德规范的想法和可能的不道德的行为。当他做了违背道德的事情而没有被别人知晓时，即使其内心感到羞耻，但微弱的羞耻力量不足让他放弃做不道德的行为，往往是只有在被别人发现后，才会强化羞耻的力量，想办法去终止、纠正、弥补违背道德的想法与行为。也就是说，在耻感伦理发展处于较低程度与水平时，人们不能主动自觉地控制自己不去做不符合道德规范的想法与行为，只有借助于他律的力量，通过反复地强化培育内在的修养，实现他律向自律的转化。一个存有耻感伦理的人，而且其发展程度与水平在较高层次的情况下，尽管也会有不道德想

① 罗国杰：《中国传统道德修养——教育修养卷》，中国人民大学出版社 1995 年版，第 395 页。

法的产生，但内在的知耻之心和良心会及时、主动、自觉地进行监督、批评、矫正，促使他放弃不道德的想法，控制不道德的行为。如果因一念之差做了不道德的事情，其内心会感到羞愧难当，深深自责，从而会极尽一切努力采取补救措施。可见，高层次的自律不需要借助于他律的力量，是省察克治、慎独自律，是修养方式与修养境界的统一。"作为一种修养境界，自律蕴涵着制度、环境及个体心理等多样复杂的动因，即使是相同的自律境界背后也可能蕴涵着不同的动因。依据支撑动因的不同要素，自律境界可分为三个层次：基于制度约束和权威监督的自律，基于道德规范约束和舆论监督的自律和基于慎独、良知、超越一切监督而达到行为自主人格的自律。"①

"一个人能否在道德上自律，不仅与其理性认知水平有关，而且与其道德情感，尤其是耻感的发展水平相关。"② 在道德机制层面，自律与羞耻、荣誉、自尊一起构成了耻感伦理含量体系的核心德目。

（二）所涉关系层面的核心德目

耻感伦理所涉关系层面可分为公共领域和私人领域。公共领域交往层面的爱国、敬业、守法、弘义等耻感伦理德目，不仅反映了社会主义社会的基本属性，而且体现了社会转型下耻感价值的价值诉求。私人领域交往层面的诚信、友善、责任、廉洁等耻感德目反映了现代社会的基本要素。无论是爱国、敬业、守法、弘义，抑或是诚信、友善、责任、廉洁，都是人类社会的价值共识，在社会转型下被赋予了新的内涵，与当下所倡导的社会主义核心价值观高度契合。从结构关系看，与道德心理机制层面的核心德目相比较，所涉关系层面的核心德目处于外层，围绕着道德心理机制层面的核心德目而展开。

1. 爱国、敬业、守法、弘义

（1）爱国

爱国是耻感伦理的重要内容。"以热爱祖国为荣、以危害祖国为

---

① 《伦理学》编写组：《伦理学》（马克思主义理论研究和建设工程重点教材），高等教育出版社、人民出版社 2012 年版，第 303 页。

② 李海：《论耻感与自律》，《道德与文明》2008 年第 1 期。

耻”所言的“荣”“耻”指的是召唤人们的良心，让良心知荣知耻，让良心看守自己的言行。作为核心价值观，爱国不仅是一种传统道德，更是现代道德，因为危害祖国不仅仅是一种羞耻，更是一种犯罪。

爱国所反映的是人们对祖国的一种深厚情感。这种深厚情感表现为对骨肉同胞的依恋、山川故土的热爱以及民族文化的归属感、认同感、尊严感和荣誉感，进而表现为强烈的民族自尊心、自信心和自豪感。爱国是中华民族的优良传统。“爱国”两字在历史文献中很早就出现了，《战国策·西周策》里论及“周君岂能无爱国哉”，《汉纪》中也提到“亲民如子，爱国如家”。在中国这样一个专制传统极为悠久的国度，爱国思想主要源于大一统观念。从秦至清，“国”作为一个整体概念被不假思索地传承下来，而且被认为是代表了一种至高无上的权力。其实，这个“国”就是皇权（王权），爱国与忠君合二而一，爱国就是“忠”。“忠”与“仁义礼智信”“孝廉耻勇”等德目相并列，构成了指导人们行为的道德规范、意识和理念。“忠”就是忠诚，克己致公。“为人谋而不忠乎”（《论语·学而》），说的是为人处世要忠诚。忠诚主要是对国家而言的。一个人为国家民族而思考、进言、奔走、奋斗，这就是报国之忠。如果一个国家或民族，每个人都自私自利、贪生怕死，那么，这个国家和民族就不可能存在和发展下去。因此，报国思想是每一个国家和民族都积极倡导的一种群体意识，是耻感伦理的重要内容。古人认为，有国才有家。国有难，理应像对待家一样去效力。反之，国家统治者理应爱护民众、视民如子。韩非子说：“先王之爱民，不过父母之爱子”（《韩非子·五蠹》）。王充说：“贤君之治国也，犹慈父之治家”（《论衡·治期》）。黄宗羲也谈道：“古者，天下之人爱戴其君，比之如父，拟之如天，诚不为过”（《明夷待访录·原君》）。中国传统社会结构是以家庭、家族为本、为先的，尊敬祖先胜过于神灵，“忠”是对家庭、家族“孝”之扩充，是从家到国的位移。孝子尽忠于国，死而无憾。报答国家，这是至孝。《孝经·开宗明义章》讲：“立身行道，扬名于后世，以显父母，孝之终也。”为国立功，光宗耀祖，是为“孝”之终极。“忠”有进忠言、立忠行、尽忠道之分，也有智忠、愚忠、伪忠之分。爱国显然是将愚忠、伪忠排斥在外的。

爱国德目中的“国”不仅仅是一个自然、历史和文化概念，更是一个政治概念。从自然、历史和文化概念看，“国”是祖国之意，包括特定的地域和自然条件，居住在这一地域的民族、人民及其语言、文字、历史、文化，以及在其中结成的社会关系。祖国是由人组成的一个社会，而这种社会不是从来就有的，是由“一个家庭、游牧民、部落、群体等等向国家状态过渡”而来的。① 因此，在一切爱国者心目中，祖国往往包含着与自己骨肉相连的同胞、父老兄弟，与自己命运和生活息息相关的乡土、民族。可以说，这是爱国德目所爱之“国”的最基本内涵与精神实质，也是能够在任何政治条件下团结一切爱国者，具有强大凝聚力和生命力的根本原因。从政治概念看，“国”是国家之意，特指国家政权，这也是爱国的重要内容，涉及的是爱一个什么样的国家和怎样爱国家的问题。爱祖国与爱国家二者并不完全相同，国家政权有进步与反动之分，当国家政治是反动的、逆历史潮流的，那么，爱国就是要推翻反动的国家政权，爱祖国与爱国家不相统一；当国家政权是进步的、顺历史潮流的，那么，爱祖国与爱国家就统一起来。在当代，爱祖国、爱国家、爱社会主义是一致的。社会主义在中国不是一句空洞的口号，而是集中代表着、体现着、实现着国家、民族和人民的根本利益。所以，爱国就是表现为爱社会主义、爱中国共产党、爱人民政府。正是在这个意义上，“爱国与否是最大的政治分野。”②

爱国内容的丰富性和生命力是通过其具体性与历史性表现出来的。就具体性而言，一国之地域、地理、自然，一国之国民、历史、文化总要和特定的国家形式结合在一起。爱国就是爱祖国的大好河山、爱自己的骨肉同胞、爱祖国的灿烂文化、爱自己的故土家园，即乡土爱、骨肉爱、民族爱、祖国爱的内在交织与相互联结。就历史性而言，在社会发展的不同阶段、不同历史时期，爱国有不同的内容。爱国的具体内容，是由具体的历史条件决定的，具有鲜明的时代特征。在新民主主义革命时期，爱国表现为致力于推翻帝国主义、封建主义、官僚资本主义的统治，建立一个新中国。在现阶段，爱国表现为献身于建设和保卫社会主

① ［德］黑格尔：《法哲学原理》，范扬、张企泰译，商务印书馆1982年版，第355页。

② 中共中央文献研究室编：《十三大以来重要文献选编》（中），人民出版社1991年版，第1128页。

义现代化事业，献身于促进祖国统一大业。在此，还应看到不同的阶级对待祖国的感情，既有一致的方面，也有差异的方面，甚至存在对立的方面。爱国是对整个国家民族的热爱，要以实际行动维护中华民族的团结，当外敌入侵、国家民族面临生死存亡的时候，在中华民族大家庭内的各成员总能摒弃前嫌团结一起、共同对外。必须以唯物史观的态度，去认识历史发展过程中的爱国主义，将其放在历史发展的链条中，依据当时的具体条件进行评价。

爱国是一种理性，而非盲目。盲目的爱国是一种狭隘的民族主义。狭隘的民族主义把本民族的利益和发展与世界其他各民族的利益和发展割裂开来，实行民族利己主义。秉持狭隘的民族主义思想的人，往往崇尚自我、心胸狭窄，或狂妄自大、对外扩张，或自卑压抑、闭关锁国，且极易演变为民族沙文主义和复仇主义者。理性的爱国在强调爱祖国，维护国家独立主权领土完整，建设社会主义中国的同时，也强调履行国际义务，谋求世界各国的共同发展。

经济全球化是当今时代发展的重要趋势，它不仅使世界各国在经济上的联系日益紧密，而且也影响到世界各国的政治和文化。各国公民在世界范围内流动，这个国家的公民可能工作和生活在另一个国家，并对另一个国家产生感情，长此以往会对自己的归属感、认同感产生困惑。这表明在经济全球化背景下，增强国家主权意识、利益意识、安全意识对于培育爱国德目具有极为重要的意义。

（2）敬业

如果说在公共领域人们第一个面对的是个人与国家的关系，那么，紧接其后的则是个人与职业的关系。前者的伦理要求是爱国，后者则是敬业。所谓敬业，是指人们对待自己所从事职业的价值观，是职业道德情感的外在表达，反映的是热爱自己的工作岗位，敬重所从事的职业，勤奋努力，尽职尽责的道德操守。

敬业是一种伦理道德要求。人们敬业的缘由各种各样，不外乎外在和内在两类驱动因素。外在压力驱动产生的敬业，是带有功利目的的低层次敬业，是把职业当作一份工作来对待；内在需要驱动产生的敬业，是发自内心的高层次的敬业，是把职业当作一种事业来对待。不管哪一层次，人们必须面对职业。“职”是职责、权利、义务；“业”是业务、事业，是具有独特性的专业工作之意。职业就是人们由于分工而长期从事的专门业务和特定的职责，并以此作为主要生活来源的工作，是个人与社会发生最基本的经济联系的中介。职业活动的性质在于劳动，而劳动对于人具有重要意义，在社会形成和发展的过程中起到决定作用，是人类生存的决定因素，是人类的本质活动。对劳动和工作的珍视，本质上就是对人类社会生存和发展根基的珍视。依据唯物史观和人类社会发展的事实，生产劳动是人类社会生存和发展的基础。从远古的石器时代发展到今天的知识经济时代，始终是生产劳动支撑着人类社会的生存和发展，这就是人类社会的基本事实。劳动创造了人本身，推动着人类社会不断向前发展。没有生产劳动就没有人类社会，也就没有全部的人类社会生活。马克思曾说过："任何一个民族，如果停止劳动，不要说一年，就是几个星期也要灭亡。"①随着生产劳动的发展，人们的劳动具体化为人们的职业活动，每一种职业都体现社会，都具有社会意义。职业的分工使得人们对社会所承担的职责不同，服务对象和活动条件也就不同。为了保证职业活动的正常进行，各行各业形成了一些特殊要求，逐渐形成了各种职业道德规范和准则。在各行各业的职业道德要求中，敬业既是最为重要的道德要求，也是一种职业情感。所谓职业情感，就是人们对所从事的职业的好恶、倾慕或鄙夷的情绪和态度。敬业就是人们以正确的态度对待职业劳动，努力培养自己所从事职业的幸福感、荣誉感。

对于个人而言，敬业是事业成功的基础和前提。职业不仅是人们获得生活资料的主要来源和个人谋生的手段，而且也是不断完成自身社会化的重要条件，是个人实现自我、完善自我不可或缺的舞台。一个人只是出于道德责任感、义务感而去从事某项职业，还是不够的。没有对于工作本身的热爱，没有高度的职业荣誉感、幸福感的话，那么，职业活动对于他来说还只是一种"外在"的压力，是缺少热情与乐趣的活动，因而也就难以唤起他高度的创造性。相反，一个人一旦出于发自内心地敬业，那么，工作对于他来说就不再是一种外在的负担，而是一种充满乐趣的活动，成为他的一种内在的需要和追求。在这种情况下，其身心

① 《马克思恩格斯文集》第10卷，人民出版社2009年版，第289页。

就“融化”在职业活动中。从这个意义上说，敬业体现的是一种积极向上的人生态度，是一种职业责任感。基于职业责任感，人们就会爱岗敬业、忠于职守，在平凡岗位上做出不平凡的业绩，在这个过程中，既成就了自己的事业，也奉献了社会。

对于社会而言，敬业是推动社会进步的动力。敬业触及人类社会生存和发展的基础。科学技术的发展与创新是社会生产力发展的重要标志，是推动社会前进的主要力量。无论是科学的发现，抑或是技术的发明，还是生产力的进步，都离不开人们付出的辛勤劳动，离不开人们对待劳动和工作的事业心与责任感。换句话说，离不开敬业精神。人们选择职业，如果仅凭外在压力，那么，职业就是工作，如果源于内在需要，职业就成为事业。对待职业，人们应该有一种事业的情怀，在实现个人价值过程中，实现社会价值。因此，敬业精神是人发自内心的态度，是一种基于热爱基础上的对工作和事业全身心忘我投入的精神境界，其价值指向为推动社会的进步。

敬业是中华传统美德的重要元素。孔子主张“敬事而信”（《论语·学而》）、“执事敬”（《论语·子路》）、“事思敬”（《论语·季氏》），意思是说人在一生中应始终懂得敬业，要勤奋、刻苦，每一份事业都需要全心全意全情地投入。在《礼记·学记》中有“一年视离经辨志，三年视敬业乐群”之说。孔颖达解释：“敬业，谓艺业长者，敬而亲之；乐群，谓群居朋友善者，愿而乐之。”对此，程颐进一步阐述：“所谓敬者，主之一谓敬；所谓一者，无适（心不外向）之谓一”（《二程遗书》卷第十八）。朱熹认为：“敬业者，专心致志以事其业也”（《礼记·学记》）。同样在历史上，也曾出现了许许多多敬业的人和事，如“鞠躬尽瘁的诸葛亮”、“出使西域的张骞”、“愚公移山”，等等。蔡元培先生秉承传统文化关于敬业精神的传统指出：“人生之目的，为尽义务而来。每人必有一定职务，必做一番事业，此谓之职业。……今人误解职业，以得权利为惟一之目的，实则不然。重在义务，不仅有益自身，且有益于人群，始不辜负此人生。”①

敬业也是中国共产党所倡导的核心价值观。毛泽东在其名篇《纪念

① 《蔡元培全集》第6卷，浙江教育出版社1998年版，第143页。

白求恩》中赞扬白求恩“对工作的极端的负责任，对同志对人民的极端的热忱”。[①] 周恩来也强调：“无论在哪一个部门工作的同志，都要在自己的岗位上努力，都要做一个有用的螺丝钉，都要发挥自己的作用。”[②] 江泽民指出：“要以体现我们党的优良传统和时代精神的先进模范人物为榜样，满腔热情和高度负责地对待人民、对待工作，埋头苦干，积极进取，务实创新，努力在各自的岗位上创造优异成绩。”[③] 十八大倡导培育和践行敬业核心价值观。在社会主义核心价值观系统中，每一个所倡导的价值观都涉及一个特定领域，规范和调节某种特定的社会关系。敬业所涉及的是公民个人与生产劳动、职业活动之间的价值关系。在此，敬业不仅仅是一种工作伦理或职业道德，更是一种人生价值观和人生哲学观。把敬业作为社会主义核心价值观的基本要素加以倡导，在当下有着充分而深刻的实践依据。这就是中国特色社会主义的伟大实践，就是实现中华民族伟大复兴的“中国梦”。实现中华民族伟大复兴的“中国梦”依然需要苦干实干。敬业价值观是实现“中国梦”的动力之源。习近平多次强调“空谈误国，实干兴邦”，并指出：“幸福不会从天而降，梦想不会自动成真。实现我们的奋斗目标，开创我们的美好未来，必须紧紧依靠人民、始终为了人民，必须依靠辛勤劳动、诚实劳动、创造性劳动。”[④]

无论从文化传统，还是现时代的道德要求看，敬业始终是美德，社会以敬业为荣，以懒惰为耻。中国人的勤劳辛苦闻名于世，据德国市场调研机制 GFK 对 8 个国家 8000 名员工进行了题为“哪一国家的员工最勤劳”的调查，中国员工被公认为全球最勤劳。然而，美国知名民间调查机构盖洛普发布的 2013 年“员工敬业度和工作环境研究”报告称，中国的敬业员工比例仅为 6%，远低于 13% 的全球平均水平，全球垫底。有国内门户网站发起在线调查“你认为自己算敬业吗”，结果却显示 59% 的网友选择“算敬业”。为什么中国人这么勤劳，却还被认为不

① 《毛泽东选集》第 2 卷，人民出版社 1991 年版，第 659 页。

② 《周恩来选集》上卷，人民出版社 1997 年版，第 282 页。

③ 《十四大以来的重要文献选编》（下），人民出版社 1999 年版，第 1970 页。

④ 习近平：《在同全国劳动模范代表座谈时的讲话》（http：//news. xinhuanet. com/politics/2013－04/28/c_ 115589215. htm）。

够敬业？敬业精神是对职业热爱而产生的一种全身心投入的精神，是社会对人们工作的一种道德要求。敬业是爱岗，其基本要求是尽职，根本是勤业。也就是说，爱岗敬业是一种主观的能动意识，而非被动的选择。现在是“80 后”“90 后”全面登台职场的时代，他们的职场需要更强调平等沟通与成长空间，其权利意识、平等意识高于前代，但他们中的许多人却不愿意从底层做起，不愿服务客户，不愿端茶倒水，不愿受气。可以说，中国职场的“刘易斯拐点”到来了，即高期望 vs 相对低能力。敬业度的降低，一是与现代化有关。现代化意味着扁平化，比起前现代社会来，人们适应的工作在增加。在互联网时代，人们学习适应各种工作的可能性极大地增加，很多人可以实行大幅度的行业跨越；二是与现今社会的体制文化有关。这山望着那山高的心理落差现象、职场官僚科层制深入其中、快速成功的浮躁文化，等等。

需指出的是，敬业精神是一种职业精神，这种职业精神不是劳模精神，也不是一味地倡导无私奉献，而是一种对待工作的坚持与坚守的态度。所以，敬业理应被纳入到耻感伦理内容之中。

（3）守法

“遵纪守法为荣，以违法乱纪为耻”，意味着守法始终是与遵纪联结在一起的。社会秩序的维护仅靠道德规范是不够的，还必须依靠法律法规，即必须通过弘扬法治精神，提升公民守法的境界——维护社会秩序。从词义上看，守法是法的遵守，如果从更宽泛的意义看，还涵盖了守纪，守法就是遵纪守法。从社会转型下耻感伦理的现代境遇看，诸多无耻现象的发生多与违法乱纪有关。把守法纳入到耻感伦理的内容范畴是构建和谐社会的需要。

所谓守法，就是公民个人依照法的规定与纪律的要求行使权利和履行义务的活动。纪律是要求人们遵守业已确定了的秩序、执行命令和履行自己职责的一种行为规范，是用来约束人们行为的规章、制度和守则的总称。法律是由国家制定或认可并以国家强制力保证实施的，反映由特定社会物质生活条件所决定统治阶级意志的规范体系。守法是法的实施和纪律的遵守的一种基本形式。制定法和纪律的目的，就是要使法和纪律在社会生活中得到实施。从这个意义上说，守法是每个公民必须具备的最起码的道德品质，对纪律和法律的态度如何，遵守的程度如何，也是衡量公民的道德水平高低的尺度。

守法是法治的要求。法治是指国家或社会依据成熟、完备的法律体系进行治理。亚里士多德曾说过："法治应包含两重含义：已成立的法律获得普遍的服从，而大家所服从的法律又应该本身是制订得良好的法律。"[①] 法治是立法、执法、司法、守法、法律监督等各个环节的连续和统一。法律是道德的制度底线，道德是法律的精神内涵，二者具有天然的联系和共同的价值取向，在国家和社会治理上共同发挥作用。"法律是成文的道德，道德是内心的法律，法律和道德都具有规范社会行为、维护社会秩序的作用。"[②] 法律和道德的这种关系，反映在治国理念上就是法治与德治的辩证统一。"对一个国家的治理来说，法治与德治，从来都是相辅相成、相互促进的。二者缺一不可，也不可偏废。法治属于政治建设、属于政治文明，德治属于思想建设、属于精神文明。"[③] 二者如车之两轮、鸟之两翼，是一个文明社会不可匮缺的调整器。立法中，要注意法律的道义基础，应把一些最重要、最基本的道德要求，直接纳入到法律规范之中。在贯彻和执行法律过程中，要注意提高公民的道德水平，培养他们自觉认同法律、遵守法律的意识，将守法内化为一种道德义务。

守法是每个公民应尽的社会责任和道德义务。守法的理由是西方法哲学界的一个重要理论命题。在西方文明史的各个时期，尤其是近代以来，这一问题始终备受关注，不同的法学流派分别给出了不同的答案。守法的理由大致可以概括为缘于习惯、畏惧法律制裁、出于社会压力、对利益的考量、道德自觉和对法律的信仰等五种。如果撇开理论的纠缠，从当下社会现实看，守法是现代社会公民的基本素质和义务，是保持社会安宁的重要条件。一个强大的国家，不仅仅需要强大的经济实力，还需要健全的法制和遵纪守法的公民。在社会主义政治的条件下，从国家的根本到基层的规章制度，都是政治的产物，都是为维护人民的共同利益而制定的。"以遵纪守法为荣、以违法乱纪为耻"，应该是每

① ［古希腊］亚里士多德：《政治学》，吴寿彭译，商务印书馆 1965 年版，第 199 页。

② 习近平：《加快建设社会主义法治国家》，《求是》2015 年第 1 期。

③ 《江泽民文选》第 3 卷，人民出版社 2006 年版，第 200 页。

个公民所追求的荣誉所在。国无法不治，民无法不立。人人遵法纪，凡事依法纪，则社会安宁，经济发展。倘若没有法纪的规范，各项秩序就无从保证，人们生存、发展的环境就会遭到破坏，人民群众就不可能安居乐业。

守法是一种基础性的共同价值观。行使权利、履行义务是守法的具体体现，守法是对法律关系主体的必然要求。从要求看，守法有以下三个层次：

第一层次是消极守法。公民之所以守法是在于怕“法”、惧“法”。在他们看来，法律乃不吉之物，“讼终凶”。只有守法，才能避免被法缠绕的厄运。公民的惧怕体现了法律的权威和强制力，但因惧法而守法却是一种感性的消极对待。可以说，这个层次意义上的守法，是最基本要求和底线，是守法的初级形态，也是时下社会上普遍存在的一种守法心态。

第二个层次是积极守法。公民之所以守法是出于对所守法律的信任，对守法责任的担当，和对守法结果的确信。在此，法律是权利和义务的有机统一体，法律不仅是“刀把子”“法老虎”，更是“正义之神”。只有遵守法律，才能保持法律秩序的有序运行，才能保证法律功能的有效发挥，才能保障权利、实现公平正义。积极守法者认为法律是与人们的生活息息相关的“活法”，守法不仅仅只是遵守法律，还要用法、护法。这个层次意义上的守法是理性的守法，是守法的中级形态。

第三个层次是自觉守法。公民之所以守法是源于对法律的信仰。对法律的信仰是一种建立在高度理性认知基础上的信仰，是对法的一种心悦诚服的认同感和归依感。在此，法治应当成为一种价值的目标追求，不仅应遵守有形的法条，更对法条背后蕴含的自由、平等、公正等无形法治精神和原则具有高度自觉及理性的认同。这个层次意义上的守法是一种生活态度、一种行为方式和一种精神追求，是守法的高级形态。

耻感伦理视域下的守法，涵盖了消极守法、积极守法和自觉守法三个层次意义上的守法。守法不仅是社会风尚，更应是社会美德。

（4）弘义

弘义包含“弘毅”与“正义”两层意思。弘义既是一种人所必备的品德，又是一个社会必须确立的行为规范。把弘义纳入到耻感伦理的内容之中主要是基于社会转型下路见不平而不敢和不能见义勇为的现代境遇。

弘毅是指宽宏坚毅，刚强、勇毅。弘毅语出于“士不可以不弘毅，任重而道远。仁以为己任，不亦重乎？死而后已，不亦远乎?”（《论语·泰伯》）。朱熹的注解是“弘，宽广也。毅，强忍也。非弘不能胜其重，非毅无以致其远。……弘而不毅，则无规则而难立；毅而不弘，则隘陋而无以居之。又曰：弘大刚毅，然后能胜重任而远到”（《四书集注·论语·泰伯》）。意思是说一个人要抱负远大，胸怀宽广，并且意志坚强，坚忍不拔，才能担负重任，持续前行。从耻感伦理角度看，耻感德性的培养始于羞耻之心。一个丧失自尊心的人是难以知耻的。人欲知耻，当从培养自尊心、树立健康人格开始。仅有知耻是不够的，还必须“明善”与“德比于上”。因为耻感的强弱程度，往往取决于自我要求的高低。一个对自己要求甚低的人是难以有坚定的耻感德性。只有在德业、学业、事业上提出高标准的人，才能时时以“不若人”（《孟子·告子上》）为耻、奋发向上，才能达到“士不可以不弘毅，任重而道远。仁以为己任，不亦重乎？死而后已，不亦远乎”的境界，进而才能知耻近乎勇。

正义是指正确的义理，是最高的价值评判标准和终极的道德理念。正义呼唤正气、谴责邪恶、抨击丑恶，体现真善美的全部内涵。从传统文化看，正义本指人的内在德性，来自“羞恶之心”，即羞耻感。这是人人具有的，在人性中的表现称为义理之性，是社会行为伦理关系中的一项重要原则，即正义原则。正义是构成父子、君臣、夫妇、兄弟、朋友五伦中的一伦。“义者宜也”（《礼记·中庸》）。“宜”是适宜、适当的意思，其价值意义就是“应当”，指的是人应当如此行为、如此做事。所以，义的实质，就是人所应当遵循的行为准则。孟子将其比喻为“人路”，即行走时所应当遵循的道路。“义，人之正路也”（《孟子·离娄上》）。既然是正确之路、正义之路，就是人人都应当遵行的。否则，社会就会乱套，陷入无序状态，人性也会被扭曲。传统文化的正义并不是一个空洞的道德律令和伦理法则，而是有实际的内容。其最重要的功能就是处理社会的利益关系，即所谓“义利之辩”。义利之辩解决的是义与利的关系，不是将二者分开，而是把二者合起来对待。现实生活中，并不是人人都能遵守正义原则，有些人只谋利而不顾义，甚至不择手段去谋利，因此才有君子、小人之分。孔子所说的“君子喻于义，小人喻于利”就是指此而言的。正义的本质就是解决利益关系问题，是在利益关系中存在的，是利所遵循的原则。中国传统文化意义上的正义观既不是建立在“社会契约”的理论之上，也不是以“客观理性”的形式出现，而是普遍人性的基础，“人同此心，心同此理”（《孟子·告子上》），这是任何社会都需要的，也是任何社会都适用的。正义以善为自身的价值，人生应当以正义为目的，不应当以利为目的。人的生命虽然离不开利，但正义才是人生追求的目的，人生的幸福即在于此义的普遍实现，就是正义伦理的最高成就。为了实现以善为目的的正义原则，可以放弃个人利益。这就是孟子所言的“舍生而取义”。传统文化的正义观除了“义利之辩”这层意思之外，还有公平、公正这层意思。在人与人之间要本着互相尊重的原则，平等对待，无论是物质方面，还是行为方面，要遵守公平公正的原则，不能有欺诈行为，“所守之正”（《四书集注·孟子·尽心章句上》）之“正”就是公正。

弘毅、正义的传统文化诠释表明，弘义之伦理真义，从主体和人格上看是推崇至善，从行为活动上讲是追求勇毅担当，从交往和交换原则上讲是注重公平正义。这些“义”恰恰是社会转型下所缺失与缺位的德性，是耻感伦理的内在含量。

2. 诚信、友善、责任、廉洁

（1）诚信

诚信是人类文明的共同财富与共同价值观。一个缺失诚信伦理的社会，必定导致个人道德水准低下、企业管理失效、政府形象毁损乃至国家文明衰退。诚信是人与人交往的基石。因为每个人都希冀得到他人的尊重与信赖，而他人对于我们的期盼正是对个人道德修养的一种良性约束，是养成诚信的重要力量。无论何时，身处何地，都需要诚信的倡导与践诺，诚信表现在社会生活的方方面面，只要有人的地方，就需要诚信。

诚信本指守诺践约、诚实无欺、言行相符、表里如一。许慎在《说文解字》中将诚与信互训：“诚，信也”，“信，诚也”。“诚”主要是从天道而言，“信”主要是从人道而言。所以，孟子讲：“诚者，天之道也；思诚者，人之道也。”（《孟子·离娄上》）作为儒家为人处世的原则，“诚”要求人们立身当以诚信为本。朱熹认为：“诚者，真实无妄之谓，天理之本然也。”（《四书集注·中庸章句》）意思是说“诚”是一种真实不欺的美德，要求人们修德做事，必须效法天道，做到真实可信。“信”，从人，从言。《说文解字》上讲“人言为信”，“信”是人言的最基本要求。“信”就是信守诺言、言行一致、诚实不欺。从伦理道德角度看，“诚”与“信”本是同义等值的概念，前者讲忠诚、诚恳，后者讲信誉、信任。

诚信是传统美德与核心价值观。春秋时期已有“失信不立”（《左传·襄公二十二年》）的观念，强调人只有守信才能立足于社会。孔子对诚信有过许多论述：“人而无信，不知其可也。大车无輗，小车无軏，其何以行之哉？”（《论语·为政》），“与朋友交，言而有信”（《论语·学而》），“弟子，入则孝，出则悌，谨而信，泛爱众，而亲仁。行有余力，则以学文”（《论语·学而》），“言必行，行必果”（《礼记·中庸》）。诚信与否，是衡量一个人品行好坏的标准。孔子所尊奉的“信、义、仁、孝、礼、智、勇、忠”等八种德行，“信”被尊为第一位。“商鞅立木取信”、“季布一诺千金”更是对诚信践诺的典范案例。在孟子所言的“父子有亲，君臣有义，夫妇有别，长幼有叙，朋友有信”（《孟子·滕文公上》）的“五伦”中，“信”是重要的一伦。在人与人的交往中，缺少了诚信，那么社会秩序必将一片混乱。“以言非信则百事不满也”，“君臣不信，则百姓诽谤，社稷不宁。处官不信，则少不畏长，贵贱相轻。赏罚不信，则民易犯法，不可使令。交友不信，则离散郁怨，不能相亲。百工不信，则器械苦伪，丹漆染色不贞”（《吕氏春秋·贵信》）。西汉以降，“三纲五常”逐渐成为社会伦理纲常，“信”是“五常”中的重要规范。周敦颐把诚信视为“五常之本，百行之源”（《周子全书·通书·诚下》）。而朱熹则讲：“凡人所以立身行正，应事接物，莫大乎诚敬。诚者何？不自欺不妄之谓也。敬者何？不怠慢不放荡之谓也”（《朱子语类》卷一一九）。

诚信是为人之道的基本准则。诚信，首先戒欺，即不自欺亦不欺人。《礼记·大学》说：“所谓诚其意者，毋自欺也。”意谓真诚实意就是不自欺；其次，改过。《左传·宣公二年》曰：“人谁无过？过而能改，善莫大焉。”孔子认为：“过而不改，是谓过矣”（《论语·卫灵公》）；复次，守诺。《左传·僖公十四年》曰：“弃信背邻，患孰恤之。无信患作，失援必毙。”对别人许下诺言，就须认真对待，对自己的承诺负责，切勿掉以轻心，失信于人；再次，诚信待人。“学者不可以不诚，不诚无以为善，不诚无以为君子。修学不以诚，则学杂；为事不以诚，则事败；自谋不以诚，则是欺其心而自弃其忠；与人不以诚，则是丧其德而增人之怨”（《二程遗书》卷第二十五）；最后，言行一致。《礼记·中庸》曰：“言顾行，行顾言。”切不可“自食其言”“面诺背违”“阳是阴非”。“始吾于人也，听其言而信其行；今吾于人也，听其言而观其行。”（《论语·公冶长》）这里，孔子肯定道德实践是评价诚信品格的标准。

诚信在人际交往中起着重要作用。首先，诚信是人际交往的重要准则。一个人只有做到表里如一，以诚相待，才能达到人内心的和谐与人际关系的和谐。在“诚”与“信”的关系中，诚是信产生的基础和原因，信是诚的具体表现。在社会中生活，只有将自己的真实展示给他人，才能够取得彼此信任，进而才能够真诚地进行合作；其次，诚信是人际交往的心灵良药。“反身而诚，乐莫大焉”（《孟子·尽心上》）。只有做到真诚无伪，才可使内心无愧，给人带来最大的精神快乐，而人若不讲诚信自欺欺人，则会导致个人内心的失调和人格的分裂；最后，诚信是人际交往和谐的道德基石。诚信是人与人相处的基本要求，是友善的前提。没有诚信，人与人之间就不会有信任、理解，没有友好关爱，更无从谈人际交往的和谐。

诚信是政府官员应有的品质。伦理学教授缪尔·卡普泰（Muel Kaptein）在《人民公仆》（*The Servant of the People*）一书中指出，政府的诚信是由政治人物的诚信来体现的。政治人物要有诚信，首先必须知道，他们的公共职位就已经包含了对“诚信”的要求，他们必须知道自己应该遵守的规则和原则，并不折不扣地实行。诚信不仅是要按照人们普遍认可的道德方式来行事，而且还要自觉服从凡事都用说理的办法来解决的公共政治伦理。①

① 徐贲：《熟人信任攸关公共信任》，《南方周末》2015年8月6日C19版。

社会转型下诚信危机，不仅影响到人与人之间关系的和谐，更影响到社会秩序的稳定，而成为社会公害。也正是在这个意义上强调“以诚实守信为重点”的道德建设，把“明礼诚信”作为公民的基本规范，把诚信作为社会主义核心价值观的重要内容。

（2）友善

友善之心，人皆有之。友之亲朋，当谦敬礼让；友之他人，当帮扶互助；友之社会，当关爱宽容；友之自然，当珍惜保护；友之历史，当正视尊重。友善是对他人的尊重、同情、宽容和给予，是人的道德良知、教养的体现，是人的修身之本，是社会和谐稳定的人性基础，是国家的治世之基，是人与人之间的和谐之源。

友善，顾名思义，即友好、善良之义。友好是善良的愿望外在表现，善良是内在的信念、愿望和价值诉求，有了善良的内在愿望，才会有外在的友好的行为。伦理学意义上的友善指的是人与人之间的互相尊重、互相理解、互相关心、互相帮助，待人平等、待人如己、待人宽厚、助人为乐。

友善是中华民族的传统美德。历史上曾产生过许多有关友善的思想，形成讲仁爱、修和睦的传统。“仁”是儒家文化的核心概念。按照孔子的说法，仁是人，即爱人。这里的“仁”与友善比较接近。孔子认为“仁”是作为人的本质、根本，主张“爱人”是一种人之为人交往的和谐性。他的仁爱思想虽然认为“亲亲为大”，但除了对家庭、血缘关系的人们实践仁爱外，还要进一步观照天下，所以，友善之仁爱也涵盖“泛爱众”。“泛爱众，而亲仁，行有余力，则以学文。”（《论语·学而》）显然，“泛爱众”不再是一种家庭血缘关系之情，而是一种充满人文关怀的情感表达。孟子继承了孔子这一思想提出：“老吾老以及人之老，幼吾幼以及人之幼。”（《孟子·梁惠王上》）虽说仁爱有差序之分，但他由“仁”推己及人，由人及物，倡导仁者之爱是在满足家庭血缘亲情之后，由己及人，由近及远地向外推，最后至物。这种观照他人的友善思想在等级秩序森严的专制社会里带有博爱的情怀。此外，墨子提出“兼相爱，交相利”，主张“有力者疾以助人，有财者勉以分人，有道者劝以教人。若此，则饥者得食，寒者得衣，乱者得治”（《墨子·尚贤下》）。汉代以后，儒家学者对仁爱思想有了进一步的发展，韩愈在《原道》中明确提出“博爱之谓仁”。朱熹以为“仁者，心之德，爱之理”（《朱子语类》卷五十一）。康有为在《大同书》中提出要建立一个“人人相亲，人人平等，天下为公”的理想社会。可以说，千百年来，“出入相友，守望相助”“反求诸己”“推己及人”“责友以善”“以友辅仁”等友善思想已经深深地植根于中华民族的性格之中，形成了日用而不见的行为规范，平常所说的“一个篱笆三个桩，一个好汉三个帮”等就是其表现。

人对善的诉求是友善成为耻感伦理的内在依据。人的本质在于人的现实的社会关系。传统社会是熟人社会，人与人之间讲乡亲，乡亲代表温暖、亲情、友情。人作为熟人社会共同体的一部分，其本质不取决于公共空间，而是取决于私人领域里家庭血缘的情况，因为血缘关系是各种社会关系的依据和纽带，虽然家庭血缘的情况也是受社会总体状况的影响。现代社会是陌生人社会，人与人之关系被商品化所消费，商品化、市场化解构了熟人社会的乡亲之情，消费拉大或增加了距离感。在此，人际交往的关系逐渐突破家族的范围，进入到社会公共空间。随着公共空间的扩大，人际交往所占的比例也就加大，人的本质就越来越取决于公共空间的性质。这个公共空间实际上是由公民个体的总和所构成的。人的本质需要良好的公共空间，需要每个社会成员以友善的方式进入到这个空间里来。作为耻感伦理的范畴，友善指的是友好善良的公民间的伦理关系和伦理秩序。

社会对善的诉求是友善成为耻感伦理的现实依据。现代社会的形成与相应的公共空间的出现，与技术的进步、生产的发展相伴随的，与之同时相应地兴起的是工具理性。工具理性所推崇的效率挤压了人的自由空间，由于其支持的个人理性计算厘定了人与人之间的利益对立，所以，工具理性的出现不仅没有促进反而破坏社会的和谐。应对工具理性所带来的负能量，出路不是退回到非理性的传统社会，而是对之加以平衡和制约。而友善的存在和倡导恰恰可以抵消或削弱工具理性的消极影响，给冰冷的效率原则增添一抹温暖的人性色彩。社会转型期的中国，已从熟人社会转变为陌生人社会，价值观呈现多元化，社会伦理的缺失，人际交往呈现出干燥化、戾气化的趋势，现实生活中存在诸多不友善的现象，一擦枪即走火的极端事例时有发生。社会成员常常患有公共空间里的冷漠症、社会和谐建构上的便车症、助人为乐上的恐惧症。舍勒曾提出过一个社会学上的重要命题："在这一社会中，人人都有'权利'与别人相比，然而'事实上又不能相比'。即使撇开个人的品格和经历不谈，这种社会结构也必然会积聚强烈的怨恨。"[①] 舍勒提出的这个命题切中社会转型下的耻感伦理缺失的要害。化解社会成员之间的怨恨并将其转化为友善的情感，引导社会成员树立正确的生活态度。

耻感伦理可以培育人们的友善意识与能力，改变现代社会人的怨恨气质，化解现代伦理危机，成为社会和谐的润滑剂。

（3）责任

国家、社会、家庭都是由个人组成，国家兴旺发达、社会文明进步、家庭美满幸福，既与个人相关，又赋予个人以相应的责任。爱国、敬业、守法、弘义是个人作为社会成员的耻感价值取向，而诚信、友善、责任、廉洁是个人修身正己、为人处世的耻感价值准则。耻感伦理的践行，落实到个人的思想和行动上，最基本的就是"责任"二字。从一定意义上讲，责任观就是耻感观，落实责任就是体现耻感价值；衡量一个人有无耻感、有多大耻感，主要看他是否担负起了应尽的责任。责任天然具有耻感伦理的内涵。

从字面上理解，"责"有负责、索取、责罚之意，"任"有任务、担负、任职之意。所谓责任是指由一个人或一个团体的资格所赋予、并从事与之相应的某些活动、完成某些任务以及承担相应的后果的要求，也就是对他人、社会、团体组织的应答，以及作出或没有作出合理回应所应得的赞赏或责罚。[②] 这里有两层意思：一是应尽的义务、分内应做的事，二是应承担的过失。显然，耻感伦理层面的责任是指第一个意思。这一层次意思的责任也有两个层次：一个是与一定的位格相应的对位格的承担，即基于位格的普遍责任。另一个是与角色相关的任务以及对后果的承担，即具体责任，或基于角色的责任。责任是耻感伦理的基点，对于一个人最起码的要求就是应有责任心。古罗马著名思想家西塞

① ［德］马克斯·舍勒：《价值的颠覆》，刘小枫编校，罗悌伦、林克、曹卫译，生活·读书·新知三联书店1997年版，第13页。

② 郭金鸿：《道德责任论》，人民出版社2008年版，第41页。

罗说，生活的全部高尚寓于对责任的高度重视，生活的耻辱在于对责任的疏忽。生活中人应承担着各种责任，对国家责任、社会责任、职业责任、家庭责任、朋友责任，等等。

中国的传统价值观非常注重个人对他人、社群甚至自然界所负有的责任，体现出强烈的责任意识和丰富的责任思想。忠、信、仁、义、孝、惠、让、敬等德行的基本取向，都强调个人承担对他人、对社会的责任。例如，孝突出子女对父母的责任，最后推至尽己谓之忠的责任。在“父子有亲，君臣有义，夫妇有别，长幼有序，朋友有信”（《孟子·滕文公上》）的“五伦”之中，父子关系尤以“孝道”为侧重。儒家的“孝”不仅仅指子女对父母的孝顺，还涉及其他的人伦关系，正如《孝经》中所言：“夫孝，始于事亲，忠于事君，终于立身”（《孝经·开宗明义章第一》）。意思是说孝从侍奉父母到报效君王，最后达到完善自身的目标。在个人与他人、与群体存在连续的关系中，儒家强调必须积极承担自己对对方的责任，这不仅是一种美德，更是耻感伦理的要求，不忠、不信、不仁、不义、不孝、不惠、不让、不敬是为社会和他人所不耻和不容的。在个人与他方构成关系中，不能以自我为中心，而应以自我为出发点、以对方为重，个人利益要服从责任的要求。人常常为承担责任而忘我，责任往往成为个人社会实践的重要动力。这样的立场就是责任本位之立场。同时，由于个人处于社会关系网络中，与多种对象结成各种关系，因此个人的责任是多重的而不是单一的，个人有多少角色，就相应地承担多少责任，必须要有责任担当意识。孔子曾说过：“己欲立而立人，己欲达而达人。”（《论语·雍也》）意思是说自己想立得住，也希望别人立得住；自己想行得通，也希望别人行得通。这就是推己及人、与人共好的境界，反映了要勇于承担对他人的责任意识。从先秦的士君子到汉代的士大夫，都突出责任担当意识，强调个人对天下国家的责任。如，“先天下之忧而忧，后天下之乐而乐”“风声雨声读书声声声入耳，家事国事天下事事事关心”“天下兴亡，匹夫有责”“苟利国家生死以，岂因祸福避趋之”等都表达了责任担当意识。

人生活在各种社会关系之中，人与人之间、人与社会之间具有联系互动，只要是社会主体，就应负有一般意义上的责任。人具有行为的意志自由，正常人具有行为选择的能力，具有在多种行为方案中把握现实做出选择的能力，并对自己的行为负有责任。就一般的个人而言，在环境、教育、文化的影响下，若形成具有道德属性的人，那么，责任感就成为人的社会属性的基本内涵，主要表现在对家庭、他人、职业、组织、社会和国家的责任。对于个人而言，责任是最可持续的内生动力源，有责任感就有追求。这种责任感，不是囿于一己之成败得失，而是以自为的追求和完善实现个人对于家庭、工作、社会和国家的价值，而是把个人发展与家庭兴旺、社会进步、国家发展联系在一起。然而，责任的迷失已经成为社会转型下最严重的社会问题之一。在社会转型期，由单一利益主体向多元利益主体转变，价值取向多元化，人际关系功利化，以致责任缺位和缺失。必须把责任纳入耻感伦理内容之中，因为责任不仅是最靠得住的自备防腐剂，而且还具有自我纠偏纠错功能，更是动力源。防腐剂，自备的优于外加的；纠偏纠错功能，自我的优于外来的；动力源，内生的优于外在的。

责任是一种高级道德情感，是道德认识、道德信念、道德感情、道德意志有机综合统一，对人的行为有巨大的约束力与推动力。

（4）廉洁

社会转型所带来的社会心理的震荡和人们价值观的调整，传统的价值观念、道德体系和行为模式或被否定或被抛弃，而新的价值道德体系尚未定型或尚未被普遍接受。与此同时，各种腐朽、异化的意识形态乘虚而入，腐败作为一种亚文化逐渐流行，一些腐败行为甚至已经成为一种被社会认可的社会风气与生活方式。为了遏制腐败趋势的蔓延，社会需要廉洁，呼唤廉洁，倡导廉洁，居安思危，戒奢以俭。廉洁既涉及个人在生活与工作中的自我修养问题，也涉及在个人利益与他人利益、集体利益之间发生冲突时所表现出来的精神状态和举止行为，是一个社会所提倡和认可的行为，也是耻感伦理的重要内容。

“廉洁”有两层意思：一是指清廉、清白。《辞海》解释为“清廉，清白”。在此，主要指的是个人内在品质、精神状态和自我修养。《汉书·贡禹传》：“禹又言孝文皇帝时贵廉洁，贱贪污。”唐朝的崔令钦《教坊记》：“夫以廉洁之美，而道之者寡；骄淫之丑，而陷之者众，何哉？”廉洁也作“廉絜”，谓不贪财货，立身清白。“廉”的本义是指堂屋的侧边，器物的棱角。《道德经·五十八章》讲“廉而不刿”，意思是说为人虽有棱角，但却不刺伤他人。有棱角之意，遂用来比喻人品端正、有志向、有气节。《广雅》释义：“廉，清也”，即清廉，是指不贪取不应得的钱财。“洁”，从水，絜声，本义为干净、清洁，“鲜而不垢，洁也”（《管子·水地》），即是指人生光明磊落的态度。这层意思的廉洁是指做人要有清清白白的行为，光明磊落的态度；二是指不损公肥私、不贪污。《辞源》解释为“公正，不贪污”。在此，主要指的是个人外在的举止行为、举止活动，公正不贪，清白无污。《后汉书·羊续传》记载东汉羊续为南阳太守时，有府丞送鱼给他，他把鱼挂起来，府丞再送鱼时，他就把所挂的鱼拿出来教育他，从而杜绝了馈赠。后来，“羊续悬鱼”用以形容为官清廉，拒受贿赂。这层意思的廉洁是人们对待钱财和利益的一种正确态度，其基本要求是不取不义之财、不贪不义之利。从词义探源看，廉洁的核心是为官清正，不损公肥私，不贪污腐化。从耻感伦理范畴看，指的是清白、不贪和正派。

一直以来，廉洁就是中华民族的重要道德范畴。中华民族起源于农耕文明，农业国度的人最知晓劳动果实来之不易。“不以奢为乐，不以廉为悲”（《淮南子·原道训》）。高诱注释说：“廉，犹俭也”（《淮南子注》）。在中国古代，廉洁被视为士大夫的精神品格，是士大夫陶冶情操与完善自我的一种道德修养。欧阳修曾说：“廉耻，士君子之大节”（《欧阳文忠公集·廉耻说》）。据现今可考文献记载，“廉洁”一词最早出现于屈原的《楚辞·招魂》“朕幼清以廉洁兮”和《楚辞·卜居》“宁廉洁正直以自清乎”。东汉王逸在《楚辞章句》中注释说：“不受曰廉，不污曰洁。”意思是说不接受他人的不义之施，不让自己的高洁人品受到玷污，这就是廉洁。传统文化视域下的“廉洁”表达了士大夫人格上自我完善的“内圣”，即自觉形成士大夫的内在德性。无论是孔子所倡导的“君子固穷，小人穷斯滥矣”的君子节操，抑或是孟子所弘扬的“富贵不能淫，贫贱不能移，威武不能屈”的大丈夫气概，都离不开这种士大夫“廉洁”品格修养。随着士大夫入仕机会的增加，这种“内化”为士大夫个体精神品格的“廉洁”，又显现出其政治方面的“外王”事功，即廉政的社会治理效应。对此，管子提出“礼义廉耻，国之四维，四维不张，国乃灭亡”，把“廉”上升到关涉国家存亡的高度。而晏婴在论及“廉政”时说：“廉者，政之本也，民之惠也；贪者，政之腐也，民之贼也”（《晏子春秋·内篇》）。这些论述彰显了“廉政”在整个社会管理中举足轻重的地位。从“廉洁”到“廉政”，廉洁从政已经从普通人的道德规范上升到为政之本，成为官德的要求。可见，廉洁既是个人的道德修养，又是清廉政治之关键，是立身之基、齐家之始、治国之源。

廉洁是个人的价值取向和社会的发展取向。一个人的生命意义，在于他在什么程度和什么意义上从自我中解放出来。廉洁是一种奉献型价值观，始终在社会中占据着主导地位，引领人们朝着社会发展的方向前进。个人主义与腐败是廉洁的敌人，它会误导一些人走向不归之路。个人，尤其是从政者更应以廉洁为要。与普通民众相比，从政者占据着公权力，有更多的机会和可能对公私财物苟得、妄取。从政者之贪，不是侵吞国家财产，就是榨取民脂民膏，收取各种贿赂。英国历史学家约翰·阿克顿勋爵曾说过一句名言：“权力导致腐败，绝对权力导致绝对腐败。”[①] 遏制腐败是一项系统工程，要依靠制度，也应重视从政者的官德修养。“吏治国治，吏腐政亡”。从政者的官德修养是整个社会的表率，直接影响到社会道德风尚和社会风气的好坏。“欲治其国者，先齐其家；欲齐其家者，先修其身……身修而后家齐，家齐而后国治，国治而后天下平”（《礼记·大学》），讲的就是这个道理。能否做到廉洁奉公，能否经受住拒腐防变的考验，这不仅是从政者官德修为与耻感伦理要求，更是提高执政能力的保证。

一个廉洁的社会有助于形成良好的社会风气，促进社会的和谐与经济发展的良性循环；反之，腐败现象的频繁发生将会导致社会承受沉重的政治代价和经济代价。

① ［英］约翰·阿克顿：《自由与权力：阿克顿勋爵论说文集》，侯建、范亚峰译，冯克利校，商务印书馆2001年版，第342页。

第五章

社会转型下耻感伦理建设的方法论

明确了“什么是耻感伦理”的目的在于“怎样建设耻感伦理”。耻感伦理建设应遵循注重“他控”的制度建设与“道德人格”的美德重塑相结合的理路，即从注重法制规范，强调知耻明耻、祛恶从善到注重道德养成，以德修身、行己有耻，通过知荣辱、明法纪、守诚信，加强耻德修养，塑造符合现代社会的道德人格。

一 社会转型下耻感伦理建设的基础

（一）逻辑基础

价值哲学认为，人作为认识主体从周围事物中获得的价值认识，是其认识、利用和改造这些事物的直接动机与精神动因。在一切主客体的关系中，只有充分地做到知己知彼，才能形成较为客观和正确的评价性认识。人的任何价值意识或价值观念都应以真理性认识作为其认识论基础，而任何真理性认识也只有在转化人的价值意识或价值观念之后，才能成为实践的直接动机并用以掌控实践的精神力量。耻感伦理是以社会耻感现象为对象的认识，只有转化为耻感意识，才能为人们的耻感行为提供驱动力和智力支持。然而，要把耻感意识转化为耻感行为，绝不是轻而易举的事情，并非只是单向、片面举措的机械组合与排列，其本身是一项复杂的系统工程。

作为一项系统工程，耻感伦理建设首先应着眼于与其他道德建设的关联，这种关联构成了耻感伦理建设的逻辑基础。在逻辑基础中，逻辑起点最为重要，因为逻辑起点构成了研究对象即认识客体最直接、最基本的单位，涵盖了研究对象中一切矛盾的“胚芽”与生长点。任何一个理论体系都是由蕴含着独特个性和本质的“胚芽”不断地裂变，使过程所规定的一切矛盾按照其固有的“密码”有序地展开，从而形成一个由严密的逻辑链条架构而成的理论体系。耻感伦理是一个由一系列的概念、范畴、德目和原则等构成的完整的理论体系，它逻辑地表达了社会伦理道德发展的历史与现实的进程，这个历史和现实的进程与社会的道德观、价值观，尤其是核心价值观密切相关。在此，可以从以下三个方面认识社会转型下耻感伦理建设的逻辑基础。

耻感伦理与社会主义核心价值观的关系。在人类社会中，存在着可称为双重现实的事物：一个是“规范的秩序”，即应当是什么（伦理道德），另一个是“实际秩序”，即是什么（价值观）。本质上这两种秩序存在交集重叠之处，但也有各自独立的空间，实际上，二者往往互为影响因素而发挥作用。耻感伦理涵盖了应当是什么和回答了是什么的问题，也就是说，耻感伦理包含了伦理道德和价值观的成分与内容。这种成分与内容是通过其思想基础与主要内容显现出来的。社会转型下耻感伦理是以社会主义核心价值体系为思想基础的，其主要内容与之高度契合。社会主义核心价值观是文化软实力的灵魂及其建设的重点。而一个国家的文化软实力，从根本上说，取决于核心价值观的生命力、凝聚力、感召力。培育、弘扬、践行核心价值观，有效整合社会意识，是社会系统得以正常运转、社会秩序得以有效维护的重要途径。无论从哪一方面来说，社会转型下耻感伦理建设离不开社会主义核心价值观的统摄，而培育、弘扬、践行社会主义核心价值观也内涵了耻感伦理的倡导与建设，二者内在地联结在一起。这就是说，培育、倡导、践行社会主义核心价值观是耻感伦理建设的逻辑起点。

耻感伦理建设与公民道德建设的关系。耻感伦理与公民道德在价值诉求上具有一致性。耻感伦理的建构与建设不仅为公民道德建设创造了良好的外部环境，而且也为公民道德建设本身提供了合理的方法论基础与明确的方向。当前公民道德建设存在这样或那样的问题，恰恰与缺乏一种形而上层面的耻感伦理与核心价值观有关，以至存在着具体问题重应急措施、轻长远前瞻的价值预设，重现实需要、轻形而上思维。在实际生活中，过多地注重工具理性的一维性、可计算性、单向度，忽视了价值理性的多维性、导向性、全面性，使公民道德建设本身难以突破陈规。形而上思维的缺乏与缺位导致了缺乏科学的高度、广度和深度，公民道德建设只能被边缘化。可见，耻感伦理建设与公民道德建设二者是相互关联、相互促进的。

耻感伦理建设现实基础的重大价值。把握社会转型下耻感伦理建设的逻辑基础，不仅为有效避免耻感伦理研究误区提供科学依据，而且也为加强耻感伦理建设，培育、弘扬、践行社会主义核心价值观找到关键的着力点。面对经济发展和社会进步，通过加强耻感伦理建设，可以进一步巩固和发展社会主义核心价值观的现实基础，推动人们深入认同、确立、发展和践行社会主义核心价值观。

（二）理论基础

社会意识形态作为社会精神生活现象的总和，是一定经济基础及其所决定的政治制度的社会反映，是社会经济、政治制度在意识中的反映。一个社会的主流意识形态往往是占统治地位的统治阶层的意识形态。也就是说，社会意识形态是一定社会的阶级、阶层和社会集团基于自身利益对现存社会关系自觉反映而形成的认知体系，反映了一定阶级、阶层和社会集团的利益取向和价值取向，并为其服务，从而成为其政治纲领、行为准则、价值取向、社会思想的理论依据。马克思指出："统治阶级的思想在每一时代都是占统治地位的思想。这就是说，一个阶级是社会上占统治地位的物质力量，同时也是社会上占统治地位的精神力量。支配着物质生产资料的阶级，同时也支配着精神生产资料，因此，那些没有精神生产资料的人的思想，一般地是隶属于这个阶级的。占统治地位的思想不过是占统治地位的物质关系在观念上的表现，不过是以思想的形式表现出来的占统治地位的物质关系；因而，这就是那些使某一个阶级成为统治阶级的关系在观念上的表现，因而这也是这个阶级的统治的思想。"①

① 《马克思恩格斯文集》第 1 卷，人民出版社 2009 年版，第 550—551 页。

任何社会都存在着主流意识形态和非主流意识形态。主流意识形态构成一个社会思想文化的中枢和支柱，构成一个民族精神信仰的基础和载体，起着扩大政治认同、进行政治整合、规范政治行为、增强政治体系的合法性、促进政治稳定的作用。主流意识形态强调的是意识形态发挥影响的地位，在一个社会中最具有影响力的意识形态才是主流意识形态。而主流意识形态与社会意识形态之间的分化与融合是现代社会意识形态发展的基本特征。社会转型下耻感伦理是当下中国主流意识形态的内在组成部分，其形成与发展不可能独立于社会，更不可能外在于社会意识形态，相反，是在与社会意识形态交互过程中，对社会意识形态的引导与吸纳、批判与整合。

马克思主义是社会主义社会的主流意识形态，社会转型下耻感伦理作为社会主义意识形态的集中概括与提炼，体现了马克思主义意识形态的思想要求。耻感伦理建设也必须以马克思主义意识形态为理论基础。这是因为在社会意识形态领域，一直存在着思想的冲突与对立。如今的世界在广度和深度上的相互依存已经远远超越了过去那种局部的、片面的相互依存，走向了全局的、综合性的相互依存，并由垂直的相互依存走向了更广域的水平化的相互依存。相互依存不仅出现在发达国家和发展中国家之间、发达国家相互之间、发展中国家相互之间，而且还体现在经济领域，并向政治、文化、社会、生态等领域延伸。相互依存推动和促进了各国家、地区、民族之间的经济、政治、文化、社会、生态等频繁的交流、合作、吸纳与认同，但是，也应看到这背后存在着相互冲突、碰撞。西方国家凭借其经济、科技和资本的优势加大意识形态的攻势，对人们的思想价值观念造成冲击，反映在意识形态领域里主要是社会主义价值体系与资本主义价值体系的冲突和对立。西方势力鼓吹新自由主义和“意识形态终结论”，进行价值观的渗透，造成信仰和认同的危机、意识形态的分化、主流意识形态被淡化等。列宁指出：“对社会主义思想体系的任何轻视和任何脱离，都意味着资产阶级体系的加强。”① 世界社会主义运动的实践证明，社会主义国家的政权稳固，必须紧紧抓好思想、文化舆论等意识形态领域阵地建设。因为意识形态领

① 《列宁选集》第1卷，人民出版社1995年版，第327页。

域历来是双方激烈争夺的重要阵地。尽管中国现阶段存在着多种意识形态成分，但是，马克思主义在社会主义意识形态建设中始终居于核心地位，马克思主义是社会主义意识形态的旗帜和灵魂，以马克思主义为指导的社会主义意识形态是占统治地位的主流意识形态，这是毋庸置疑的。

必须要以马克思主义意识形态理论掌控舆论和思想阵地，因为“我们的党从它一开始，就是一个以马克思列宁主义的理论为基础的党，这是因为这个主义是全世界无产阶级的最正确最革命的科学思想的结晶”。[①] 从这个意义上说，马克思主义意识形态理论为耻感伦理建设提供了理论基础。

（三）现实基础

“为了使社会主义变为科学，就必须首先把它置于现实的基础之上。”[②] 这是恩格斯在《社会主义从空想到科学的发展》一书中提出的社会主义必须置于现实基础之上的著名论断。这里的“现实的基础”指的是社会的经济关系和政治关系，也就是生产力和生产关系、经济基础和上层建筑的矛盾运动及其表现，而这两对矛盾的基础却植根于社会的政治、经济、文化、社会、生态等状况。耻感伦理建设的现实基础指的是耻感伦理的生成、发展以及同生成、发展相关联的环境，即政治、经济、文化、历史与社会所构成的环境。

从现实情况看，中国特色社会主义经济、政治、文化、社会和生态建设为社会转型下耻感伦理建设提供了实践基础。改革开放以来，社会生产力水平明显提高，综合国力显著增强，已经进入全面建成小康社会重要战略时期。坚实的物质基础为耻感伦理建设提供了丰厚的物质基础；伦理道德建设必须要有制度保障，没有良好的制度保障不仅无法产生先进的伦理道德，即使产生了也不能持久保持。制度具有根本性、全局性、稳定性、长期性等特征，一经形成和确立不会轻易发生改变。中国特色社会主义制度是由一整套不同层面、相互衔接和联系的制度构成

① 《毛泽东著作选读》（下册），人民出版社 1986 年版，第 590 页。

② 《马克思恩格斯选集》第 3 卷，人民出版社 2012 年版，第 789 页。

的，是当代中国经济发展和社会进步的根本制度保障，集中体现了中国特色社会主义的特点和优势，这种优势说到底就是政治优势。然而，应该看到中国特色社会主义实践毕竟才几十年时间，制度还远不够成熟和完备。随着制度建设的不断推进，各方面制度日趋成熟和定型，中国特色社会主义的优势必将得到更多释放和发挥，必须坚持制度自信。中国特色社会主义制度为耻感伦理建设提供了根本的社会制度保障；建国六十多年来，政治社会化使得社会主义意识形态成为社会的主流意识形态，马克思主义的指导地位已经确立并得到不断的巩固，全体人民的思想道德素质和科学文化素质不断提高，民族凝聚力显著增强。这些为耻感伦理建设提供了最基本的思想条件。

从历史传承看，源远流长、博大精深的传统文化为社会转型下耻感伦理建设提供了丰富的历史文化资源。历史和现实的经验表明，一个国家和民族的发展与进步，有赖于文明的成长和成熟，中华民族在五千年的文明发展进程中创造了博大精深的传统文化。传统文化作为中华民族的重要精神支撑和血脉根基，是最深厚的文化软实力，是中华民族历史上道德传承、各种文化思想、精神观念形态的总体表征，为中华民族的发展和壮大提供了精神力量，为中华文明的发育和成长提供最基本、最重要的价值标准、价值取向和价值准则。传统文化经历了岁月的考验、积淀与提炼，留下来诸多的精髓，闪耀着民族智慧与精神的耀眼光芒，不仅为各族人民所理解、认同，而且不断被赋予与时代要求相适应的新内涵。“以文教化”和“以文化成”，表明了传统文化对道德教化的注重。儒家思想中的“道”是一种自然而然的规律，而“德者，得也”，指的是对“道”认知和理解之后的状态，是得“道”之人的品质和特征。“大学之道，在明明德，在亲民，在止于至善”是《大学》的开篇之句。“大学”，是大人之学、君子之学、走向人生大道之学。能开始研习“大学之道”，意味着心理成人的开始，要求遵守君子之德，开启修行的光明大道。而“明明德、亲民、止于至善”是整部《大学》的“三纲领”，要求成为一个心性光明、行为努力、目标远大之人。其实，耻感伦理建设离不开传统文化，其价值指向就是一种德——既个人之德，也是国家之德、社会之德。面对源远流长、博大精深的传统文化，汲取什么、倡导什么、弘扬什么、发展什么，直接决定着社会的未来走向。植根于传统文化沃土之中的耻感伦理是对中华优秀传统文化的创造性转化，这种转化既要发挥对传统文化的主体能动作用，又要把传统文化作为自身土壤和源泉，从中吸收精华养分。只有进一步地去发掘和弘扬传统文化的精华，才能实现耻感伦理建设的目标。

二 社会转型下耻感伦理建设的方法论原则

一定的世界观原则在认识过程和实践过程中的运用表现为方法论。方法论是关于人们认识世界、改造世界的方法理论，是人们用什么样的方式、方法来观察事物和处理问题。所谓方法论原则，指的是世界观对具体研究方法发挥指导作用的中介环节，是方法论的基础、主线与标志。它制约、支配研究过程的各个阶段和各个环节，影响和决定研究方法、手段、工具的选择和运用，制约研究态度、步骤和研究成果。

社会转型下耻感伦理的建设，离不开具体的方法举措，但更离不开基于方法举措的哲学分析——方法论原则。方法论原则影响、制约、支配着耻感伦理建设方法举措的选择。所以，耻感伦理建设不仅要遵循一般社会科学研究的原则，也要适合于自身特殊性的原则。

（一）历史与现实的统一

许多历史上的社会现象都会在历史横断面上铺展开来，从而使我们对社会的观察和研究可以把历史放置在现实之中。历史是现实的影子，现实折射历史。历史与现实，既是科学发展的历史与现实，也是社会发展的历史与现实，二者的关系问题，是哲学理论的重大问题之一。对这个问题的认识与实践，关涉哲学理论的方向与道路。历史的事实表明，哲学理论的研究从来都不可能游离于社会现实之外，关键在于能不能寻找到历史与现实在客观规律上的一致性。历史与现实的统一是基于客观规律上的一致性，但二者毕竟存在矛盾。这种矛盾是由历史的距离造成的，是现实的人与事和已逝去的历史实际的矛盾的反映，是人们对历史与现实的认识差距的反映。历史与现实的关系，是源与流的关系，源与流既有联系，也有距离。距离即差距，差异形成矛盾。历史距离就是历史与现实的距离，历史距离造成历史与现实的矛盾。矛盾是对立统一，所以，不仅要看到历史与现实的对立，更应看到历史与现实的统一。耻感伦理建设的方法论原则也要遵循这一点。

历史是过去的现实，是现实的前身；现实是历史的延伸，是未来的历史。无限的过去都以现实为归宿，无限的未来都以现实为渊源。耻感伦理从历史中走来，也将走向未来。历史与现实之间不是单向的运动，而是从历史到现实和从现实到历史的双向运动，人们总是根据传统耻感伦理认识现代耻感伦理，并根据现代耻感伦理了解传统耻感伦理。今天的人们不可能离开祖先留下的历史遗产，一无所有地去生活和创造，同样，祖先也不可能不给今天的人们留下特定的历史遗产，不留痕迹地成为历史。耻感伦理建设，不能离开历史与实现，无论是离开历史看现实，抑或离开现实看历史，都不能准确理解和把握耻感伦理的现代境遇。所以，社会转型下耻感伦理应该是优秀的传统文化与时代精神的结合，既源于历史又基于现实，既传承历史血脉又体现与时俱进。

社会转型下耻感伦理既是传统耻感伦理的精神赓续，也是现实社会伦理道德生活的写照和反映，既有历史传承的一面，也有现实生成的一面。耻感伦理建设实际上就是提炼、培育、倡导、践行耻感伦理的过程，这一过程本身也是一种文化构建活动。这种文化建构活动就是把耻感伦理融入全体社会成员的思想观念、道德标准和行为准则之中，注重社会成员的认同性，使之成为其自觉行动。耻感伦理要靠每一个社会成员来培育、践行和传承，以这一伦理道德凝聚人心，增强荣辱感。离开历史谈论耻感伦理建设也会失去血脉和底蕴，同样，离开现实来谈论耻感伦理建设也会失去根基和活力。

（二）继承与创新的统一

继承是指对原有对象的传承、坚持、固守与持有。学科不同对继承的界定不同：法学层面的继承是指自然人死亡后，由法律规定的人或遗嘱指定的人依法取得死者遗留的个人合法财产的法律制度；计算机学科的继承是指一种由已有的类创建新类的机制；哲学层面的继承是指对原有事物中消极成分的克服、否定与合理成分的接续、肯定，是否定中的肯定，克服中的保留，是“取舍”。与创新相对应的继承当然是后者。耻感伦理建设的继承是指在已有的一定的社会生产方式及社会生活的基础上进行的，既要受一定的历史条件和文化传统的深刻影响，也要从传统耻感伦理出发，在其自身建设中保持着一些不断重复的、相对不变并可以世代继承、积聚的关联的属性。这些关联需要不断被人们认识、凝练、概括，并以经验和理性的方式凝结成一定的结构和特定的功能。

创新是人们对于发现的再创造和对于物质世界、精神世界的矛盾再创造，是人的认识能力和实践能力，是人的主观能动性的高级表现形式。哲学意义的创新就是旧事物向新事物的转变，是“旧质”向“新质”的飞跃，是“扬弃”。耻感伦理建设的创新是指在人的社会实践和社会生活中进行的，伴随着人的主体性的不断展开和丰富而发生相应的变化的属性。这些变化使得耻感伦理在社会历史进程的每一阶段，在社会主客体相互作用下，与时俱进地改变自己的内容和方式。

继承与创新是对立统一的关系，二者相互依存、相互影响、相互作用、相互渗透，并在一定的条件下相互转化。继承是创新的基础，创新是继承的发展，创新是最好的继承，二者的结合是社会转型下耻感伦理建设的牢固基础和不竭动力。耻感伦理建设必须坚持继承的原则。作为一种观念形态，耻感伦理生成、发展、植根于传统文化沃土之中，必须坚持客观、科学的态度，汲取传统文化中的思想精华和道德精髓，做好创造性转化和创新性发展，以激活其生命力，增强其影响力和感召力。同样，耻感伦理建设也必须坚持创新原则，在继承传统文化的基础上，注入时代精神。例如，在中华民族历史进程中，形成了以“三纲五常”为思想基础的传统耻感伦理。应该说，传统耻感伦理中包含了糟粕的部分，但是否应彻底地否定和抛弃却是值得认真思考的。以“五常”为例，“仁义礼智信”这五种基本的道德信条具有超越时空性、普世性，在任何时代都不会过时。从性质上看，“仁义礼智信”是人们应该履行的基本、主要义务，而非从属、次要义务，是永恒的道德，具有基础性和系统性；从与其他道德规范的关系看，“仁义礼智信”具有根源性和主导性，其他许多道德都是从它引申而来的；从历史影响看，“仁义礼智信”牵动整个社会的道德体系，推动整个社会的道德教化，提升整个社会的道德水准，对协调人际关系，改善社会风气，培育民族精神发挥了重要作用。“常”是“永恒”之意。任何时代人都应该、也必须有恻隐之心、辞让之心、羞恶之心、是非之心，都必须讲荣耻。一个社会中如果没有这些基本的道德信条，那是难以想象的。

继承与创新是耻感伦理建设的两个轮子。创新不能割断历史，创新首先要继承，不善于继承，就没有创新的基础。同样，继承是为创新而存在，继承是手段，创新是目的，不善于创新，就会缺乏继承的发展活力。

（三）理论与实践的统一

理论是人们在实践的基础上概括出来的关于自然界和人类社会知识的系统化结论。实践是人们有目的、有意识地改造客观世界的物质活动。任何事物的特性都不是从抽象的理论概念中逻辑地推论出来，而是从事物本身去寻找，即从实践中去寻找；不是从理论出发来解释实践，而是从物质实践出发来解释理论的形成；不是从理论逻辑出发来解释实际，而是依据实际来修正理论逻辑。

理论与实践既对立又统一。统一的关键在于二者之间存在间距，这种间距是指二者之间表现出来的一定张力，进而言之就是在内容、范围、层次、表现形式等方面的差异性。差异性产生矛盾，矛盾的对立性一面可以造成理论与实践的分裂和脱离，但统一性一面却是二者结合的前提。一旦在实践过程中正确地把握这种间距及其相结合的规律和途径，那么就完全可以做到理论与实践的统一。

耻感伦理建设只能从实践本身去寻求思想，不能用学理上的逻辑来裁剪其所面对的现实境遇，也不能用过去的事实来衡量今天的现实。这是因为耻感伦理作为社会意识范畴具有相对独立性和自身的内在逻辑发展规律，必须要遵循其形成与发展的内在规律。耻感伦理反映了社会存在，其发展取决于一定阶段的社会生产方式，其建设只能以生产方式为物质基础，体现中国最广大民众的根本利益，服从于社会转型下经济、政治、文化、社会、生态等方面的基本特征的规定性。

耻感伦理建设旨在形成一个风清气正的社会，这就要求必须关注人的现实生活。社会存在决定社会意识，作为社会意识形态范畴的耻感伦理自然不能脱离社会现实而存在，其建设必须具有现实针对性与实践基础。如果不能有效解决当前人们普遍关心的利益问题与普遍存在的思想问题，脱离社会现实，其方法举措就不可能行之有效，那么耻感伦理也就不可能为人们所普遍接受。

坚持理论与现实的统一，必须同社会主义初级阶段的现实相适应，必须同公有制为主体的多种所有制经济成分共同发展的基本经济制度相适应，必须同按劳分配为主体的多种分配方式并存的个人分配制度相适应，必须同区域经济社会发展不平衡的现状相适应，必须同中国社会各阶层的思想观念、道德意识、价值取向的多层次性相适应。这就是说，耻感伦理建设必须也只能立足于社会主义初级阶段伦理道德的现实。

（四）主导性与包容性的统一

社会转型下耻感伦理汲取了传统耻感伦理中的合理成分与优秀因子，既是对其继承，又是对其超越。因此，必须坚持发扬传统与立足当代的统一，坚持主导性与包容性的统一。

耻感伦理建设必须坚持主导性原则。社会意识形态具有明确的导向性，它能够引导社会成员达成思想共识、价值共识和道德共识。马克思主义作为正确认识世界和改造世界的强大思想武器，要求全体社会成员必须善于运用马克思主义的立场、观点、方法，正确认识各种社会思潮，明辨社会意识形态中的主流与支流。耻感伦理建设的主导性原则指的是坚持马克思主义的指导地位和社会主义核心价值体系的基础地位，具体表现为坚持原则、区别对待、正确引导。坚持原则是指“在我们的社会主义社会里，是非、善恶、美丑的界限绝对不能混淆，坚持什么、反对什么，倡导什么、抵制什么，都必须旗帜鲜明”；[①] 区别对待是指对非马克思主义和反马克思主义、非社会主义和反社会主义应当有明确的区别。前者多属于认识、教育问题，可以通过耐心细致的方式解决。对于后者不能简单采取一概否定与批判的方法，必须具体分析，找出其错误的实质和产生的根源，从中吸取教训，提升自我。须指出的是，坚持和倡导马克思主义的指导地位与社会主义核心价值体系的基础地位，并不排斥社会思潮的多样化。社会意识形态领域里的多样化与差异化为马克思主义和社会主义核心价值

---

① 胡锦涛：《牢固树立社会主义荣辱观》，载《十六大以来重要文献选编》（下），中央文献出版社 2008 年版，第 317 页。

体系的丰富和发展创造了条件。正是从多样化、差异化的社会思潮中汲取营养，马克思主义和社会主义核心价值体系才能与时俱进，不断丰富，拓展视野。一定程度上，这也是包容性原则的体现；正确引导是指巩固马克思主义的指导地位，坚持理论自信、制度自信、道路自信，坚持以社会主义核心价值体系引领社会思潮，在尊重差异中扩大社会认同，在包容多样中达成思想和价值共识。

耻感伦理建设还必须坚持包容性原则。耻感伦理建设是在社会转型、思想观念多样化背景下进行的伦理道德体系整合，要求“尊重差异，包容多样，最大限度地形成共识”。[①] 当前形形色色的社会思潮是人们认识差异性与态度多样性的反映，这既与经济全球化密切相连，又与改革开放息息相关。众所周知，全球经济一体化不仅带来了一系列高新的自然科学技术知识，而且带来一系列新颖的社会科学和人文科学知识。经济全球化的实质是资本主义的生产方式和意识形态占主导地位，它所引发的社会思潮必然是一把双刃剑：既有符合社会化大生产发展的客观规律的知识贮备和理论体系，又有体现资本主义生活方式和社会制度的价值取向。同时，还应看到，随着经济体制的深刻变革，必然会带来社会结构、利益格局和思想观念的深刻变化，必然存在着源于各自利益诉求而产生的思想认识上的差异。在耻感伦理建设中，存在着社会思潮的差异性和多样性，必须学会承认和尊重差异，包容和善待多样。

差异是事物存在的前提和基础，多样是事物发展的形式和动力。在耻感伦理建设实践中产生的思想认识的差异和情感态度的多样，是历史与现实的矛盾统一，是个人价值取向与社会价值认同的矛盾统一，归根到底，反映了对待人与自然、人与社会、人与人、身体与心灵之间相互关系的认识。其中，既有各种学术观点的争辩，也有总体目标认同的分歧；既有知识与信仰的矛盾，也有理论与实际的冲突；既有个性心理意识的不同，也有民族文化心理的差异。这些差异与多样完全可以在马克思主义和社会主义核心价值体系引领之下，共同构筑起“和而不同”

---

① 胡锦涛：《中共中央关于构建社会主义和谐社会若干重大问题的决定》，《人民日报》2006年10月19日第1版。

“求同存异”的思想伦理道德。任何社会对差异的尊重、对多样的宽容都有一个限度，或者说是“底线”。这个限度和“底线”就是四项基本原则。“最大限度地形成社会共识”，就是以马克思主义和社会主义核心价值体系引领社会思潮为价值取向，就是把尊重差异、包容、最大限度地达成共识，作为一种思想文化品格，融入社会主义核心价值体系之中，贯穿于耻感伦理建设各个方面，使之内化为人们的一种社会心理、思维方式和处事态度。

主导性与包容性是同一问题的两个方面，将二者统一起来，才能正确认识和处理耻感伦理建设中的多样化社会思潮问题。

（五）实效性与长效性的统一

实效性本指事物的客观结果与预期的目标相比较所达到的真实有效的程度或状态。这里的实效性是指耻感伦理建设应注重实际效果；长效性本指保证制度长期正常运行并发挥预期功能的属性。这里的长效性是指耻感伦理建设应注重持之以恒、循序渐进，在不断积累中巩固和壮大作为主流意识形态的力量。

科学的理论只有被信仰与践行才有力量，只有内化于心、外化于行，才能为形成风清气正的社会集聚强大正能量。耻感伦理建设只有坚持实效性和长效性的统一，才能使之更具吸引力、感召力，才能被广泛认知、认同、信仰和实践。实效性的核心在于社会成员对于耻感伦理的认同与接受，并将其内化为社会成员的思维方式和行为习惯，在行为上表现出与此相一致的长期倾向。从这个层面看，耻感伦理建设只有注重实效性与长效性的统一，重视理论与实践的统一，才能获得全体社会成员的普遍认同，才能实现自身行为的外化，才能形成文明和谐的良好社会氛围和道德风尚。然而，必须看到耻感伦理建设并非一朝一夕的事情，而是一项系统工程，涉及社会的方方面面，要获得全体社会成员的普遍认同，更是需要一个长期过程，不可能是毕其功于一役。这必须要把耻感伦理建设作为伴随整个社会转型进程的战略任务，将长远目标与阶段性要求结合起来，把耻感伦理建设作为关涉社会文明风尚建设的基础工程，建立起常态化、长效化的工作机制。

（六）灌输与渗透的统一

社会成员接受和掌握理论是一个自觉自愿的过程。毛泽东在《正确处理人民内部矛盾的问题》中曾明确指出："不能强制人们放弃唯心主义，也不能强制人们相信马克思主义。"① 从方法论原则看，耻感伦理建设既需要对社会成员主动灌输，也需要强调社会成员的自主选择和积极的渗透，是二者的结合。

灌输应注意方式方法。在马克思主义经典作家中，列宁有着完整的灌输理论，具体包括为什么灌输和如何灌输两个部分。在列宁看来，马克思主义之所以必须灌输在于它不可能自发地形成，灌输必须"利用一切琐碎的小事"② 说明观念，利用"每一个具体表现来进行鼓励"，从而实现"发展工人阶级的政治意识"③ 的目的。可见，灌输的本真含义，并不是人们通常理解的那样是被动的注入、移植或楔入，而是能动的认知、认同和内化。这种灌输绝非填鸭式的宣传教育，而是蕴含着启发。

渗透应注重贴近实际、贴近生活、贴近群众，注重向社会环境、心理环境、网络环境等方向渗透。就耻感伦理建设而言，渗透原则指的是要把耻感伦理渗透到其他工作中去，要与工作对象的日常生活相结合。人是社会的主体，既表现为人的主体实践构成的完整的社会实践，也表现为人在社会中的任何思想和行为活动都是自主选择的结果。耻感伦理建设的渗透原则是要给社会成员以多种接受科学理论的途径和方式，通过各自不同的选择，从被动、自发的学习转向主动、自觉的学习，主动将之付诸社会实践。

灌输与渗透的统一，是耻感伦理建设的根本方法和途径。在理论宣传模式上，不能一味地强行灌输，以求统一社会成员的思想，这样的做法肯定是适得其反。而是应该以启发的灌输和渗透相统一的方式，润物细无声，在坚持一元化、包容多样化的原则下，考虑应该做什么和能够

① 《毛泽东文集》第 7 卷，人民出版社 1999 年版，第 209 页。

② 《列宁选集》第 1 卷，人民出版社 1972 年版，第 294 页。

③ 同上书，第 272 页。

做什么以及怎样做的问题。

三　社会转型下耻感伦理建设的理路

从伦理意义上审视，耻感既是他律的，也是自律的，摆脱社会转型下耻感伦理的困境，必须遵循个人自律与社会他律相统一的建设理路。

（一）弘扬传统耻感美德，积极倡导和践行社会主义核心价值观

“文化是民族的血脉，是人民的精神家园。在我国五千多年文明发展历程中，各族人民紧密团结、自强不息，共同创造出源远流长、博大精深的中华文化，为中华民族发展壮大提供了强大精神力量，为人类文明进步作出了不可磨灭的重大贡献。”① 优秀传统文化是中华文明成果根本的创造力，是民族历史上道德传承、各种文化思想、精神观念形态的总和。积极吸收借鉴优秀传统文化资源与成果，不仅是推动社会主义文化建设的宝贵经验，而且是建设中华民族共有精神家园的必要举措，也是耻感伦理建设的重要举措。

耻感伦理建设不能切断中华民族自身历史文化的根基和血脉。“五千年的文明历史和两千多年儒家文化主导的中华文化传统承袭就是我们的文化‘本身’。我们无法真正摆脱自身的文明‘基因’和文化传统而‘净身’进入现代化世界……儒家主导的中国传统文化不再作为社会主义中国的意识形态，但却可以——且事业上也必须——继续成为社会主义的道德文化资源和日常伦理滋养。”② 有着五千年积淀的传统文化涵盖丰富的民族智慧，积淀着中华民族最深层的精神追求和行为准则，符合民族心理，反映民族特性，具有广泛的民众基础。耻感伦理作为一种社会意识形态，来源于诸多方面，其中，中华传统文化是其不可或缺的思想源泉。耻感伦理植根于传统文化之中，没有传统文化之要，就没有民族精神之源，耻感伦理也就无法建立。这表明耻感伦理与传统文化之

① 《中共中央关于深化文化体制改革，推动社会主义文化大发展大繁荣若干重大问题的决定》，《人民日报》2011 年 10 月 26 日第 1 版。

② 万俊人：《我们为何要构建“核心价值体系”》，《光明日报》2011 年 1 月 24 日第 11 版。

间是一种相通、相互促进的关系。

如果我们把耻感伦理放到社会转型背景下去认识，不难发现，社会转型的实质乃是耻感伦理从传统向现代的转换与展示的过程，这意味着在传统与现代之间存在一种内在的张力。化解和消弭张力的办法在于摒弃传统耻感伦理中与时代精神不相符合的杂质，继承和弘扬其内在的精华。传统社会把耻感视为核心价值观，与礼义廉等德目相提并论。传统耻感伦理具有自己特有的理论体系和结构特征。从思想内容层面上看，强调“羞恶之心”是人的本性，认为“有耻”“知耻”“远耻”等耻感思想不仅是理想人格最重要的伦理特征，而且也是维护社会秩序的道德基础，构成了传统耻感美德的重要内容。这些耻感美德留存于家风家训、遗规、乡规民约、蒙学课本、小说、唱本、楹联、格言、善书、功过格、民谚、口头禅等之中，成为人们日常生活行为的重要规制；积淀于人们的心灵深处，内化为指导言行的道德标准与价值取向，融入伦理道德实践之中。无论社会如何改变，这些经受历史检验的传统耻感美德始终是人们遵奉的圭臬，属于普遍意义上的价值观范畴，是非常重要的优秀传统道德资源，成为联结过去、当下乃至未来的精神纽带。所以，耻感伦理建设必须继承传统耻感美德，当然这种继承不应是对传统文化的简单的全盘接受，而应秉承历史与现实、传统与创新等相统一原则，进一步提升和创新。除了把优秀传统文化资源融入耻感伦理中之意，还要紧密结合当代中国社会文化实际，对传统文化中优秀思想观点赋予新的时代内涵和表现形式，构建既有民族性又有时代性的现代耻感伦理。而这一切都离不开对社会主义核心价值观的倡导和践行。

社会如果没有道德的约束，没有一种普遍意义上的价值观，就会失序紊乱，当下亟待提出一种顺应社会转型并导引人们行为的核心价值观。正是在这个意义上，十八大概括了“富强、民主、文明、和谐，自由、平等、公正、法治，爱国、敬业、诚信、友善”的社会主义核心价值观。24 字核心价值观是现阶段全体社会成员的“最大公约数”和价值共识在国家、社会和公民等层面的集中反映。社会主义核心价值观既吸收了优秀传统文化的内容，又吸收了人类共同的价值理想。在此，“富强、民主、文明、和谐”作为社会主义现代化国家的建设目标，从价值目标层面对社会主义核心价值观基本理念的凝练；“自由、平等、公正、法治”作为对美好社会的生动表述，从社会层面对社会主义核心价值观基本理念的凝练，反映了中国特色社会主义的基本属性；“爱国、敬业、诚信、友善”作为公民基本道德规范，从个人行为层面对社会主义核心价值观基本理念的凝练，覆盖了社会道德生活的各个领域，既是公民必须恪守的基本道德准则，也是评价公民道德行为选择的基本价值标准。无论从哪一个层面看，都与社会转型下耻感伦理的主要内容存在高度的契合，倡导明荣知耻、祛恶从善，传递出积极的人生追求、高尚的思想境界和健康的生活情趣，隐含着传统耻感美德的内在要求。

耻感伦理是社会主义核心价值观的题中之意。摆脱社会转型下耻感伦理的现代境遇，必须实现对传统耻感伦理的整合与超越，把耻感伦理建设融入培育和践行社会主义核心价值观之中。

（二）加强耻感教育，以德修身

与其他社会意识形态相比，道德有许多独到之处，其中，层次性则是极为重要的特点。层次性是道德生活的内在属性，伴随着道德实践的时时处处和方方面面，主要表现为以下两个方面。

一方面，任何阶级社会的道德体系和阶级的道德体系都存在着层次性。除了原始社会道德以外的任何一个阶级社会的道德都不是单一的，而是可分为若干层次。以社会主义为例，存在一般社会公德、社会主义道德和共产主义道德。同样，任何一个阶级社会里的任何一个阶级的道德体系都有一个最基本原则，它是一个阶级对人们行为的最基本要求，体现了一个阶级最基本的利益。这主要是因为道德要求与角色的责、权、利的规定相对，角色的差异导致道德的差异。以传统社会为例，君臣、父子、夫妇、长幼、亲疏之间，都有一整套区别对待的道德规范。子思说：“天下之达道五，所以行之者三。曰：君臣也；父子也，夫妇也，昆弟也，朋友之交也”（《中庸》第二十章）。各色人等有不同的伦理标准，如“为人君，止于仁；为人臣，止于敬；为人子，止于孝；为人父，止于慈；与国人交，止于信”（《大学》第三章）。而孟子要求“欲为君，尽君道；欲为臣，尽臣道”（《孟子·娄离上》）。他理想中的差别是有层次的角色伦理思想，“父子有亲，君臣有义，夫妇有别，长幼有序，朋友有信”（《孟子·滕文公上》）。

另一方面，每一道德原则、道德规范本身也具有层次性。从道德地位分层，可分为基础性道德、中间性道德、终极性道德。其优点在于因简单易操作而被广泛认同，但却忽略了作为道德主体的人的本身所具有的选择能力和发展能力。从人的主体性分层，可分为规范性道德、选择性道德、超越性道德。规范性道德指的是每个社会成员都应该遵循的基本道德，这一层面的道德对于绝大部分社会成员都可以遵循，只有少部分经过努力之后才能达到。换而言之，规范性道德主要是指底线道德，是道德实践与建设的起点。如，公平正义、明礼守法、平等互利、趋荣避辱；选择性道德在规范性道德之上，与人们实际道德水平之间保持一定张力，一部分人可以通过努力能够达到的道德水平。比如，先公后私、先人后己；超越性道德在选择性道德之上，属于终极层面的道德水平，起着价值导向作用，与现实社会的道德水平存在相当大的距离，只有少数人经过不懈努力才能够达到的道德水平。如，公而忘私，大公无私，毫不利己、专门利人。

道德之所以有层次性，是因为：一方面，不同的阶级、阶层、社会集团、社会组织，甚至是家庭的内部，人的社会关系具有多样性，反映在道德上也就体现了相应的层次性。另一方面，社会生产力水平的层次性，人们受教育的程度和收入的差别等原因，也是产生道德的层次性的重要原因。

既然道德的不同层次需要不同的物质条件和文化素质与之相适应，那么，道德实践就需要不同的社会阶段或不同的手段、形式、方法与之相适应。这就是说，道德的层次性需要道德建设必须具有层次性和过程性。从形而上角度来说，这是对于任何一种或一类伦理道德建设的普遍要求；从实践角度来说，这是道德建设在成功和失败中获取的经验所得。长期以来，在对道德目标与要求的把握上过于简单和粗陋，忽略了道德的层次性问题，主要表现为：一是简单地以为只要达到了高层次的道德，低层次的道德就能够自然而然地实现，存在着用高层次道德目标和要求替代低层次道德目标和要求；二是忽略了道德本身及其价值理性的导向作用而视之为一种工具理性。过去由于忽略了道德的层次性，没有针对不同的对象确定恰当的道德教育目标，结果是影响了道德教育的成效。就学校道德教育而言，虽然从小学到大学都有道德教育，但是道德教育的目标要求却大同小异，没有根据学生认识发展规律有重点和针对性地推进不同的道德教育内容。在教学安排上，简单重复，人生观、道德观、价值观齐头并进，甚至头足倒置。小学阶段强调共产主义道德教育，做共产主义接班人，到了大学阶段只强调公民道德教育和文明礼貌教育，做一个合格的公民，次序倒置的道德教育违背了教育规律。道德教育必须关注到道德的层次性问题，从道德的层次性出发来确定道德目标与要求，了解社会生活的实际道德状况和层次，才能有的放矢。

伦理道德体系是由道德规范、准则等许多因子组合而成的有机系统。从系统论原则看，各要素之间在结构、位置、序列等方面必须层次分明、各司其职，各要素本身也必须是结构层次分明有序，否则会影响系统的整体功能的发挥。无疑，耻感伦理是底线伦理，属于低层次的道德目标和要求。然而，绝不能因为是属于低层次的道德就可以忽略，相反，低层次道德恰恰表明了其基础性的地位，是每一个社会成员都必须遵守的基本道德规范。尽管在社会转型下伦理道德领域存在不确定性、模糊性，从道德层次性看，对于高尚的道德，并不是要求人们去践履，而只是给人一种选择的可能。也就是说，是否选择高尚道德，全凭良心与觉悟。在道德的层次中，必须坚守的是底线伦理，因为底线伦理是维系人之为人的本性、样态、特质的起码的伦理道德，是一种与人的本质和本性同一的基本伦理。

龚自珍曾提出过“教之耻为先”的思想，意思是强调耻感教育的首要地位。这是因为耻感教育是一种养成教育，也是一种社会教育，还是一种文化素质教育，更是一种底线教育。作为一种养成教育，耻感教育应循序渐进，注重潜移默化和榜样的力量，引导个体放弃假恶丑，追求真善美，做到道德自律，提升道德层次；作为一种社会教育，耻感教育涵盖了家庭教育、学校教育。耻感教育的实施过程只能采取弱道德意识形态和潜道德意识形态的教育方法，因为耻感伦理是与现实生活的世俗伦理最易沟通和最容易发生共鸣的内容，集中地反映在社会风气中；作为一种文化素质教育，必须注重“以人为本”的理念。耻感作为人之为人的伦理底线，要求在耻感教育过程中，始终把人当作“人”看待，关注人的全面发展，不仅是进行单纯的耻感伦理灌输，更重要的是根据人的社会性、人的理性和自我意识，把社会的道德规范作为一种素质教育传授给个体，使个体实现自我调节，推动个体身心的和谐发展；作为一种底线教育，耻感教育指传授耻感规范，采用道德指令和道德禁令的方式规制社会成员的失范行为。不同于底线教育，美德教育是依靠“道德榜样”、道德倡议的方式召唤、激励、塑造受教育对象。二者呈关联、递进关系。底线教育具有一种逻辑优先性，好似叠床架屋，先从基础做起。而美德教育指出了道德教育所努力的方向，有助于培养社会成员的荣誉感，是底线教育的逻辑终点。所以，注重耻感教育，应将其纳入到养成教育、社会教育、文化素质教育、底线教育之中，不断提升道德境遇，实现“道之以德，齐之以礼，有耻且格”。

无论是过去、现在，还是将来，“知耻”与“无耻”始终是评判一个人行为好坏的道德标准，恬不知耻被看作道德沦丧、世风衰微的征兆。耻感教育的起点是知耻。“耻之一字，乃人生第一要事。如知耻，则洁己励行，思学正人，所为皆光明正大。凡污贱淫恶，不肖下流之事，决不肯为。如不知耻，则事事反是”（《传家宝·人事通》）。人性是“善”与“恶”的对立统一，耻感既是对恶的抑止力，又是对善的激发力，是为善祛恶的内驱力。加强耻感教育，必须以德修身，注重个人修养，追求道德、人格的自我完善。

从耻感教育角度看，以德修身主要有主观努力、存心养性、积善成德、习行践履等方式方法。主观努力是指在耻感伦理修养过程中通过主观能动性的发挥达到修养目标的一切方法。“为仁由己，而由人乎哉”（《论语·颜渊》）。“仁远乎哉？我欲仁，斯仁至矣”（《论语·述而》）。说的是仁之德性可以通过自身努力来实现。内省、自讼、慎独、力行、积善、重学等都是主观努力的具体形式；存心养性是指在耻感伦理修养过程中努力保持和扩充人性生来就有的善的东西。孟子说：“尽其心者，知其性也；知其性，则知天矣。存其心，养其性，所以事天也”（《孟子·尽心上》）。就此，他提出了“求其放心”“反求诸己”“反身而诚”“养浩然之气”等具体修养方法；积善成德是指通过不断地行善来积德。荀子认为，圣人的品德并非一夜之间生长出来的，而是长期积累的结果。这种把品德修养（包括耻感伦理修养）建立在“积学而不息”的基础上，无疑比孟子离开现实从自身“求其放心”思想合理得多；习行践履是指亲身道德实践，即道德理论见之于道德实践。在处理言行关系方面，应慎言力行。“君子欲讷于言而敏于行”（《论语·里仁》）。“不闻不若闻之，闻之不若见之，见之不若知之，知之不若行之，学至于行而上矣”（《荀子·儒效》）。

（三）加强理想信念教育，提高道德境界

人们生活的现实世界是以美和善的标准构建起来的意义世界。在这个意义世界中，理想信念是一种自觉的理性，是推动人们前进的精神动力，对于完善社会和完善人格具有重要的意义。

所谓理想信念，是指人们对未来的向往和追求，是一个人世界观和政治立场在奋斗目标上的集中体现。它是人特有的精神现象，也是生存和发展的内在需求。树立理想信念，不只是为了指导实践和变革现实，而是为了寄寓自己的精神和终极关怀，确立人生的价值取向。美国诗人惠特曼曾说过：没有信仰，则没有名副其实的品行和生命；没有信仰，则没有名副其实的国土。崇高的理想信念是一个人的强大精神动力，可以激发人的主观性与创造性，有助于引导人们追求真善美，摒弃假恶丑。从这个意义上看，理想信念直接关涉人的耻感伦理的塑造与确立，从而影响到其道德境界的高低。

理想信念教育是耻感伦理建设的基础和灵魂。理想信念教育主要是指马列主义和中国特色社会主义理论体系的教育，以及中国特色社会主义、共产主义、爱国主义和科学的世界观、人生观、价值观的教育等。社会主义核心价值体系是耻感伦理的思想基础，内涵了理想信念教育内容的全部。理想信念教育帮助人们树立起什么样的思想信仰和道德观、价值观。

理想信念教育决定耻感伦理建设的性质。我们正处于并将仍处于社会转型期，社会转型所呈现的复杂性，使人们头脑中郁积起来的许多深层次的思想观念与认识问题不断诱发和表现出来，对人们的理想信念造成巨大的冲击：理想信念不坚定，价值取向物化，思想道德滑坡，道德修养退化等。加强耻感伦理建设是解决这些问题的一个行之有效方法，其中，理想信念教育是重点。统一人们的思想和行动需要加强理想信念教育，排除各种干扰社会转型中的消极因素也需要加强理想信念教育。

理想的动摇是最根本的动摇，信念的滑坡是最致命的滑坡。加强理

想信念教育，不仅有助于自我完善和道德成长，而且还有助于扶正祛邪和改过迁善，当下尤其是要对政府官员加强理想信念教育。从“微博门”“裸聊门”“裸照门”再到“醉奸门”“猥亵门”等此“门”那“门”接连曝光看，这些美丑不分、寡廉鲜耻的政府官员道德失范行为影响恶劣、危害巨大，不仅严重误导、丑化了民众对政府官员群体的认知，而且极大地降低了对执政党和政府的信任度，甚至很可能会激化社会矛盾，并危及执政基础。权力腐败始于官德缺失，而官德缺失与理想信念的迷失和崩溃有着密切的关联，因为耻感意识的有无与强弱，取决于其理想信念的高低。习近平强调：“理想信念是共产党人精神上的‘钙’。”“理想信念坚定，骨头就硬，没有理想信念，或理想信念不坚定，精神上就会‘缺钙’，就会得‘软骨病’”，“就可能导致政治上变质、经济上贪婪、道德上堕落、生活上腐化。”[①] 这些话具有极强的针对性，也道出了政府官员坚定理想信念的重要性。孔子曾说过：“苟正其身矣，于从政乎何有？不能正其身，如正人何？”（《论语·子路》）意思是说官员的德行具有率先垂范的作用。耻感伦理建设必须重建官德，因为官德是社会道德的标杆和社会风气的主导者，对社会道德建设起着决定性影响。在耻感伦理建设中，官员起着表率和示范作用。“官德正，则民风淳；官德毁，则民风降。”“官德隆，民德昌，国家兴；官德毁，民德降，国家衰。”官德先于民德，加强民德建设，官德应先行。通过理想信念教育，抓好官德建设，提升其道德境界，有助于风尚清明的良序社会的建设。

耻感伦理建设的目的和归宿，在于把一定的伦理道德原则和规范转化为人们的道德品质，在于提高他人或自己的道德境界。伦理学意义的境界是指人们接受道德教育、进行道德修养所达到的程度。确切地说，道德境界是一种复杂的道德意识现象，是人们通过接受道德教育和进行道德修养，所达到的道德觉悟程度以及所形成的道德品质状况和精神情操水平。[②] 作为一种道德意识现象和一种觉悟水平，道德境界是由人们

① 中共中央宣传部：《习近平总书记系列重要讲话读本》，学习出版社、人民出版社 2014 年版，第 159 页。

② 罗国杰主编：《伦理学》修订本，人民出版社 2014 年版，第 468—469 页。

所处的社会物质生活条件和在社会生活中的地位决定的，是人们的世界观、人生观、价值观的表现。每一种道德境界都有自身的规定性，都有其固定和稳定的一面。然而，道德境界毕竟是人的道德境界，必然会因人的道德实践的变化而变化。在社会生活中，人们总是依据一定社会的道德要求进行道德修养实践，形成各不相同的道德境界。人们的世界观、人生观、价值观制约着道德境界的程度，有什么样的世界观、人生观、价值观就有什么样的道德境界。耻感伦理与世界观、人生观、价值观有着密切的联系，影响和制约着人的道德境界。

道德境界有着不同的阶层和等级。冯友兰先生的人生境界说对于道德境界的层次性问题有着重要的启迪和借鉴意义。他的境界说建立在以“理”为核心的共相说的基础上，以人们对宇宙人生的觉解程度将人生境界从低到高划分为“自然境界”“功利境界”“道德境界”和“天地境界”。[①] 这四种境界依次而进，是一个自我超越的过程。每一境界都涵盖了前一境界于其中。他认为，社会生活中的每一个觉解各不相同，但必有一种境界，或者时而属于这种境界，或者时而属于那种境界。也就是说，四种境界虽是某种逻辑形式，但就人的精神生活而言，是形式与内容的统一。也有学者从构成个人道德意识的五个方面，即道德知识、道德情感、道德意志、道德理智、道德信念来划分人的道德境界，将人格的道德水平划分为小人境界、俗人境界、庸人境界、君子境界和完人境界这五个由低到高的层次。[②]

其实，无论是接受道德教育的对象，抑或是进行道德修养的个人，都有一个道德上的起点，而这个起点就是初始的道德境界。人们接受道德教育，进行道德修养，都有一个终极意义上的目标，这个目标就是理想道德境界。从道德的起点到终极意义上的目标，即从初始道德境界到理想道德境界的过渡，绝不是一蹴而就的，而是一个漫长的修行和道德实践过程。耻感伦理建设也是一样，行走在耻感伦理实践的路上，加强理想信念教育，不断地提高道德境界的层次，以实现理想道德人格。传统耻感伦理认为，人之所以不同于动物，在于人有道德。道德是使人超

---

① 参见冯友兰《贞元六书》下册，华东师范大学出版社 1996 年版，第 526—596 页。

② 韩东屏：《论道德境界的划分》，《道德与文明》2010 年第 2 期。

越于动物之上并使人真正成为人的最重要的因素，有这种追求崇高道德的要求，就可以战胜任何人生曲折和磨难。道德境界有高低层次的不同，既有低层次的孝敬廉耻等伦理道德要求，更有一种高层次的为国家、为社会建功立业的人生追求，从耻感伦理建设出发，把“立德、立言、立功”作为理想人格的人生境界，那么，风尚清明的良序社会的实现就是自然而然的事情。

（四）培育和发展公共文明，营造知耻抑耻的社会氛围

耻感伦理的现代境遇与以公德意识为核心的公共文明程度密切相关。马丁·路德曾说过：“一个国家的繁荣，不取决于它的国库之殷实，不取决于它的城堡之坚固，也不取决于它的公共设施之华丽；而在于它的公民的文明素养，即在于人们所受的教育、人们的远见卓识和道德的高下。这才是真正的利害所在、真正的力量所在。”① 其个中的含义值得深思。

一个国家的现代化，首先是人的现代化和公共生活的文明进步。这就是说，我们所追求的现代化，不应只有经济现代化、制度现代化，更应是现代文明秩序的构建，即人的现代化，而这却离不开公共文明的培育与知耻抑耻社会氛围的形成。鲁迅先生曾说过：“角逐列国是务，其首在立人，人立而后凡事举。”② 在迈向现代社会的关键节点，“立人”之要在于培育公共精神、涵养公共文明。公共文明的程度，标识着现代社会的成熟程度。公共文明意识既不是从天上掉下来的，也不是先验地存在于头脑之中，而是在社会发展和社会生活实践中逐步形成的。虽然中国用几十年时间走完了发达国家二百多年的道路，但必须看到的是硬件设施的更新并不必然伴随着软件的同步升级。更何况培育和发展公共文明是周期长、见效慢、量化难的“虚功”，很难立竿见影、一蹴而就。与发达国家二百多年的积淀相比，中国的现代公共文明程度还有很大欠缺。然而，起步晚并不意味着可以放任自流，补齐公共文明这块短

---

① 参见 2004 年第 2 期《决策与信息》扉页的“决策箴言”马丁·路德的《国家繁荣的力量》。

② 《鲁迅全集》第 1 卷，人民文学出版社 1981 年版，第 57 页。

板已刻不容缓。心理学研究表明，一个人思想意识、行为方式的变化，需要经历服从、认同、内化三个阶段。这描述了习惯养成中人类心理的演变过程，也明示了培育和发展公共文明的基本路径。着眼当下，中国的公共文明显然还处在“服从”阶段，需要划出行为规范的红线，以刚性制度遏制不文明之风。依靠外部的强制力固然重要，但人们的“认同”“内化”才是根本所在，这不仅需要加强制度建设，而且还需要在涵养知耻抑耻的社会氛围上下工夫，尤其是要培育和发展公共文明。因为建立在社会公德和个人的德性修养水平之上的公共文明，集中反映了公共生活领域里的文明素质、文明程度、文明风尚等面貌。

公共文明的核心是公德意识。公德意识是规范人与人之间在社会公共生活领域交往行为的规则意识。随着公共交往领域急剧扩张，决定了在法律法规之外，调整人们社会交往活动的社会公德在社会生活中的角色，越来越举足轻重。因为公德规范是一种介于法律规范与正当行为之间的一种边缘性规则，践行公德规范尤其需要行为主体具备高度的公德意识。而公德意识的形成是以与个体德性修养程度为基础的，个体德性修养又是以耻感伦理为基础的。耻感伦理将公德意识内化为信念，外化为行为，约束社会群体中的个人，是社会道德水平的重要标志。公共文明发展程度越高，人际关系越紧密，公德意识的程度也就越高。所以，耻感伦理建设是加强公德意识的重要条件。实践证明，成功的教育总是同严格的管理紧密联系在一起的，忽视管理的教育往往是苍白无力的。培育公德意识既要充分发挥耻感伦理的育人功能，在内容、形式、手段上不断创新，增强针对性和实效性，又要采取切实措施加强对公共生活领域的管理，努力把耻感伦理要求与人们必须履行的社会责任结合起来，使其落实到工作、学习和社会生活实践之中。

培育和发展公共文明，可以使人们“行己有耻”“有耻且格”，从而形成知荣——弃耻、褒荣——贬耻、扬荣——抑耻的良好社会风气。

（五）加强法制建设，建立和覆盖个人征信系统

法律是道德的保障和底线。法治和德治的结合是有效治理耻感伦理问题的根本途径。耻感伦理的形成是行为主体把外在的规范视为内在的规范，把他律的约束内化为自律的约束，把社会客观的道德要求转化为

主体自身的道德要求的过程。在这个转化过程中，符合社会规范的言行会受到肯定和奖励，违反社会规范的言行会受到否定和惩罚。耻感伦理正是在肯定与否定双重交织作用下，通过趋善避恶的条件反射机制逐渐形成和完善起来。也就是说，耻感伦理既是奖励出来的，也是惩罚出来的。

法律作为最权威的规则，是维护社会公共秩序的基本手段之一。它不仅确认具有法律约束力的公共生活准则，引导人们自觉守法，自觉维护公共生活的正常秩序，而且通过制裁破坏公共秩序的违法行为，强制人们遵守社会公共生活准则。耻感伦理建设既要道德约束机制，也要制度强制机制，尤其是法制惩处的威慑。道德约束是一种外在规范，更是一种内在自觉和自律，这就要求耻感伦理建设保持二者之间必要的弹性与张力，不能一束就死，也不能一放就乱。“从整个社会范围来说，特别是在国家社会中，制度调节具体表现为法理调节。”① 法律通过一系列的规定，可以把耻感伦理所要求的基本的社会义务用权利的形式确定下来，以制度调节和法律调节的方式，强化个体的耻感意识，保证着耻感伦理建设的实效性。

法制建设的要旨不在于塑造“真君子”，在于矫正不良行为习惯，使人不为恶，其惩罚力更集中地体现于对“真小人”的规制过程中。法制建设的另一个意义在于培育守法精神。守法精神作为现代人的基本美德，“表达的是对社会正义制度认肯与信任，对社会公共利益、行为规范的尊重，表达的是一种自制、自律的精神。”② 从伦理角度看，守法是道德要求和道德理想，作为耻感伦理的内容而表现为道德自律；从法律角度看，守法是主体的义务与权利，表现为理性自觉。一个具有守法精神的人，在现实社会生活中，出现违法的事情就会感到羞耻难当，并在耻感意识下深深自责。然而，历史上的中国缺乏民主精神和法治传统，导致现实的社会生活中缺乏对法律的敬畏，无知者无畏，任何制度都敢践踏。通过法制建设，培育和倡导守法精神，使社会成员在社会生

① 张尚仁：《社会历史哲学引论》，人民出版社 1992 年版，第 454 页。

② 高兆明：《制度公正论——变革时期的道德失落研究》，上海文艺出版社 2001 年版，第 332 页。

活中以道德自律和理性自觉态度处事，表达出对社会正义制度的认可与崇敬。守法精神与耻感伦理相伴而生，前者从对外在规则的尊重，以肯定性的德性而存在，后者从对内在规范的尊重，以否定性的德性而存在。具有守法精神的人，也一定是有强烈耻感伦理意识的人，二者对于社会文明进步与风尚导引起着积极的推动作用。

加强法制建设，必须加快个人征信制度建设，以完善耻感伦理赏罚机制。“民无信不立”（《论语·颜渊》），“人而无信，不知其可也”（《论语·为政》）。从古至今，诚信始终是中华民族与生俱来的美德符号。社会转型下，诚信缺失是一个突出问题，严重扰乱了正常的社会秩序和市场经济的有序运行，影响着社会的健康发展。由于失信成本过低，以致政务失信、官员腐败，商务失信，假冒伪劣商品；媒体失信，虚假广告；金融失信，非法集资；中介服务失信，欺甲瞒乙；建工失信，拖欠工资；食品失信，以次充好；医疗失信，假药收费；教育失信，考试作弊；科研失信，学历造假和论文抄袭；社会失信，黄赌毒邪黑等诸多无耻现象屡禁不止。十八大提出：“要加强政务诚信、商务诚信、社会诚信和司法公信建设。”① 十八届三中全会进一步提出要“建立健全社会征信体系，褒扬诚信、惩戒失信”，② 这表明建立覆盖全社会的个人征信系统成为耻感伦理建设刻不容缓的任务。

“征信”一词最早见于《左传·昭公八年》：“君子之言，信而有征，故怨远于其身。”“信而有征”成为一个固定用语，意思是说做事说话应真实而有证据。征信强调对他人的资信情况进行系统调查和评估。个人征信系统是指通过独立的第三方机构依法采集个人的信用信息，为个人建立信用档案。随着云时代的来临，大数据吸引了越来越多的关注，大数据分析和云计算的联结支撑起云时代的海量信息处理。在这些海量信息中，不仅仅包括个人的经济状况，而且还包括从交通违章、拖欠款项、考试作弊等各种信息。在云时代下，个人已经没有秘密可言，耻的行为和现象都涵盖在信息系统之中。今后用人、就业、晋

① 胡锦涛：《坚定不移沿着中国特色社会主义道路前进 为全面建成小康社会而奋斗》，人民出版社 2012 年版，第 32 页。

② 《中共中央关于全面深化改革若干重大问题的决定》，人民出版社 2013 年版，第 12 页。

升、贷款、招聘、购房等，如果要看一个人是否诚信，那么就可以查阅个人信用档案。这也是一种“互联网＋”的思维方式——互联网＋诚信制度。因为征信记录了个人过去的信用行为，这些行为将影响个人未来的经济活动和社会活动。由于体现在个人信用报告中，信用行为就成为了“信用记录”，从某种意义上说，这是个人的“信用身份证”。有了这个“身份证”，可以在信用信息共享的平台上查询个人以往的信用行为，从而有效地规范和约束个人的行为。

个人征信系统制度建设能够从制度上约束个人行为，有利于形成良好的社会信用环境。在个人征信系统制度中，应增加人的道德记录，可以进行诚信查询，这样就可以从制度层面有效地遏制诚信缺失等无耻行为的发生。邓小平指出：“制度好可以使坏人无法任意横行，制度不好可以使好人无法充分做好事，甚至会走向反面。”[①] 意思是说没有好的制度，好人也会做坏事，有了好的制度，坏人也难做坏事。“没有规矩就不成方圆”，我们生活在这样的社会里就一定要有政策和制度，而征信系统就是这样一种好的制度，有利于推进耻感伦理建设。

① 《邓小平文选》第2卷，人民出版社1994年版，第333页。

结语

迈向风尚清明的良序社会

2500 多年前一个春光融融的日子，沂水之滨，孔子与其弟子子路、曾皙、冉有、公西华等人环坐一起，畅谈人生志向。

子路志在于“千乘之国，摄乎大国之间，加之以师旅，因之以饥馑；由也为之，比及三年，可使有勇，且知方也”。冉有的理想是“方六七十，如五六十，求也为之，比及三年，可使足民。如其礼乐，以俟君子”。而公西华则是“宗庙之事，如会同，端章甫，愿为小相焉”。此三人的志向分别体现了儒家“足食足兵”“先富后教”“礼乐治国”的政治抱负，虽然这些都是孔子的主张与观点，但当四位高足发表完各自志向之后，孔子却只把赞许给了高雅宁静的曾皙。孔子主张“仁政”“礼治”“教化”，倡导“为政以德”，一生都致力于德治仁政，其志在实现“老者安之，朋友信之，少者怀之”（《论语·公冶长》）的太平盛世。曾皙也主张礼乐治国，其所言志向似乎与政治无关，而是描绘了一个太平社会的微缩，这一点上与孔子的旨趣相符，所以，孔子才说“吾与点也”。与“点”什么？与“点”是礼治所要达到的效果，即形象化了的礼乐之治的盛世图景，而“莫春者，春服既成，冠者五六人，童子六七人，浴乎沂，风乎舞雩，咏而归”，就是这幅图景的镜像。二人都志在追求一个风尚清明的良序社会。

其实，人们总是希冀整个人类的历史是一个良序社会的历史。在人类的集体记忆中，良序社会应是一个和合之美的社会。美作为人类的共同价值诉求，不仅仅是和谐、壮阔、温柔、健硕、清明、善良等之本质抽象，而且也是人们在心灵豁达洒脱中的体悟与经验，更是人之所以为人的精神结晶。“美是生活。任何事物，凡是我们在那里面看得见依照我们的理解应当如此的生活，那就是美的；任何东西，凡是显示出生活或使我们想起生活的，那就是美的。”① 自从人类来到这个社会以后，对美的追求一刻都没有停止过，这种追求在社会转型下的今天显得尤为迫切和弥足珍贵。因为社会转型下传统伦理精神的立身之基被釜底抽薪之后，伦理精神与秩序的变迁成为不可逆之潮流，人们希望以美的精神来塑造和影响伦理精神与秩序的变迁。“最美妈妈”“最美教师”“最美司机”“最美战士”“最美护士”等“最美人物”之“最美事迹”在各种媒体上频繁涌现，“最美”作为一种社会现象其实就是对这种“希望”的价值诉求与真实呼唤。

时代为“最美现象”的生成烙下了鲜明的印记。由经济发展催生出来的一种经济结构和社会结构的变迁，与之相应，社会发生了深刻的变化。这种变化不仅引发了利益群体的冲突和社会矛盾的积累，而且还导致思想观念的嬗变和价值的多元化趋势，人的主体性意识不断增强，已经不能再用传统的标准来评判现今人们的行事方式。然而，无论时代如何变化，社会如何变迁，对于善良、给予、奉献等德性之美的认知却是不变的，这也是社会得以传承和持续稳定的关键之所在。“最美现象”作为道德正能量，彰显了时代的伦理精神与秩序之本真，是对个人主义、利己主义价值观的超越，之所以能够走进人们内心世界而使社会感动，就在于平凡中的伟大。最美之美是平凡之美，正因其平凡，而可敬可爱而可学，犹如一股温暖清新的春风，吹皱了近些年来因道德失范事件频发而导致的恶劣社会道德生态。虽然社会转型下道德失范的事件越来越多，但面对多样化的社会道德现状，不能轻率、武断地用“道德滑坡”来概括。同样，也不能因为出现了众多“最美人物”和“最美道德事迹”，就简单地以为社会的道德状况已经回归于理想的状态。美需要宏大叙事的印证，但也离不开个人琐碎的诠释，更离不开对耻感伦理的关注与研究。因为耻感是以否定性方式把握善，对耻感伦理的研究有助于进一步深化对“最美现象”的认识，进而有助于迈向风尚清明的良序社会。

---

① ［俄］车尔尼雪夫斯基：《艺术和现实的审美关系》，周扬译，人民文学出版社1979年版，第6页。

良序社会是一个富有道德精神的社会。罗尔斯认为良序社会不但是一个政治民主、制度公正的社会，而且全体社会成员都有一种有效的正义感，都能“按照社会的基本制度行事”，是一个充满人文精神、富有道德操守的自由人的联合体。凡是正在努力实现现代化的国家的社会形态都要向良序社会趋进，[①] 而良序社会的存在离不开公民优良道德精神的滋养。[②] 实际上，罗尔斯是在告诉人们，只有开启一种新的价值体系和生活意义，并在这种新的价值体系指导下匡正人们的行为、哺养人们的精神世界，现代化所需要的理性的社会结构才可能真正形成。这种新的价值体系，可以涵盖宏大的生活叙事，也可以涵盖一花一叶一世界的细微实在，可以包括道德理想，也可以包括道德基准的价值内涵。一定意义上说，社会主义核心价值体系与社会主义核心价值观就是这样一种新的价值体系，而耻感伦理也涵盖其中，一起构成了我们美好的精神家园与心灵的生活世界，构成了良序社会所必须的价值内涵和精神引领。

良序社会的道德状况是一种清明、健康的社会风尚。风尚作为社会的“普遍行为方式”，[③] 既是人的现实活动的结果，又构成人的现实活动的背景，并直接制约乃至引领人的现实活动。[④] 风尚的形成与塑造，不仅受到传统习惯的影响，而且也受到时代流行的影响，风尚中的人的现实活动难免会混杂各种各样的行为方式。所以，风尚所表现出来的人的现实生活中的“普遍行为方式”，既含有伦理道德生活成分，也含有不属于伦理道德生活成分，在含有伦理道德生活成分中，存有善恶荣辱好坏之分。迈进风尚清明的良序社会过程，就是扬善抑恶、知耻尚荣过程，也是由现代化推动的伦理精神与秩序的变迁，“既是古老的历史在新世纪的骤然断裂，又是这一历史在以往的传统中静悄悄的绵延。”[⑤] 耻感伦理的现代转型蕴含在由现代化推动的伦理精神与秩序的变迁中。

耻感伦理的现代境遇，标志着中国社会正由传统农业社会走向现代工业社会（在一定程度上还表现为后工业文明形态）、由封闭禁锢的文

---

① ［美］约翰·罗尔斯：《政治自由主义》，万俊人译，译林出版社 2000 年版，第 36 页。

② 同上书，第 15—22、29—36 页。

③ ［德］黑格尔：《法哲学原理》，范扬、张企泰译，商务印书馆 1961 年版，第 170 页。

④ 高兆明等：《荣辱论》，人民出版社 2010 年版，第 194 页。

⑤ 许纪霖、陈达凯主编：《中国现代化》（第 2 卷），上海三联书店 1995 年版，第 3 页。

明形态走向开放变动的文明形态。社会转型下耻感伦理既受制于社会物质性存在，又是社会成员的价值选择。前者表现为耻感伦理因其存在的物质基础的改变而改变；后者则表现为社会成员基于变迁了的社会关系与价值生态，有意识地推进伦理精神与秩序的变迁和发展、构建核心价值体系与核心价值观的过程，耻感伦理建设理应包含在这个过程之中。在此，不仅要回答"什么是耻感伦理"，而且还要回答"需要什么样的耻感伦理"和"怎样建设耻感伦理"，以此来回应社会转型下的社会生活与生活中的人。

在一定程度上，当下价值分化是社会进步的体现，但只有价值的分化，没有有机地整合，则是一个病态社会，耻感伦理建设旨在实现价值整合。符合现代社会的耻感伦理之塑造，应遵循注重"他控"的制度建设与"道德人格"的美德重塑相结合的理路，既需要培育以公德建设为核心的公共文明，倡导正确的荣辱观；也需要加强耻德修养，以德修身，行己有耻；还需要注重制度建设，完善约束机制。今天我们可喜地看到"培育知荣辱、讲正气、作奉献、促和谐的良好风尚"[①] 已成为社会共识，这是浸润着人类理性精神的现代伦理精神与秩序要求，昭示着对良序社会的渴求。

历史在前进，伦理精神与秩序在变迁，然而，人们对良序社会的追求与呼唤却始终不变。"莫春者，春服既成，冠者五六人，童子六七人，浴乎沂，风乎舞雩，咏而归"，不仅仅是"吾与点也"，而且也是我们的愿景。

① 胡锦涛：《坚定不移沿着中国特色社会主义道路前进　为全面建成小康社会而奋斗》，人民出版社2012年版，第32页。

参考文献

一　著作部分：

《马克思恩格斯文集》（第1—10卷），人民出版社2009年版。

《列宁选集》（第1—4卷），人民出版社2012年版。

《毛泽东选集》（第1—4卷），人民出版社1991年版。

《毛泽东著作选读》（上下册），人民出版社1986年版。

《邓小平文选》（第1—3卷），人民出版社1993、1994年版。

《江泽民文选》（第1—3卷），人民出版社2006年版。

中共中央文献研究室编：《十六大以来重要文献选编》（上中下册），中央文献出版社2005—2008年版。

中共中央文献研究室编：《十七大以来重要文献选编》（上中下册），中央文献出版社2010—2013年版。

中共中央宣传部编：《毛泽东邓小平江泽民论思想政治工作》，学习出版社2000年版。

中共中央文献研究室编：《科学发展观重要论述摘编》，中央文献出版社、党建读物出版社2009年版。

中共中央宣传部编：《社会主义核心价值体系读本》，学习出版社2009年版。

中共中央宣传部编：《习近平总书记系列重要讲话读本》，学习出版社、人民出版社2014年版。

《习近平谈治国理政》，外文出版社2014年版。

《中共中央关于深化文化体制改革推动社会主义文化大发展大繁荣

若干重大问题的决定》，人民出版社 2011 年版。

《中共中央关于全面深化改革若干重大问题的决定》，人民出版社 2013 年版。

［古希腊］亚里士多德：《尼各马可伦理学》，廖申白译注，商务印书馆 2003 年版。

［古希腊］亚里士多德：《政治学》，吴寿彭译，商务印书馆 1965 年版。

［德］康德：《道德形而上学原理》，苗力田译，上海世纪出版集团 2005 年版。

［德］康德：《实践理性批判》，韩水法译，商务印书馆 1999 年版。

［德］黑格尔：《法哲学原理》，贺麟译，商务印书馆 1961 年版。

［德］黑格尔：《历史哲学》，王造时译，上海书店出版社 2001 年版。

［德］黑格尔：《精神现象学》（上下卷），贺麟、王玖兴译，商务印书馆 1996 年版。

［荷兰］斯宾诺莎：《伦理学》，贺麟译，商务印书馆 1983 年版。

［英］亚当·斯密：《道德情操论》，蒋自强、钦北愚、朱钟棣、沈凯璋译，胡企林校，商务印书馆 1997 年版。

［德］马克斯·舍勒：《价值的颠覆》，刘小枫编校，罗悌伦、林克、曹卫译，生活·读书·新知三联书店 1997 年版。

［德］马克斯·舍勒：《资本主义的未来》，罗悌伦译，生活·读书·新知三联书店 1997 年版。

［德］马克斯·韦伯：《新教伦理与资本主义精神》，于晓、陈维刚等译，生活·读书·新知三联书店 1987 年版。

［德］马克斯·韦伯：《儒教与道教》，王容芬译，商务印书馆 1995 年版。

［美］约翰·罗尔斯：《正义论》，何怀宏、何包钢、廖申白译，中国社会科学出版社 1988 年版。

［美］约翰·罗尔斯：《政治自由主义》，万俊人译，译林出版社 2000 年版。

［美］A. 麦金太尔：《德性之后》，龚群、戴扬毅译，中国社会科

学出版社1995年版。

［美］本尼迪克特：《菊花与刀——日本文化的诸模式》，孙志民、马小鹤、朱理胜译，浙江人民出版社1987年版。

［日］森岛通夫：《日本为什么“成功”——西方的技术和日本的民族精神》，胡国成译，四川人民出版社1986年版。

［日］松本一男：《中国人与日本人》，周维宏、祝乘风译，渤海湾出版公司1988年版。

［美］明思溥：《中国人的素质》，秦悦译，学林出版社2001年版。

［法］爱弥尔·涂尔干：《乱伦禁忌及其起源》，汲喆、付德根、渠东译，上海人民出版社2006年版。

［法］让·克洛德·布罗涅：《廉耻观的历史》，李玉民译，中信出版社2005年版。

［法］孟德斯鸠：《论法的精神》（上下册），张雁深译，商务印书馆1982年版。

［英］弗兰西斯·哈奇森：《论美与德性观念的根源》，高乐田、黄文红、杨海军译，浙江大学出版社2009年版。

［英］休谟：《人性论》（上下册），关文运译，郑之骧校，商务印书馆1980年版。

［法］让-保罗·萨特：《存在与虚无》，陈宣良等译，杜小真校，生活·读书·新知三联书店1987年版。

［美］塞缪尔·亨廷顿：《文明的冲突与世界秩序的重建》，周琪、刘绯、张立平、王圆译，新华出版社1998年版。

［英］汤姆林森：《全球化与文化》，郭英剑译，南京大学出版社2002年版。

［美］塞伦·麦克莱：《传媒社会学》，曾静平译，中国传媒大学出版社2005年版。

［美］马斯洛：《动机与人格》，许金声等译，华夏出版社1987年版。

［美］罗伯特·艾尔斯：《转折点：增长范式的终结》，戴星翼、黄文芳译，上海译文出版社2001年版。

［美］柯文：《在中国发现历史——中国中心观在美国的兴起》，林

同奇译，中华书局1989年版。

［德］尤尔根·哈贝马斯：《公共领域的结构转型》，曹卫东、王晓珏、刘北城、宋伟杰译，学林出版社1999年版。

［美］汉娜·阿伦特等著：《耶路撒冷的艾希曼：伦理的现代困境》，孙传钊编，吉林人民出版社2003年版。

高亨：《诗经今注》，上海古籍出版社1980年版。

毛亨传、郑玄笺、孔颖达疏：《毛诗正义》，北京大学出版社1999年版。

孙星衍：《尚书今古文注疏》，中华书局1986年版。

朱谦之：《老子校释》，中华书局1984年版。

杨伯峻：《论语译注》，中华书局1980年版。

杨伯峻：《孟子译注》（上下册），中华书局1960年版。

孙怡让：《墨子间诂》，中华书局1996年版。

黎翔凤：《管子校注》，中华书局2004年版。

王先谦：《荀子集解》，中华书局1988年版。

张觉：《韩非子校疏》，上海古籍出版社2010年版。

王先谦集解：《庄子》，上海古籍出版社2013年版。

许维遹撰：《吕氏春秋集释》（上下册），中华书局2009年版。

黄怀信、张懋镕、田旭东撰：《逸周书汇校集注》（上下册），上海古籍出版社2007年版。

杨伯峻撰：《列子集释》，中华书局1979年版。

顾迁译注：《淮南子》，中华书局2009年版。

陆贾撰，王利器注：《新语校注》，中华书局1986年版。

董仲舒：《春秋繁露》，上海古籍出版社1989年版。

陈立：《白虎通疏证》（上下），中华书局1994年版。

郑玄注：《礼记正义》（上中下），上海古籍出版社2008年版。

许慎撰，徐铉校定：《说文解字》，中华书局2013年版。

周敦颐著、陈克明点校：《周敦颐集》，中华书局1990年版。

程颢、程颐：《二程遗书》，上海古籍出版社2000年版。

朱熹：《四书章句集注》，中华书局1983年版。

黎靖德：《朱子语类》（全八册），中华书局1999年版。

陆九渊:《陆九渊集》，中华书局 1980 年版。

王守仁:《阳明传习录》，上海古籍出版社 2000 年版。

黄宗羲:《明儒学案》（上下），中华书局 2008 年版。

顾炎武著，黄汝成集释，秦克诚点校:《日知录集释》，岳麓书社 1994 年版。

康有为:《孟子微》，中华书局 1987 年版。

康有为撰，陈汉才校注:《长兴学记》，广东高等教育出版社 1991 年版。

《伦理学》编写组:《伦理学》（马克思主义理论研究和建设工程重点教材），高等教育出版社、人民出版社 2010 年版。

罗国杰主编:《伦理学》（修订本），人民出版社 2014 年版。

罗国杰主编:《中国伦理思想史》（上下卷），中国人民大学出版社 2008 年版。

沈善洪、王凤贤:《中国伦理学史》（上中下卷），人民出版社 2005 年版。

朱贻庭主编:《中国传统伦理思想史》，华东师范大学出版社 2003 年版。

陈瑛主编:《中国伦理思想史》，湖南教育出版社 2004 年版。

冯友兰:《中国哲学简史》，涂又光译，北京大学出版社 2010 年版。

孙叔平:《中国哲学史稿》（上下卷），上海人民出版社 1980 年版。

劳思光:《新编中国哲学史》（全四册），广西师范大学出版社 2005 年版。

侯外庐:《中国思想史纲》，上海书店出版社 2004 年版。

韦政通:《中国思想史》（上下卷），上海书店出版社 2003 年版。

李泽厚:《中国古代思想史论》，生活·读书·新知三联书店 2008 年版。

李泽厚:《实用理性与乐感文化》，生活·读书·新知三联书店 2008 年版。

张岱年:《中国伦理思想研究》，江苏教育出版社 2005 年版。

万俊人:《现代性的伦理话语》，黑龙江人民出版社 2002 年版。

余仕麟:《伦理学要义》，四川出版集团、巴蜀书社 2010 年版。

李春秋、毛蔚兰：《传统伦理的价值审视》，北京师范大学出版社2003年版。

江畅：《德性论》，人民出版社2011年版。

林语堂：《吾国与吾民》，宝文堂书店1988年版。

费孝通：《乡土中国》，生活·读书·新知三联出版社1985年版。

傅锵：《文化：人类的镜子——西方文化理念导论》，上海人民出版社1990年版。

杨国枢：《中国人的心理》，台湾桂冠图书公司1988年版。

李亦国、杨国枢：《中国人的性格》，江苏教育出版社2006年版。

柏杨：《丑陋的中国人》，花城出版社1986年版。

孙隆基：《中国文化的深层结构》，广西师范大学出版社2004年版。

高兆明等：《荣辱论》，人民出版社2010年版。

杨峻岭：《耻感道德论》，中央编译出版社2013年版。

罗国杰主编：《社会主义和谐社会核心价值体系研究》，中国人民大学出版社2012年版。

赵爱玲：《中国特色社会主义核心价值体系建设研究》，中国人民大学出版社2013年版。

田海舰、邹卫：《社会主义核心价值观论纲》，人民出版社2010年版。

宋惠昌主编：《社会主义核心价值观专题解读》，中共中央党校出版社2010年版。

廖小平：《思想道德论——经济与道德关系的现实构建》，湖南人民出版社1998年版。

樊浩等：《中国伦理道德报告》，中国社会科学出版社2012年版。

宣兆凯总执笔：《中国社会价值观现状及演变趋势》，人民出版社2011年版。

汝信等主编：《2012年中国社会形势分析与预测》，社会科学文献出版社2012年版。

吕俊华：《自尊论》，上海文化出版社1988年版。

郭金鸿：《道德责任论》，人民出版社2008年版。

曾盛聪：《伦理变迁与道德教育》，广东人民出版社2006年版。

傅永聚、任怀国：《儒家政治理论及其现代价值》，中华书局 2011 年版。

张尚仁：《社会历史哲学引论》，人民出版社 1992 年版。

张志平：《情感的本质与意义——舍勒情感现象学概论》，上海人民出版社 2006 年版。

朱小蔓：《情感德育论》，人民教育出版社 2005 年版。

高兆明：《制度公正论——变革时期道德失范研究》，上海文艺出版社 2001 年版。

高兆明：《制度伦理研究——一种宪政正义的理解》，商务印书馆 2011 年版。

何怀宏：《底线伦理》，辽宁人民出版社 1998 年版。

景天魁：《底线公平：和谐社会的基础》，北京师范大学出版集团、北京师范大学出版社 2009 年版。

陆学艺、景天魁：《转型中的中国社会》，黑龙江人民出版社 1994 年版。

郑杭生、李强、李路路：《当代中国社会结构和社会关系研究》，首都师范大学出版社 1997 年版。

何清涟：《现代化的陷阱——当代中国的经济社会问题》，今日中国出版社 1998 年版。

俞可平主编：《中国治理变迁 30 年》，社会科学文献出版社 2008 年版。

刘泽华、张荣明：《公私观念与中国社会》，中国人民大学出版社 2003 年版。

汪应曼：《经济转型与道德发展》，中国财政经济出版社 2004 年年版。

郭德宏、朱华主编，《中国现代社会转型问题研究》，中国环境科学出版社 2003 年版。

二 论文部分：

[日] 森三树三郎：《名与耻的文化——中国、日本、欧洲文化比较研究》，王顺洪编译，《中国文化研究》1995 年第 2 期。

[美] A. 麦金太尔：《道德困境》，莫伟民译，敬业校，《哲学译丛》1992 年第 2 期。

刘锡钧：《论“耻”》，《道德与文明》2001 年第 4 期。

高兆明：《耻感与存在》，《伦理学研究》2006 年第 3 期。

吴潜涛、杨峻岭：《论耻感的基本涵义、本质属性及其主要特征》，《哲学研究》2010 年第 8 期。

樊浩：《耻感与道德体系》，《道德与文明》2007 年第 2 期。

杨峻岭、任凤彩：《道德耻感的基本样态分析》，《伦理学研究》2009 年第 5 期。

杨峻岭、任凤彩：《对几个与耻感相近、相关概念的厘定与辨析》，《河北学刊》2010 年第 2 期。

余治平：《耻感教育，作为底线伦理之拯救》，《上海交通大学学报（哲学社会科学版）》2007 年第 3 期。

陈新汉：《论耻感的哲学意蕴》，《上海财经大学学报》2009 年第 5 期。

张国立：《耻感的伦理价值研究》，《贵州大学学报（社会科学版）》2009 年第 3 期。

李海：《论耻感与自律》，《道德与文明》2008 年第 1 期。

田海平：《耻感难题与荣辱的初始条件》，《学术研究》2009 年第 4 期。

沙莲香：《耻感作为一种心理现象》，《道德与文明》2008 年第 1 期。

章越松：《耻感伦理的涵义、属性与问题域》，《伦理学研究》2014 年第 1 期。

陈飞：《论耻感文化与耻感底线伦理》，《学术论坛》2008 年第 4 期。

高锋：《耻感：个体自律的道德心理机制》，《天津社会科学》2010 年第 1 期。

陈少明：《关于羞耻的现象学分析》，《哲学研究》2006 年第 12 期。

高学德、周爱保、夏瑞雪：《内疚和羞耻关系研究进展及未来展望》，《中国心理卫生杂志》2008 年第 7 期。

杨英：《1985—2011 年我国学生羞耻感研究述评》，《上海教育科研》2012 年第 8 期。

闻素霞、乔亲才：《羞耻感对道德自我发展的影响》，《徐州师范大学学报（哲学社会科学版）》2010 年第 2 期。

胡凡：《论中国传统耻感文化的形成》，《学习与探索》1997 年第 1 期。

郑宏颖：《中国古代思想史上的荣辱观》，南开大学博士论文，2009 年。

章越松：《传统耻感伦理的逻辑发展、理论架构与现代转型》，《绍兴文理学院学报（哲学社会科学版）》2014 年第 6 期。

任文京：《论儒家的耻感意识》，《社会科学论坛》2006 年第 6 期。

高春花：《儒家文化中的耻感品性及其当代启示》，《思想教育研究》2007 年第 11 期。

赵平安、高猛：《耻感的向度与公民道德建构》，《江西社会科学》2008 年第 9 期。

孙龙国：《单向度的耻感及其文化本源——兼谈我国公民道德建构的几个问题》，《求索》2009 年第 5 期。

郭聪惠：《论耻感文化的道德教育价值》，《前沿》2008 年第 9 期。

李宏斌：《耻感教育：伦理价值与困境化解》，《广西社会科学》2007 年第 8 期。

张自慧：《论耻感与耻感教育》，《辽宁大学学报（哲学社会科学版）》2008 年第 6 期。

朱珊：《“行己有耻”》，《学海》2007 年第 6 期。

李培林：《“另一只看不见的手”：社会结构转型》，《中国社会科学》1992 年第 5 期。

孙立平、王汉生、王思斌、林彬、杨善华：《改革以来中国社会结构的变迁》，《中国社会科学》1994 年第 2 期。

范燕宁：《当前中国社会转型问题研究综述》，《哲学动态》1997 年第 1 期。

郭德宏：《中国现代社会转型研究评述》，《安徽史学》2003 年第 1 期。

刘祖云：《社会转型：一种特定的社会发展过程》，《华中师范大学学报（哲社版）》1997 年第 6 期。

张岱年：《中国伦理思想的基本倾向》，《社会科学战线》1989 年第 1 期。

何怀宏：《底线伦理的概念、含义与方法》，《道德与文明》2010 年第 1 期。

李兰芬：《论中国社会转型中的道德修养》，《道德与文明》2009 年第 1 期。

闫孟伟：《道德信念、道德权威性与人的自由》，《教学与研究》2002 年第 11 期。

王翠华：《论社会主义核心价值观之友善》，《湖北社会科学》2014 年第 5 期。

孙熙国：《乐感文化 · 华夏之魂》，《中国图书评论》2004 年第 2 期。

何新：《论远古神话的文化意义与研究方法》，《学习与探索》1986 年第 3 期。

韩东屏：《论道德困境》，《哲学动态》2011 年第 11 期。

韩东屏：《论道德境界的划分》，《道德与文明》2010 年第 2 期。

陈红太：《警惕市场经济负面效应被放大》，《前沿》2010 年第 9 期。

人民论坛问卷调查中心（王慧执笔）：《中国转型期“漏洞”状况调查》，《新华月报》2012 年 1 月（下）。

江雪莲：《描述伦理学及其理论价值》，《学术研究》1996 年第 3 期。

周伟、李兴文、伍晓阳、戴劲松：《官德缺失七大怪现状》，《精神文明导刊》2011 年第 1 期。

戚攻：《“虚拟社会”与社会学》，《社会》2001 年第 2 期。

李晓辉：《公域与私域的划分及其内涵》，《哈尔滨商业大学学报（社会科学版）》2003 年第 4 期。

李建华、李好：《论公共领域与私人领域的道德和谐——基于公共管理的视角》，《船山学刊》2006 年第 3 期。

刘学智:《“三纲五常”的历史地位及其作用重估》,《孔子研究》2011 年第 2 期。

晏辉:《在公共生活与私人生活之间:传统伦理的现代境遇》,《中国人民大学学报》2008 年第 1 期。

邹平林:《道德滑坡还是范式转换?——论社会转型时期的道德困境及其出路》,《道德与文明》2011 年第 2 期。

黄明理:《道德的层次性:辩证维度中的道德》,《南京政治学院学报》2005 年第 2 期。

廖祥忠:《何为新媒体》,《互联网新媒体新技术研讨会论文集》,2008 年。

肖祥:《“伦理”与“道德”之辨析》,《唯实》2006 年第 7 期。

龚群:《德性伦理与现代社会——回应德性伦理的现代困境论》,《哲学动态》2009 年第 5 期。

后　记

美国历史学家亨利·斯蒂尔·康马杰（Henry Steele Commager）在《美国精神》一书中把19世纪90年代视为“美国历史和思想的一道分水岭”。“分水岭这一边，是一个农业的美国”，“分水岭那一边，则是一个城市化的现代美国”。然而，“城市化的现代美国”在经济发展取得举世瞩目成就的同时，却伴随着政治的腐败、资本的贪婪、无序的竞争和社会成员责任心的泯灭，社会一度在混乱和无序中难以自拔。聚焦今天的中国，从表象上看犹如19世纪90年代的美国，媒体上每天各种“坏消息”接连不断，一些人寡廉鲜耻，没有羞耻感、内疚感、负罪感，更缺少忏悔意识与敬畏之心，底线伦理被频频触及，信奉“宁在宝马里哭，也不愿在自行车上笑”的拜金主义、享乐主义、利己主义，人生观、道德观、价值观正发生急剧变化。于是，我们不得不发出社会病了这样的感叹。有病就需要诊治，回避绝不是办法，否则就会像蔡桓公那样讳疾忌医而致死。关注社会现实问题，诊治社会疾病是一个学者应有的责任。

应该看到，改革开放30多年来，中国的经济、政治、文化、思想观念等方面都取得了巨大的进步。然而，当我们晒出一系列成绩单时，却应看到人们的耻感伦理观念和认知也随之发生了巨大的变化，耻感伦理问题日益凸显，工业化、现代化对耻感伦理的破坏造成“有德性的生活”被边缘化，助长了人心耻感的消退。如果静止地、单纯地看待和处理这些问题，就会面对越来越多的困惑。伦理学的要义就在于从问题所处的环境之外来看待和分析问题本身，使之具有认识论和方法论上的最高理论价值。笔者以《社会转型下的耻感伦理研究》和《社会转型下耻感伦理的现代境遇及其建设理路》为题分别申报了2013年教育部人文社科研究项目和浙江省社科规划课题，并指导学生以《“最美现象”视域下的当代浙江人耻感意识研究》为题申报了2014年浙江省大学生科技创新活动计划暨新苗人才计划项目，所幸的是这些努力没有付之东流。在笔者书稿完成和系列论文发表之际，所指导的学生科研项目也已完成，并获得2015年浙江省第十四届“挑战杯——创智下沙”大学生课外学术科技作品竞赛三等奖。可以说，这些都是笔者对在全球化、信息化浪潮的涌动和社会转型冲击下人们的思想道德观念，尤其是耻感伦理遭遇了诸多新挑战，面临前所未有的矛盾的思考。尽管这些思考还不够完善、不系统、不深刻，但毕竟是笔者涉足这个领域问题的初始成果。

在书稿的写作过程中，参阅了大量国内外学者相关的研究成果，从中受益匪浅，文中援引之处业已注明，在此表示由衷的感谢。表示感谢的还有梁涌教授、肖会舜博士、徐铁光博士。他们的作用不仅仅在于作为课题组成员，使课题的申报能够成功，更在于在课题申报和书稿撰写过程中给我诸多建议和观点的启发。还要感谢绍兴文理学院法学院思想政治教育专业121班的全体同学，是他们冒着酷暑完成了700份的问卷调查。潘亚萍、李静、陈俞莎等同学帮助完成问卷数据的输入与汇总，章雷钢老师对汇总数据进行统计分析。

课题从申报、立项到完成是一项艰巨的任务。大量、繁杂的行政工作和教学任务使得书稿的写作只能在晚上和假期进行。两年来，没有休过一个完整的寒暑假，所有的业余时间都投入到课题研究之中。在此，还要感谢我的妻子，她的宽容与大度使我从家务中解放出来，虽然作为医生的她工作也非常繁忙。

最后，还要特别感谢宫京蕾、曹占江两位老师和绍兴文理学院吕晓英教授，她们的辛勤付出使得本书的质量得到进一步保证，在此深表谢意。

章越松

2016年4月30日于古城绍兴